# 海洋捕捞渔业管理
# 国内外经验与启示

吕 超 刘 爽 主编

中国商务出版社
CHINA COMMERCE AND TRADE PRESS

## 图书在版编目（CIP）数据

海洋捕捞渔业管理国内外经验与启示 / 吕超，刘爽主编. --北京：中国商务出版社，2022.11
ISBN 978-7-5103-4466-4

Ⅰ.①海… Ⅱ.①吕…②刘… Ⅲ.①海洋渔业—海洋捕捞—渔业管理—研究—世界 Ⅳ.①F316.4

中国版本图书馆 CIP 数据核字（2022）第 180571 号

### 海洋捕捞渔业管理国内外经验与启示
HAIYANG BULAO YUYE GUANLI GUONEIWAI JINGYAN YU QISHI

吕 超 刘 爽 主编

| 出　　版： | 中国商务出版社 | | |
|---|---|---|---|
| 地　　址： | 北京市东城区安外东后巷28号 | 邮　编： | 100710 |
| 责任部门： | 教育事业部（010-64283818） | | |
| 责任编辑： | 刘姝辰 | | |
| 直销客服： | 010-64283818 | | |
| 总 发 行： | 中国商务出版社发行部（010-64208388　64515150） | | |
| 网购零售： | 中国商务出版社淘宝店（010-64286917） | | |
| 网　　址： | http://www.cctpress.com | | |
| 网　　店： | https://shop162373850.taobao.com | | |
| 邮　　箱： | 347675974@qq.com | | |
| 印　　刷： | 天津雅泽印刷有限公司 | | |
| 开　　本： | 710毫米×1000毫米　1/16 | | |
| 印　　张： | 11.5 | 字　数： | 205千字 |
| 版　　次： | 2023年2月第1版 | 印　次： | 2023年2月第1次印刷 |
| 书　　号： | ISBN 978-7-5103-4466-4 | | |
| 定　　价： | 58.00元 | | |

凡所购本版图书如有印装质量问题，请与本社印制部联系（电话：010-64248236）

版权所有 盗版必究（盗版侵权举报可发邮件到本社邮箱：cctp@cctpress.com）

# 编辑委员会

**主　任**　袁晓初
**副主任**　郭　睿
**委　员**　郭　毅　陈振业
**主　编**　吕　超　刘　爽
**副主编**　郭　睿
**编　者**（以姓氏笔画为序）
　　　　丁　哲　马晓丽　吕　超　刘　爽　陈振业
　　　　陈　森　张和旭　郑　珂　李玉峰　周小强
　　　　赵君英　郐　禹　钟蔚潮　郭　睿　郭　毅
　　　　操亮亮

# 前 言

海洋捕捞渔业为沿海地区人民提供了重要的经济保障，是海洋经济传统的支柱性行业，在一些国家的国民经济中占有重要地位。然而，自20世纪90年代以来，由于捕捞能力严重超过渔业资源的可承受能力，加之工业发展带来的海域污染日益严重，造成了全球海洋生物资源的持续衰退和海洋生态环境的不断恶化，尤其是近海渔业资源衰退更为突出。世界各国海洋捕捞渔业发展的重心也转入了如何保护资源、实现可持续发展的阶段。联合国粮食及农业组织（Food and Agriculture Organization of the United Nations，FAO）出版的《2020世界渔业与水产养殖状况》认为，"当前的海洋捕捞渔业处于十字路口，全球海洋渔业中有34.2%的鱼类种群处于过度捕捞状况，原计划到2020年终止海洋渔业过度捕捞的可持续发展目标实现无望。"

2021年由FAO和经济合作与发展组织（Organization for Economic Co-operation and Development，OECD）出版的《OECD-FAO Agricultural Outlook 2021—2030》报告认为，"总体来看，捕捞渔业和水产养殖业仍将继续面临诸多挑战，包括环境变化、资源可用性和无效治理。在对渔业实施适当管理之后，虽然部分国家和区域已经取得一定进展，鱼类种群数量一直高于重建目标水平。但是，仍有许多区域的渔业管理不到位或无效，鱼类种群状况极差甚至仍然在持续恶化。如果不能充分有效地实施各项政策和采取有效措施，这种发展不平衡的顽疾就可能无法治愈。"为了实现可持续渔业和可持续生态系统，确保世界各地的渔业都具有可持续性，报告认为提升捕捞渔业发展速度的主要动力预计来自两个方面：一是改进渔业管理方法；二是改进技术减少丢弃和废料。国外海洋捕捞渔业发展较早，有些经验已经比较成熟，治理领域较为广泛，方法措施较为有效。如何根据我国实际情况借鉴国外发展经验，促进我国海洋捕捞渔业更加科学可持续地发展，是当前相关从业者及管理部门要思考及探讨的重要议题。

鉴于上述考虑，我们组织编著了《海洋捕捞渔业管理国内外经验与启示》一书，系统梳理了国际海洋捕捞渔业发展概况，并在欧洲、美洲、大洋洲、亚洲分别选取具有代表性的国家，统计分析了这些国家的渔船数量、功率、总吨及年度捕捞量等参数数据，从捕捞种群、管理组织机构、法律法规框架、主要管理政策等几个方面，系统介绍这些国家的海洋捕捞渔业发展历程、形式和主要政策措施。在了解各国渔业种群、管理机构、法律法规等实际情况的基础上，通过对相关国家管理制度、措施办法等发展经验的总结，形成对我国海洋捕捞渔业的启示，为我国海洋捕捞渔业探索性实践和创新性管理提供有价值的帮助与参考。

为编写好本书，专题组对本书的结构、内容进行了反复推敲和审议，力求全面、准确、及时地对相关国家海洋捕捞渔业发展状况进行梳理和总结。编写过程中，参阅了近年来国内外相关书籍、专业报告、科技文献、统计数据库以及部分国家渔业年度专报等大量的文件资料，力求体现最新进展。适合本书的读者，包括高等院校师生、科研院所研究人员、从业技术人员以及相关管理人员等。本书的出版得到了中华人民共和国农业农村部渔业渔政管理局、上海海洋大学等单位的大力支持，在此一并谢过。

限于编者的水平，书中不足之处在所难免，恳请读者批评指正。

编者于上海<br>2021 年 10 月

| 目　录 |

第一章　海洋捕捞渔业发展概况 ·················································· 1

　第一节　海洋捕捞渔业的概念及类型 ············································ 1
　第二节　海洋捕捞渔业的发展历史 ················································ 2
　第三节　世界部分国家的捕捞渔船数量 ········································ 5

第二章　欧洲的海洋捕捞渔业管理 ·················································· 9

　第一节　欧洲捕捞渔船情况 ·························································· 9
　第二节　欧盟海洋捕捞渔业的管理 ·············································· 16
　第三节　英国海洋捕捞渔业的管理 ·············································· 34
　第四节　挪威捕捞渔业的管理 ······················································ 45
　第五节　冰岛捕捞渔业的管理 ······················································ 55
　第六节　法国捕捞渔业的管理 ······················································ 63
　第七节　西班牙捕捞渔业的管理 ·················································· 70

第三章　美洲的海洋捕捞渔业管理 ················································ 79

　第一节　美洲部分国家捕捞渔船情况 ·········································· 79
　第二节　美国捕捞渔业的管理 ······················································ 81
　第三节　加拿大捕捞渔业的管理 ·················································· 90
　第四节　阿根廷捕捞渔业的管理 ·················································· 96

第四章　亚洲的海洋捕捞渔业管理 ·············································· 103

　第一节　亚洲部分国家捕捞渔船情况 ········································ 103
　第二节　日本捕捞渔业的管理 ···················································· 105
　第三节　韩国捕捞渔业的管理 ···················································· 116
　第四节　印度尼西亚捕捞渔业的管理 ········································ 120

第五章　大洋洲的海洋捕捞渔业管理 ················································· 127
　第一节　澳大利亚捕捞渔业的管理 ················································· 127
　第二节　新西兰捕捞渔业的管理 ···················································· 132

第六章　中国的海洋捕捞渔业管理 ···················································· 139
　第一节　大陆捕捞渔业的管理 ························································ 139
　第二节　中国台湾地区捕捞渔业的管理 ········································· 143

第七章　国际海洋捕捞渔业管理经验及对我国的启示 ······················ 150
　第一节　国际捕捞渔业管理经验总结 ············································· 150
　第二节　国际捕捞渔业管理经验对我国的启示 ······························ 164

参考文献 ··························································································· 171

# 第一章　海洋捕捞渔业发展概况

## 第一节　海洋捕捞渔业的概念及类型

### 一、海洋捕捞渔业的概念

海洋捕捞渔业是利用各种渔具（如网具、钓具、标枪等）在海洋中从事具有经济价值的水生动、植物捕捞活动，是海洋水产业的重要组成部分。海洋捕捞渔业具有工业性质，其捕捞水平的高低，既与海洋经济生物资源的蕴藏量、可捕量有关，也与一个国家或地区工业发达程度，渔船、网具、仪器等生产能力和海洋渔业科研水平高低有很大关系，所不同的是海洋经济生物资源具有自然再生性能。

海洋捕捞渔业是采用网渔具、钓渔具、猎捕渔具等捕捞工具，在海洋中直接捕取经济动物的捕捞生产、渔获物加工和营销的产业。海洋捕捞渔业一般具有距离远、时间性强、鱼汛集中、水产品易腐烂变质和不易保鲜等特点，故需要作业船、冷藏保鲜加工船、加油船、运输船等相互配合，形成捕捞、加工、生产及生活供应、运输综合配套的海上生产体系。

### 二、海洋捕捞渔业的分类

海洋捕捞渔业按作业水域（海域）划分，主要可分为：远洋与深海捕捞、近海（水域）捕捞、沿海水域捕捞。远洋与深海捕捞是指远离本国大陆200海里外的远洋海域捕捞，其中包括深海和公海海域的捕捞。近海（水域）捕捞是指水深40－100米范围内水域的捕捞作业，这一水域主要是经济鱼和虾类的洄游、索饵、越冬栖息的场所，渔业资源也比较丰富。沿海水域捕捞，是指从潮间带起到水深40米以内的捕捞作业。

按使用渔具划分，主要可分为：拖网捕捞、刺网捕捞、围网捕捞、张网捕捞、敷网捕捞、抄网捕捞、掩网捕捞、罩网捕捞、地拉网捕捞、钓具捕捞、插网捕捞、建网捕捞、箔筌捕捞、延绳钓捕捞、渔笼捕捞、光诱捕捞等。

## 第二节 海洋捕捞渔业的发展历史

据联合国粮食及农业组织（Food and Agriculture Organization of the United Nations，FAO）统计，2018 年全球捕捞渔业和水产养殖业产量 1.79 亿吨鲜重，其中海洋捕捞 8.44 千万吨鲜重，占全球水产品总产量 47.2%，海洋捕捞渔业仍然是渔业的主要支柱。

### 一、海洋捕捞渔业的发展历程

#### （一）海洋捕捞总产量的变化

20 世纪初，世界海洋捕捞渔业产量只有 350 万吨左右。进入 50 年代后，随着捕捞技术的进步和大规模商业捕捞的发展，世界海洋捕捞渔业开始进入快速发展期。2018 年世界海洋捕捞总产量同比 1950 年大约增长近 3.8 倍。据 FAO 数据资料显示，从 20 世纪 50 年代到 80 年代，世界海洋捕捞产量经历了一个高速增长期，然而进入 20 世纪 90 年代后，随着世界海洋捕捞强度的持续增加，渔业资源过度捕捞状况日益严重，导致海洋渔业资源不断衰退，海洋捕捞总产量进入"零增长"的徘徊期。

2018 年世界渔业与水产养殖总量达到 1.79 亿吨左右，其中捕捞渔业总计 9.64 千万吨（海洋捕捞 8.44 千万吨，内陆捕捞 1.2 千万吨），占总量的 53.9%，捕捞渔业依旧占有一半以上的比例。水产养殖（内陆+海洋）占总产量的 46% 和供人类消费鱼类的 52%。中国仍是鱼类生产大国，占 2018 年全球鱼类产量的 35%。除中国之外，2018 年鱼类产量中还有很大一部分出自亚洲（34%），随后是美洲（14%）、欧洲（10%）、非洲（7%）和大洋洲（1%）。

#### （二）主要海洋捕捞国的变化

从世界范围看，传统海洋捕捞渔业大国一般都是工业化发展程度比较高的国家。20 世纪 50 年代，海洋捕捞渔业主要以日本、美国、挪威、苏联、英国、加拿大、西班牙、德国等发达国家为主，其捕捞产量约占世界海洋捕捞总产量的 70%。

进入 20 世纪 80 年代，随着《联合国海洋法公约》的实施，沿海各国纷纷建立专属经济区，一些发展中国家开始发展海洋捕捞渔业，其产量占世界海洋捕捞产量的比重逐渐上升。2018 年，全球捕捞渔业产量创下 9.6 千万吨的记录，较前三年平均产量增长了5.4%。产量增长主要由海洋捕捞渔业驱动，海洋捕捞渔业从2017年的8.1千万吨增至2018年的8.4千万吨，但仍低于1996年8.6千万吨的历史最高水平。海洋渔获量增加的主要原因是秘鲁和智利的秘鲁鳀（Engraulis ringens）渔获量增加。2018年全球排名前十的捕捞生产国为中国、印度尼西亚、秘鲁、印度、俄罗斯联邦、美国、越南、日本、挪威、智利。

**（三）海洋捕捞渔业主要对象的变化**

海洋捕捞渔业主要海洋物种的渔获量呈现显著差异和起伏。秘鲁鳀在经历了近几年相对较低的渔获量后，2018年渔获量超过700万吨，再次成为渔获量最高的物种。阿拉斯加狭鳕（Theragra chalcogramma）以其有史以来最高的渔获量（340万吨）排名第二，鲣鱼（Katsuwonus pelamis）渔获量为320万吨，连续九年排名第三。有鳍鱼类占总产量的85%，其中以小型中上层鱼类为主，鳕形目以及金枪鱼和类金枪鱼物种次之。金枪鱼渔获量继续增加，2018年达到最高的790万吨左右，主要原因是中西太平洋渔获量不断增加（2018年为350万吨，高于2000年代中期的260万吨）。在该物种组中，鲣鱼和黄鳍金枪鱼约占渔获量的58%。2017年和2018年，头足纲渔获量降至360万吨左右，低于2014年490万吨的峰值，但仍然较高。

据FAO统计，1950—2017年间上岸量最大的十种鱼类种群，分别是：秘鲁鳀、阿拉斯加狭鳕、大西洋鲱、大西洋鳕鱼、太平洋白腹鲭、智利竹筴鱼、斑点莎瑙鱼、鲣、远东拟沙丁鱼和毛鳞鱼，在这十种鱼类种群中，2017年有69%处在生物可持续水平捕捞。

**（四）海洋捕捞渔业生产分布的变化**

根据各海域的地理位置、鱼类分布特点及历史上形成的捕捞范围等，国际上大致把世界海洋划分为16个大渔区，其中太平洋和大西洋各分西北、东北、中西、中东、西南、东南几部分，印度洋分为东、西两部分，此外还有地中海和黑海及南北极海区。从海洋捕捞渔业分布区域看，2018年太平洋海洋捕捞量最高达4.9千万吨，其中西北太平洋产量最高达到2千万吨，其次是中西太平洋，达到1.3千万吨。大西洋和地中海共2.2千万吨，印度洋1.2千万吨。

**（五）海洋捕捞船队的变化**

据FAO估计，2018年全球渔船总数为456万艘，比2016年减少了2.8%。亚洲船队规模继续居首，共有310万艘，占比68%。非洲船只数量占全球总数的20%，美洲稳定在10%左右。欧洲船只数量在全球总数中占比略超 2%，而大洋洲则不到 1%，尽管如此，对这些船队所属和作业的捕捞区而言，捕捞仍是欧洲和大洋洲的重要活动。

从 2000 年起，欧盟一直施行减小船队捕捞能力的政策。整个欧洲区域的机动渔船比例最高，高达总数的 99%。全球机动渔船总数仍稳定在 286 万左右，占船只总数 63%。全球机动渔船分布不均，2018 年亚洲机动船只占比 75%（210 万艘），拥有约 28 万艘机动渔船的非洲次之。亚洲非机动渔船绝对数量最多，2018 年据估计数量超过 94.7 万艘，其次为非洲（略超 64.3 万艘）、拉丁美洲及加勒比、大洋洲、北美洲和欧洲。

据 FAO 统计，2018 年全球已知船长分类的机动渔船中，约有 82% 属于全长 12 米以下，其中大多数无甲板，并且各区域均以小型渔船为主。亚洲 12 米以下机动渔船绝对数量最多，美洲（特别是拉丁美洲及加勒比区域）次之。所有机动渔船中只有约 3% 全长在 24 米及以上（大致总吨位超过 100 吨），而在大洋洲、欧洲和北美洲，这些大型船舶占比最高。

在世界范围内，FAO 约有 6.78 万艘渔船全长超过 24 米。然而，大小和类型未知船舶的报告工作，仍是影响数据质量和准确性的一大问题，其中船队规模最大的一些成员未按大小分类报告本国船队统计数据。全球以小型渔船为主，对其数量的估算不太准确，同时内陆水域渔船的信息和报告不足的问题也特别严重，这类渔船往往完全没有在国家或地方登记簿上进行登记。渔船的大小分布和小型渔船数量的统计尤为重要，渔船信息不仅为建立更知情的渔业管理提供支持，还是承认和规范小规模渔业活动及其区域和全球层面各行动方的关键一步。

## 二、海洋捕捞渔业现状

世界海洋捕捞渔业呈现了如下趋势：海洋渔业资源争夺日益激烈；海洋捕捞渔业管理制度日益严格；海洋捕捞渔业产业转移趋势日趋明显；海洋捕捞渔业技术装备要求越来越高；国际社会越来越重视海洋捕捞渔业可持续发展。根据粮农组织对所评估海洋鱼类种群的长期监测，海洋渔业资源状况持续恶化。处于生物可持续水平的鱼类种群占比从 1974 年的 90% 下降至 2017 年的 65.8%，其中 59.6% 为在最大产量上可持续捕捞的种群，另外 6.2% 为未充分捕捞的种群。就上岸量来看，据估计，目前海洋鱼类 78.7% 的上岸量来自生物可持续种群。2017 年，在粮农组织主要捕捞区域中，地中海和黑海在不可持续水平捕捞的种群占比最高（62.5%），之后为东南太平洋（54.5%）和西南大西洋（53.3%）。相比之下，中东太平洋、西南太平洋、东北太平洋和中西太平洋在生物不可持续水平捕捞的种群占比最低（13%—22%）。2017年，其他区域的占比在21%—44%。

2017年，全球海洋渔业中有34.2%的鱼类种群处于过度捕捞状况。持续上升趋势表明，应对过度捕捞需要采取进一步的有力行动。2017年状况表明可持续发展目标"到2020年终止海洋渔业过度捕捞"实现无望。实现这项具体目标需要时间，还需要更强有力的政治意愿，特别是国家层面；更强的制度和治理能力、技术转移以及科学管理做法方面的能力建设；在不削弱资源生产力的基础之上控制捕捞能力和强度；通过市场机制和教育转变消费者观念；强化监测系统，为公众提供及时透明的信息。

生物不可持续水平捕捞的种群比例不断上升可能掩盖了各区域的进度差异。总体而言，集约管理渔业的平均捕捞压力下降，种群生物量回升，某些种群达到了生物可持续水平，而管理不善的渔业部门则状况堪忧。当前亟须根据实际情况调整运用并推广成功的政策和措施，建立起可有效落实各项政策规范的机制，进一步控制过度捕捞。

捕捞渔业正处在十字路口。一方面，鱼和鱼产品对经济增长、粮食、营养和生计安全做出了越来越大的贡献。例如，在鱼类贡献了动物蛋白总供应量三分之一以上的34个国家中，有18个是低收入缺粮国。此外，人均鱼类消费量在过去五十年中增加了一倍，饮食的需求不断刺激鱼类消费量的大幅增加。另一方面，34%已评估鱼类种群的捕捞量超出了生物可持续限度。再则，发达国家的鱼类种群状况逐渐改善，而很多发展中国家则面临产能过剩、每单位努力量产量和种群状况恶化的情况。因此，一些地区的捕捞渔业部门需要采取严格的管理措施，特别是考虑到未来几十年气候变化的预期影响。

FAO于2019年11月18—21日在罗马主办了国际渔业可持续性研讨会，讨论了八场主题会议中提出的若干战略问题。包括促进对个别种群的评估和监测、鼓励制定和实施更简易的种群评估方法、创新和发挥新兴信息技术的作用、整合数据收集和供应链，以及支持数据供应链能力建设，即数据收集、数据管理和数据分析。以期在各成员国共同努力下，顺利通过捕捞渔业这个十字路口。

## 第三节　世界部分国家的捕捞渔船数量

2018年，世界59个国家的捕捞渔船数量见表1-1。数据来源于以下三个方面：一是FAO《2020世界渔业和水产养殖状况》；二是经济合作与发展组织（Organization for Economic Co-operation and Development，OECD）数据库，https：//data.oecd.org/；三是欧洲统计数据网站：https：//ec.europa.eu/eurostat，以及书籍《Agriculture, forestry and fishery statistics》（2020 edition，ISSN 1977－2262）。欧洲的统计数据均是机动捕捞渔船，除欧洲之外的统计数据包括机动和非机动捕捞渔船。鉴于渔船总吨和功率数据不健全，本节只给出部分国家的渔船数量统计数据。

表 1-1 2018 年世界部分国家渔船数量数据表

| 排名 | 国家 | 数量 |
| --- | --- | --- |
| 1 | 印度尼西亚 | 719769 |
| 2 | 中国 | 682416 |
| 3 | 日本 | 230504 |
| 4 | 柬埔寨 | 172622 |
| 5 | 欧盟 | 81698 |
| 6 | 墨西哥 | 77483 |
| 7 | 韩国 | 65906 |
| 8 | 孟加拉国 | 33114 |
| 9 | 斯里兰卡 | 31810 |
| 10 | 阿曼 | 24567 |
| 11 | 中国台北 | 21908 |
| 12 | 加拿大 | 18430 |
| 13 | 缅甸 | 18057 |
| 14 | 希腊 | 14788 |
| 15 | 智利 | 12774 |
| 16 | 意大利 | 12096 |
| 17 | 西班牙 | 8973 |
| 18 | 葡萄牙 | 7842 |
| 19 | 克罗地亚 | 7573 |
| 20 | 突尼斯 | 6970 |
| 21 | 法国 | 6377 |
| 22 | 英国 | 6031 |
| 23 | 挪威 | 6018 |
| 24 | 安哥拉 | 3585 |
| 25 | 芬兰 | 3245 |
| 26 | 哥斯达黎加 | 3155 |
| 27 | 丹麦 | 2121 |

续表

| 排名 | 国家 | 数量 |
|---|---|---|
| 28 | 黎巴嫩 | 2094 |
| 29 | 爱尔兰 | 2035 |
| 30 | 保加利亚 | 1856 |
| 31 | 毛里求斯 | 1846 |
| 32 | 爱沙尼亚 | 1665 |
| 33 | 冰岛 | 1588 |
| 34 | 苏里南 | 1433 |
| 35 | 德国 | 1331 |
| 36 | 圭亚那 | 1203 |
| 37 | 瑞典 | 1199 |
| 38 | 苏丹 | 1180 |
| 39 | 新西兰 | 1168 |
| 40 | 巴哈马 | 934 |
| 41 | 马耳他 | 917 |
| 42 | 阿根廷 | 903 |
| 43 | 荷兰 | 831 |
| 44 | 波兰 | 827 |
| 45 | 圣卢西亚 | 822 |
| 46 | 塞浦路斯 | 807 |
| 47 | 新喀里多尼亚 | 732 |
| 48 | 拉脱维亚 | 671 |
| 49 | 哈萨克斯坦 | 631 |
| 50 | 贝宁 | 610 |
| 51 | 澳大利亚 | 285 |
| 52 | 罗马尼亚 | 167 |
| 53 | 瓦努阿图 | 161 |
| 54 | 立陶宛 | 144 |
| 55 | 斯洛文尼亚 | 134 |
| 56 | 塞内加尔 | 123 |
| 57 | 哥伦比亚 | 120 |
| 58 | 危地马拉 | 99 |
| 59 | 比利时 | 68 |

在现有国家渔船数量中，排名前十的国家分别为：印度尼西亚、中国、日本、柬埔寨、欧盟、墨西哥、韩国、孟加拉国、斯里兰卡、阿曼，亚洲国家占主导地位。前十位国家渔船数量见图 1-1 所示。

| 国家 | 数量 |
| --- | --- |
| 印度尼西亚 | 719769 |
| 中国 | 682416 |
| 日本 | 230504 |
| 柬埔寨 | 172622 |
| 欧盟 | 81698 |
| 墨西哥 | 77483 |
| 韩国 | 65906 |
| 孟加拉国 | 33114 |
| 斯里兰卡 | 31810 |
| 阿曼 | 24567 |

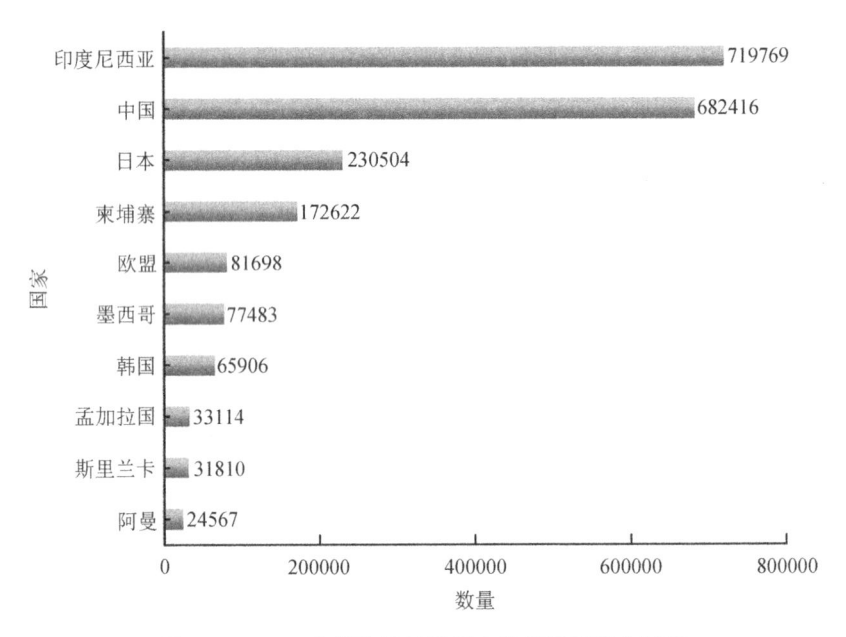

图 1-1　2018 年现有统计数据中渔船数量前十国家

# 第二章　欧洲的海洋捕捞渔业管理

## 第一节　欧洲捕捞渔船情况

相对于其他地区，欧洲捕捞渔业及渔船的相关统计数据较为完善，欧洲捕捞渔业管理规范性较高，为此对其进行数据分析所得结果的科学性和可靠性相对较好。本节所用数据，来源于欧洲统计数据网站：https：//ec.europa.eu/eurostat，以及《Agriculture, forestry and fishery statistics》（2020 edition，ISSN 1977－2262）。

根据统计数据，2019 年，捕捞产量排名前十的次序为：挪威、冰岛、西班牙、英国、法国、土耳其、荷兰、德国、葡萄牙、波兰。

除欧盟总体统计数据外，2019 年，各国渔船数量、总吨和功率的情况如下：

渔船数量排名前十的次序为：希腊、意大利、西班牙、葡萄牙、克罗地亚、法国、挪威、英国、芬兰；

渔船总吨排名前十的次序为：挪威、西班牙、英国、法国、冰岛、意大利、荷兰、葡萄牙、希腊；

渔船功率排名前十的次序为：挪威、法国、意大利、西班牙、英国、冰岛、希腊、克罗地亚、葡萄牙。

挪威捕捞量位居首位，渔船数量排名第七，但是总吨和功率排名均为第一；冰岛捕捞量位居第二，但是其渔船数量排名没有进入前十，数量排名第十五，总吨排名第五，功率排名第六；西班牙捕捞量位居第三，其渔船数量排名第三，总吨排名第二，功率排名第四；英国捕捞量位居第四，其渔船数量排名第八，总吨排名第三，功率排名第五；法国捕捞量位居第五，其渔船数量排名第六，总吨排名第四，功率排名第二；葡萄牙捕捞量位居第九，其渔船数量排名第四，总吨排名第九，功率排名第十。土耳其捕捞量位居第六，但是该国渔船数量、总吨、功率数据缺失。荷兰捕捞量位居第七，但是其数量和功率均没有进入前十，总吨排名第八。德国和波兰捕捞量位居第八和第十，但是这两个国家的渔船数量、总吨、功率均没有排进前十位。其中，德国渔船数量排名第十六，总吨排名第十三，功率排名第十六；波兰渔船数量排名第十九，总吨排名第十六，功率排名第十七；希腊渔船数量排名第一，总吨排名第九，功率排名第七，但是捕捞量没有进入前十，排名第十六；意大利渔船数量排名第二，总吨排名第六，功率排名第三，但是捕捞量排名第十一。

通过欧洲各国的渔船数量、总吨、功率和捕捞产量的对比，在不考虑其他因素的情况下，并从本节统计数据看，渔船总吨和功率排名靠前的对捕捞产量影响较大，渔船数量相对影响较小，三者排序为总吨、功率、数量。

### 一、捕捞产量情况

2019年，欧洲各国捕捞产量数据见表2-1所示。排名前十的国家是挪威、冰岛、西班牙、英国、法国、土耳其、荷兰、德国、葡萄牙、波兰。

表2-1 欧洲各国2019年捕捞量（/ton）数据表（数据来源欧洲统计数据）

| 序号 | 国家 | 捕捞量 |
| --- | --- | --- |
| 1 | 挪威 | 2078732.01 |
| 2 | 冰岛 | 1048179.262 |
| 3 | 西班牙 | 837216.344 |
| 4 | 英国 | 617298.3467 |
| 5 | 法国 | 525121.703 |
| 6 | 土耳其 | 431571.7 |
| 7 | 荷兰 | 319036.103 |
| 8 | 德国 | 207225 |
| 9 | 葡萄牙 | 183972.1875 |
| 10 | 波兰 | 181087.9312 |
| 11 | 意大利 | 180736.5 |
| 12 | 瑞典 | 178136.8739 |
| 13 | 芬兰 | 139263.147 |
| 14 | 立陶宛 | 100691.191 |
| 15 | 爱沙尼亚 | 83625.6623 |
| 16 | 希腊 | 82232.46 |

续表

| 序号 | 国家 | 捕捞量 |
| --- | --- | --- |
| 17 | 克罗地亚 | 64019.9247 |
| 18 | 比利时 | 21061.2 |
| 19 | 保加利亚 | 10268.6267 |
| 20 | 罗马尼亚 | 7149.373 |
| 21 | 马耳他 | 2229.732 |
| 22 | 塞浦路斯 | 1480.133 |
| 23 | 斯洛文尼亚 | 120.3771 |

2019年，捕捞产量前十的柱状图见图2-1所示。挪威的捕捞量约是第二名冰岛捕捞量的2倍。

| 国家 | 捕捞量 |
| --- | --- |
| 挪威 | 2078732 |
| 冰岛 | 1048179 |
| 西班牙 | 837216 |
| 英国 | 617298 |
| 法国 | 525121 |
| 土耳其 | 431571 |
| 荷兰 | 319036 |
| 德国 | 207225 |
| 葡萄牙 | 183972 |
| 波兰 | 181087 |

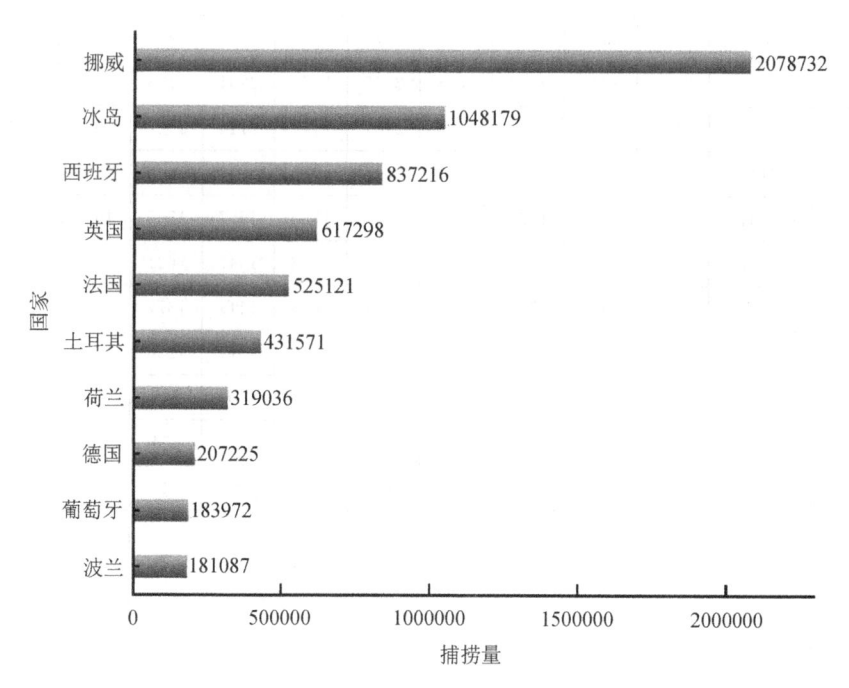

图2-1 2019年欧洲渔船捕捞量前十国家

## 二、渔船数量情况

根据统计数据，欧盟及各国2010—2019年渔船数量见表2-2所示。除欧盟总体数据外，2019年排名前十的次序为：希腊、意大利、西班牙、葡萄牙、克罗地亚、法国、挪威、英国、芬兰、丹麦。

表 2-2  欧洲各国渔船数量数据表（数据来源欧洲统计数据）

| 序号 | 国家 | 2010 | 2011 | 2012 | 2013 | 2014 | 2015 | 2016 | 2017 | 2018 | 2019 |
|---|---|---|---|---|---|---|---|---|---|---|---|
| 1 | 欧盟 | 83374 | 81791 | 80374 | 86818 | 85989 | 84203 | 83579 | 82647 | 81698 | 75237 |
| 2 | 希腊 | 16913 | 16403 | 15854 | 15683 | 15603 | 15351 | 15176 | 14982 | 14788 | 14737 |
| 3 | 意大利 | 13431 | 13023 | 12696 | 12593 | 12435 | 12300 | 12260 | 12252 | 12096 | 12101 |
| 4 | 西班牙 | 10855 | 10510 | 10121 | 9873 | 9632 | 9397 | 9244 | 9145 | 8973 | 8882 |
| 5 | 葡萄牙 | 8425 | 8333 | 8245 | 8200 | 8157 | 8035 | 7955 | 7907 | 7842 | 7765 |
| 6 | 克罗地亚 | — | — | — | 7739 | 7736 | 7727 | 7627 | 7559 | 7573 | 7614 |
| 7 | 法国 | 7216 | 7205 | 7138 | 7120 | 7066 | 6904 | 6833 | 6509 | 6377 | 6246 |
| 8 | 挪威 | 6310 | 6250 | 6211 | 6126 | 5887 | 5884 | 5947 | 6134 | 6018 | 5980 |
| 9 | 英国 | 6460 | 6389 | 6360 | 6300 | 6276 | 6232 | 6197 | 6140 | 6031 | 5905 |
| 10 | 芬兰 | 3366 | 3332 | 3241 | 3211 | 3179 | 2723 | 3093 | 3224 | 3245 | 3207 |
| 11 | 丹麦 | 2820 | 2783 | 2739 | 2625 | 2447 | 2356 | 2261 | 2198 | 2121 | 2077 |
| 12 | 爱尔兰 | 2144 | 2187 | 2246 | 2193 | 2157 | 2141 | 2114 | 2022 | 2035 | 2026 |
| 13 | 保加利亚 | 2340 | 2336 | 2366 | 2043 | 2016 | 1970 | 1910 | 1880 | 1856 | 1842 |
| 14 | 爱沙尼亚 | 934 | 923 | 1360 | 1445 | 1515 | 1538 | 1557 | 1595 | 1665 | 1742 |
| 15 | 冰岛 | 1625 | 1655 | 1690 | 1696 | 1685 | 1663 | 1647 | 1621 | 1588 | 1582 |
| 16 | 德国 | 1673 | 1582 | 1550 | 1532 | 1491 | 1443 | 1414 | 1377 | 1331 | 1309 |
| 17 | 瑞典 | 1360 | 1369 | 1389 | 1368 | 1359 | 1318 | 1277 | 1230 | 1199 | 1139 |
| 18 | 马耳他 | 1091 | 1054 | 1037 | 1027 | 1020 | 1007 | 916 | 926 | 917 | 916 |
| 19 | 波兰 | 793 | 790 | 798 | 838 | 873 | 875 | 843 | 834 | 827 | 826 |
| 20 | 荷兰 | 846 | 841 | 848 | 845 | 830 | 829 | 844 | 849 | 831 | 825 |
| 21 | 塞浦路斯 | 1003 | 1079 | 1073 | 892 | 949 | 831 | 841 | 804 | 807 | 809 |
| 22 | 拉脱维亚 | 786 | 731 | 715 | 703 | 700 | 686 | 686 | 675 | 671 | 663 |
| 23 | 罗马尼亚 | 476 | 502 | 195 | 194 | 158 | 151 | 147 | 155 | 167 | 167 |
| 24 | 立陶宛 | 171 | 151 | 146 | 144 | 142 | 145 | 142 | 144 | 144 | 139 |
| 25 | 斯洛文尼亚 | 182 | 182 | 174 | 170 | 169 | 168 | 170 | 170 | 134 | 137 |
| 26 | 比利时 | 89 | 86 | 83 | 80 | 79 | 76 | 72 | 70 | 68 | 68 |

2019 年，排名前十位的渔船数量柱状图，见图 2-2 所示。除欧盟整体数量外，希腊、意大利和西班牙渔船数量位居前列，挪威数量排名第七。

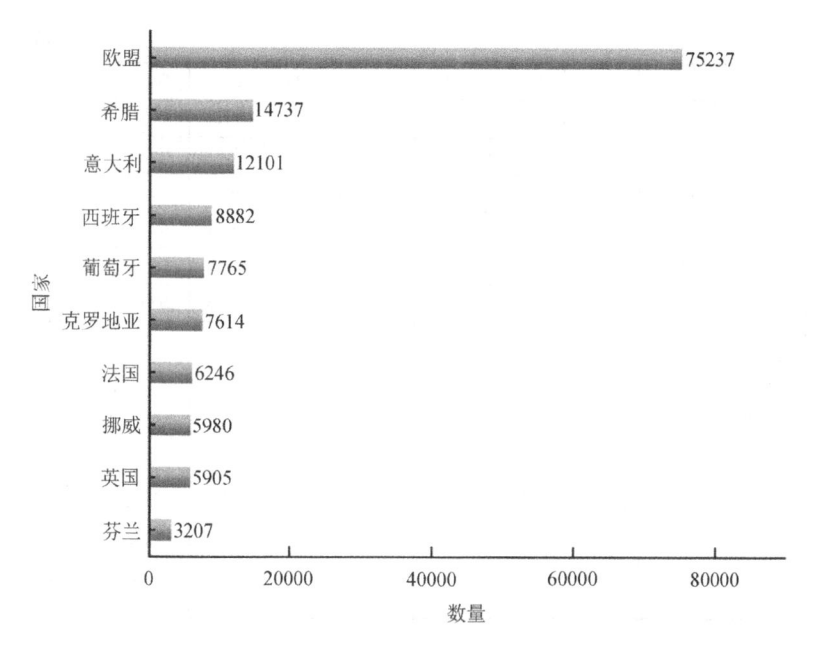

图 2-2  2019 年欧洲渔船数量前十区域和国家

| 国家 | 数量 |
|---|---|
| 欧盟 | 75237 |
| 希腊 | 14737 |
| 意大利 | 12101 |
| 西班牙 | 8882 |
| 葡萄牙 | 7765 |
| 克罗地亚 | 7614 |
| 法国 | 6246 |
| 挪威 | 5980 |
| 英国 | 5905 |
| 芬兰 | 3207 |

## 三、渔船总吨情况

按照渔船总吨参数进行统计，欧洲各国 2010—2019 年渔船吨位数据见表 2-3 所示。2019 年，排名前十的是欧盟、挪威、西班牙、英国、法国、冰岛、意大利、荷兰、葡萄牙、希腊。

表 2-3  欧洲各国渔船总吨数据表（数据来源欧洲统计数据）

| 序号 | 国家 | 2010 | 2011 | 2012 | 2013 | 2014 | 2015 | 2016 | 2017 | 2018 | 2019 |
|---|---|---|---|---|---|---|---|---|---|---|---|
| 1 | 欧盟 | 1749057 | 1687867 | 1631737 | 1661126 | 1648541 | 1588480 | 1583756 | 1567787 | 1546132 | 1333577 |
| 2 | 挪威 | 366127 | 375616 | 378003 | 392748 | 408442 | 397146 | 388651 | 392332 | 399863 | 436814 |
| 3 | 西班牙 | 415166 | 399751 | 385654 | 373353 | 357953 | 341342 | 335243 | 334291 | 331555 | 332498 |
| 4 | 英国 | 207320 | 201596 | 200453 | 196552 | 193492 | 187142 | 185813 | 187140 | 191489 | 198303 |
| 5 | 法国 | 172830 | 170803 | 168303 | 164122 | 173435 | 171986 | 173493 | 174374 | 177120 | 172483 |
| 6 | 冰岛 | 152401 | 159902 | 166086 | 153809 | 147336 | 149631 | 151188 | 158479 | 154103 | 149086 |
| 7 | 意大利 | 185366 | 175321 | 164962 | 163533 | 163689 | 157514 | 157164 | 157028 | 146370 | 146398 |
| 8 | 荷兰 | 146850 | 151697 | 145271 | 150791 | 142714 | 127060 | 131540 | 133431 | 120508 | 115548 |
| 9 | 葡萄牙 | 101157 | 101026 | 99881 | 99487 | 98338 | 91943 | 90576 | 87162 | 84893 | 87272 |
| 10 | 希腊 | 86563 | 83451 | 79432 | 77900 | 76683 | 72025 | 71723 | 70708 | 69823 | 69367 |
| 11 | 丹麦 | 66478 | 64964 | 66371 | 65708 | 69582 | 66395 | 68285 | 66099 | 72118 | 67465 |
| 12 | 爱尔兰 | 69214 | 64262 | 65159 | 64176 | 63638 | 63035 | 62877 | 63686 | 64626 | 65492 |

13

续表

| 序号 | 国家 | 2010 | 2011 | 2012 | 2013 | 2014 | 2015 | 2016 | 2017 | 2018 | 2019 |
|---|---|---|---|---|---|---|---|---|---|---|---|
| 13 | 德国 | 67757 | 64835 | 64236 | 61665 | 59794 | 63996 | 63722 | 65557 | 58609 | 57578 |
| 14 | 克罗地亚 | — | — | — | 53503 | 53431 | 51765 | 47931 | 45601 | 44439 | 44514 |
| 15 | 立陶宛 | 45965 | 45216 | 27161 | 34111 | 48609 | 44940 | 40877 | 40210 | 41619 | 40658 |
| 16 | 波兰 | 37268 | 33379 | 33399 | 33880 | 33998 | 34216 | 34871 | 27559 | 32350 | 32327 |
| 17 | 瑞典 | 32947 | 29649 | 30623 | 29209 | 30517 | 29434 | 28860 | 25378 | 25811 | 23039 |
| 18 | 拉脱维亚 | 40804 | 34725 | 33789 | 29945 | 19535 | 24676 | 28723 | 27392 | 22317 | 16064 |
| 19 | 芬兰 | 16760 | 16104 | 16447 | 16522 | 16451 | 15422 | 16188 | 16454 | 15952 | 15717 |
| 20 | 爱沙尼亚 | 14671 | 14281 | 15157 | 13388 | 13339 | 13471 | 14253 | 14086 | 15776 | 15707 |
| 21 | 比利时 | 15812 | 15326 | 15053 | 14645 | 14556 | 14072 | 13855 | 13659 | 12898 | 12914 |
| 22 | 马耳他 | 11914 | 8010 | 7885 | 7418 | 7091 | 6873 | 6395 | 6408 | 6495 | 6502 |
| 23 | 保加利亚 | 7931 | 7373 | 7061 | 6587 | 6608 | 6366 | 6176 | 6081 | 6085 | 6027 |
| 24 | 塞浦路斯 | 4102 | 4166 | 4188 | 3417 | 3700 | 3338 | 3492 | 3484 | 3638 | 3753 |
| 25 | 罗马尼亚 | 1183 | 935 | 628 | 615 | 790 | 873 | 1109 | 1407 | 1472 | 1582 |
| 26 | 斯洛文尼亚 | 1000 | 999 | 623 | 598 | 597 | 596 | 588 | 590 | 669 | 673 |

2019 年，前十位的渔船总吨柱状图，见图 2-3 所示。除欧盟整体外，挪威、西班牙和英国位居前列。西班牙渔船数量排名第三，总吨排名第二；挪威渔船数量排名第七，而渔船总吨排名第一，表明挪威大中型渔船相对较多；希腊虽然渔船数量第一，但渔船总吨排名第九，表明希腊小型渔船相对较多。

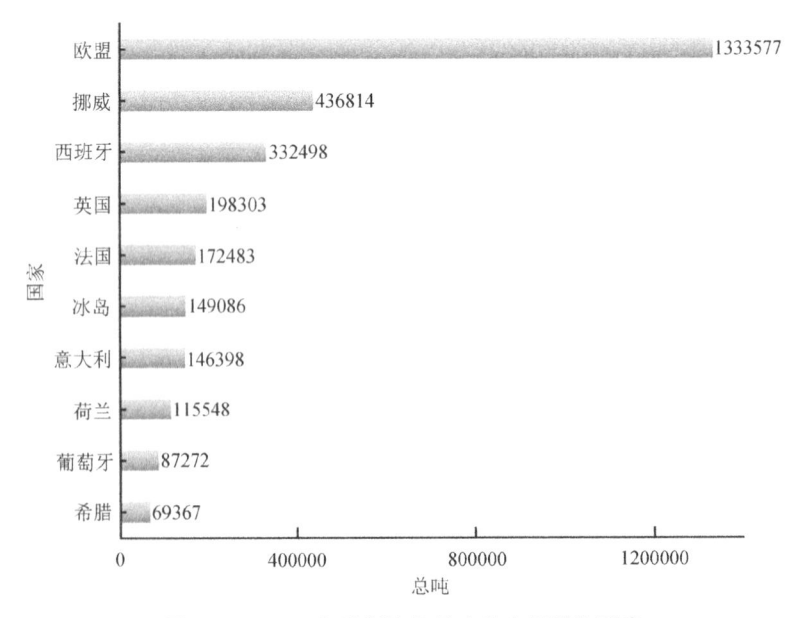

| 国家 | 总吨 |
|---|---|
| 欧盟 | 1333577 |
| 挪威 | 436814 |
| 西班牙 | 332498 |
| 英国 | 198303 |
| 法国 | 172483 |
| 冰岛 | 149086 |
| 意大利 | 146398 |
| 荷兰 | 115548 |
| 葡萄牙 | 87272 |
| 希腊 | 69367 |

图 2-3　2019 年欧洲渔船总吨前十区域和国家

## 四、渔船功率情况

按照渔船功率参数进行统计，欧洲各国2010—2019年渔船功率数据见表2-4所示。2019年，排名前十的是欧盟、挪威、法国、意大利、西班牙、英国、冰岛、希腊、克罗地亚、葡萄牙。

表2-4 欧洲各国渔船功率（/kw）数据表（数据来源欧洲统计数据）

| 序号 | 国家 | 2010 | 2011 | 2012 | 2013 | 2014 | 2015 | 2016 | 2017 | 2018 | 2019 |
|---|---|---|---|---|---|---|---|---|---|---|---|
| 1 | 欧盟 | 6530153 | 6361010 | 6234529 | 6591936 | 6535413 | 6386663 | 6329298 | 6227157 | 6140433 | 5340700 |
| 2 | 挪威 | 1237875 | 1256337 | 1245962 | 1254751 | 1257537 | 1257121 | 1269001 | 1302623 | 1308825 | 1367912 |
| 3 | 法国 | 990816 | 1000541 | 998722 | 999270 | 1012803 | 998512 | 1003016 | 969142 | 967237 | 956683 |
| 4 | 意大利 | 1106214 | 1055401 | 1019180 | 1016083 | 1006651 | 986035 | 982535 | 982599 | 932138 | 932377 |
| 5 | 西班牙 | 939878 | 905951 | 878046 | 851792 | 824697 | 797614 | 786393 | 784150 | 778310 | 777077 |
| 6 | 英国 | 826788 | 806866 | 802678 | 793920 | 786417 | 773802 | 765905 | 757676 | 752292 | 754841 |
| 7 | 冰岛 | 466691 | 476487 | 495996 | 481506 | 466500 | 456195 | 453954 | 452546 | 441498 | 426551 |
| 8 | 希腊 | 499962 | 479727 | 459393 | 454013 | 450314 | 433742 | 430657 | 426085 | 419732 | 418391 |
| 9 | 克罗地亚 | — | — | — | 425635 | 425005 | 419177 | 378891 | 355843 | 348885 | 348126 |
| 10 | 葡萄牙 | 370824 | 370683 | 366079 | 365079 | 362561 | 352648 | 348800 | 343361 | 341136 | 345414 |
| 11 | 荷兰 | 342985 | 341772 | 331306 | 335809 | 322498 | 303331 | 310876 | 316240 | 303810 | 299717 |
| 12 | 丹麦 | 240750 | 233045 | 230710 | 223312 | 225397 | 219961 | 210687 | 202769 | 211860 | 203453 |
| 13 | 爱尔兰 | 197513 | 194921 | 197497 | 194241 | 192414 | 192658 | 190861 | 189287 | 190502 | 191399 |
| 14 | 芬兰 | 172816 | 171126 | 170641 | 172638 | 172115 | 156825 | 169281 | 174806 | 174242 | 171894 |
| 15 | 瑞典 | 178212 | 170512 | 173222 | 166599 | 167281 | 162819 | 161362 | 148226 | 147909 | 137038 |
| 16 | 德国 | 159497 | 149549 | 147292 | 144023 | 138417 | 141227 | 140010 | 137361 | 132079 | 128632 |
| 17 | 波兰 | 86892 | 82791 | 81937 | 81381 | 81538 | 81545 | 83047 | 76287 | 80227 | 80216 |
| 18 | 马耳他 | 85801 | 77976 | 76103 | 74440 | 73148 | 75482 | 71515 | 72593 | 72527 | 72956 |
| 19 | 保加利亚 | 63444 | 61307 | 61366 | 57383 | 58731 | 55651 | 55632 | 54507 | 54476 | 53571 |
| 20 | 立陶宛 | 54395 | 54357 | 34356 | 42125 | 50758 | 50369 | 48019 | 46469 | 48844 | 47300 |
| 21 | 爱沙尼亚 | 40205 | 38915 | 46570 | 43994 | 44489 | 44309 | 45485 | 44973 | 46824 | 46746 |
| 22 | 比利时 | 51198 | 49135 | 47554 | 46525 | 46289 | 45327 | 45051 | 44838 | 42670 | 42808 |
| 23 | 塞浦路斯 | 43051 | 45297 | 45672 | 39012 | 41876 | 37767 | 38946 | 37390 | 38586 | 38757 |
| 24 | 拉脱维亚 | 61492 | 52721 | 51240 | 49948 | 37412 | 43300 | 47789 | 47627 | 41520 | 32771 |
| 25 | 斯洛文尼亚 | 10839 | 10747 | 8812 | 8425 | 8492 | 8533 | 8694 | 8730 | 8678 | 8858 |
| 26 | 罗马尼亚 | 6600 | 7670 | 6153 | 6288 | 6111 | 6032 | 5846 | 6201 | 6249 | 6547 |

2019年，前十位的渔船功率柱状图见图2-4所示。除欧盟整体外，挪威、法国、意大利和西班牙位居前列。西班牙渔船数量排名第三，总吨排名第二，功率排名第四；挪威渔船数量排名第七，而渔船总吨和功率均排名第

15

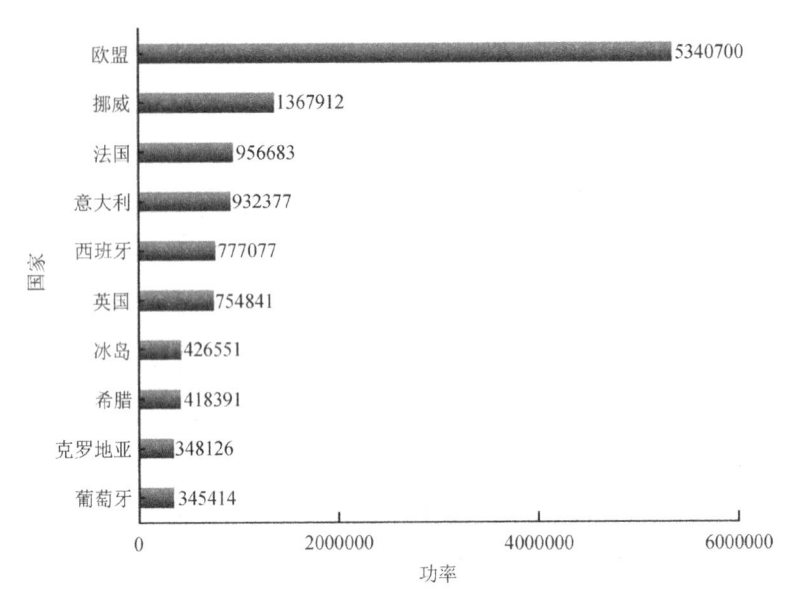

一；希腊尽管渔船数量第一，但渔船总吨排名第九，功率排名第七。

| 国家 | 功率 |
|---|---|
| 欧盟 | 5340700 |
| 挪威 | 1367912 |
| 法国 | 956683 |
| 意大利 | 932377 |
| 西班牙 | 777077 |
| 英国 | 754841 |
| 冰岛 | 426551 |
| 希腊 | 418391 |
| 克罗地亚 | 348126 |
| 葡萄牙 | 345414 |

图 2-4　2019 年欧洲渔船功率前十区域和国家

## 第二节　欧盟海洋捕捞渔业的管理

### 一、欧盟渔船数量概况

多年来，欧盟捕鱼船队继续缩小，2018 年登记的现役船舶数量为 81860 艘。总装机容量为 150 万吨，总发动机功率为 620 万千瓦。与 2008 年相比，船舶数量下降了 4%，总吨位下降了 17%，发动机功率下降了 10%。欧盟捕鱼船队种类繁多，西班牙的总吨位最高，法国总功率最大，希腊拥有最多的船只数量。欧盟船队非常多样化，绝大多数船只长度不超过 10 米，少数船只长度超过 40 米。2018 年，欧盟渔船的平均规格为 19 吨，发动机平均功率为 75 千瓦。

按总吨位计算，西班牙是欧盟成员国中最大的捕鱼船队（占欧盟总渔量的 21%），英国和法国的船队规模几乎是西班牙的一半。以功率衡量，最大的是法国（占欧盟总数的 16%），其次是意大利（15%）和西班牙（13%）。按船只数量计算，欧盟最大的船队是希腊（占所有船只的 18%），其次是意大利（15%）和西班牙（11%）。然而，希腊船只平均规模较小，平均规模为5吨，2018年平均发动机功率为29千瓦。

2010—2019年的欧盟渔船数量、总吨、功率和部分年份的捕捞产量统计数据见表2-5。2010—2019年欧盟渔船数量、总吨和功率变化趋势见图2-5至图2-7，2010—2015年欧盟渔船捕捞量变化趋势见图2-8。从表图中可以看出，欧盟的渔船数量、总吨、功率均呈下降趋势，并且三个统计参数的走向趋势相似。2012—2014年渔船数量、功率和总吨相对呈现短期上升趋势，捕捞量也随之上升，2015年后总体均呈现下降趋势。

表2-5 欧盟2010—2019年渔船数据表（数据来源 fish_fleet_alt）

| 时间 | 数量（艘） | 总吨（/t） | 功率（/kw） | 捕捞量（/t） |
| --- | --- | --- | --- | --- |
| 2010 | 83374 | 1749057 | 6530153 | 4393614.484 |
| 2011 | 81791 | 1687867 | 6361010 | 4238087.282 |
| 2012 | 80374 | 1631737 | 6234529 | 3793349.98 |
| 2013 | 86818 | 1661126 | 6591936 | 4211398.574 |
| 2014 | 85989 | 1648541 | 6535413 | 4630703.716 |
| 2015 | 84203 | 1588480 | 6386663 | 4443772.744 |
| 2016 | 83579 | 1583756 | 6329298 | |
| 2017 | 82647 | 1567787 | 6227157 | |
| 2018 | 81698 | 1546132 | 6140433 | |
| 2019 | 75237 | 1333577 | 5340700 | |

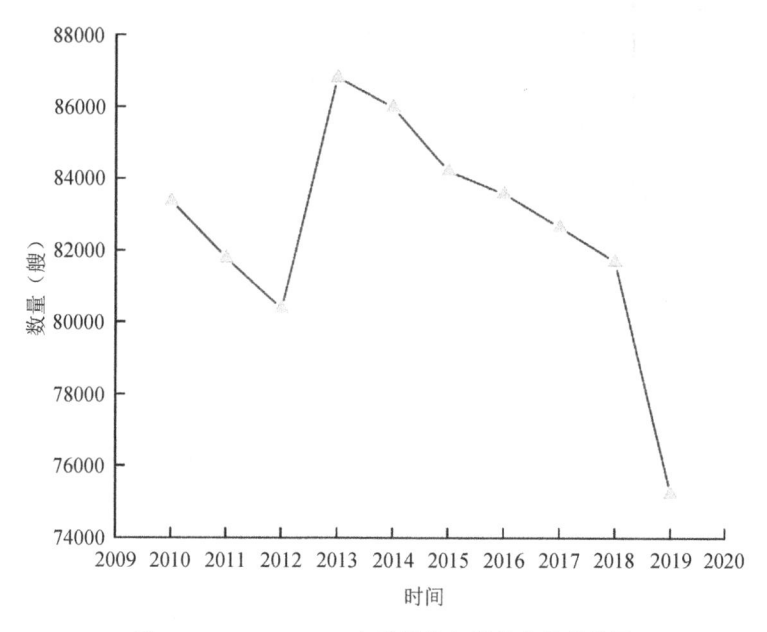

图2-5 2010—2019年欧盟渔船数量变化趋势图

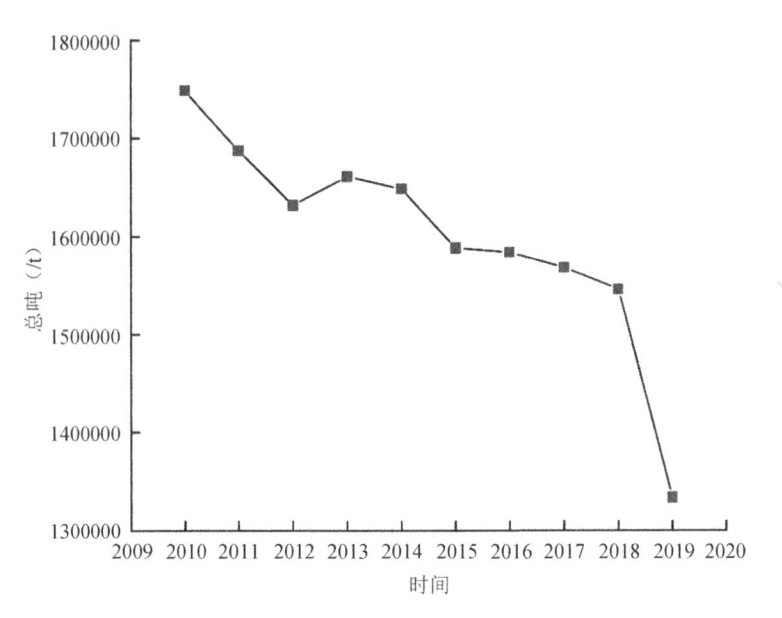

图 2-6 2010—2019 年欧盟渔船总吨变化趋势图

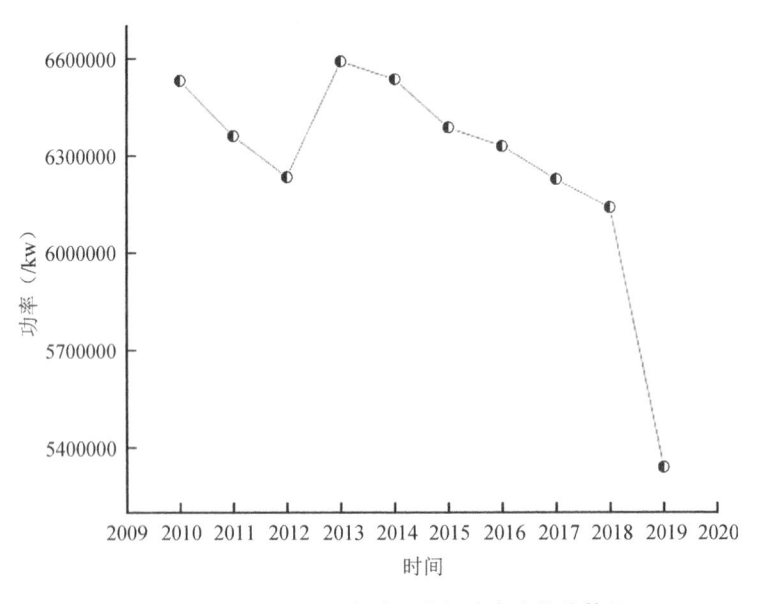

图 2-7 2010—2019 年欧盟渔船功率变化趋势图

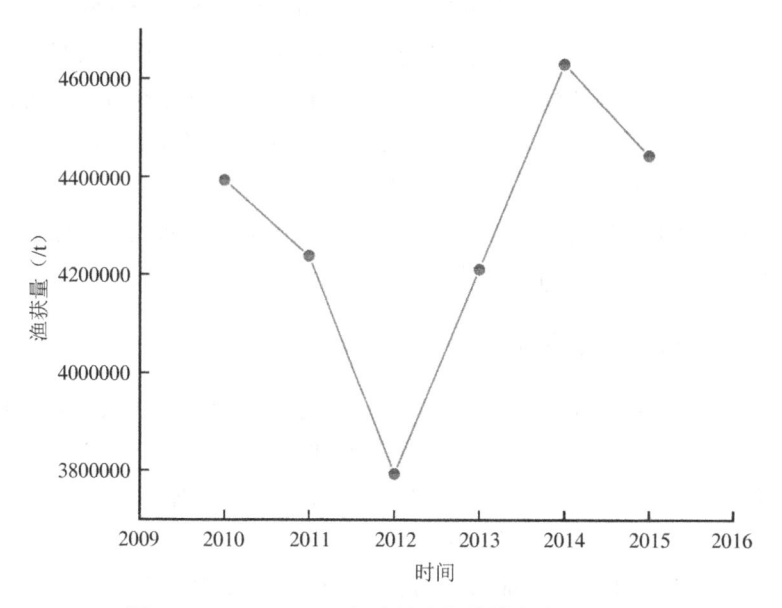

图 2-8 2010—2015 年欧盟渔船捕捞量变化趋势图

2018年的西班牙渔船报告提出"虽然船只数量、吨位和功率逐年减少，但西班牙船队在同一时期上岸的渔获量却有所增加。这表明：一方面，效率较低的船队成员倾向于退出捕鱼；另一方面，有可能对总吨和功率的上限并没有控制住，但是确实防止了捕捞能力的增加。而从欧洲捕捞渔船整体情况看，西班牙捕捞量与其所处的渔船数量、总吨和功率的排序呈现出紧密的相关性。西班牙在欧洲捕捞量位居第三，其渔船数量排名第三，总吨排名第二，功率排名第四。

2019年欧盟（27国，其中捷克、卢森堡、匈牙利、奥地利和斯洛伐克无捕捞渔获物）鱼类捕捞总量约为410万吨活重，欧盟渔获量的70%左右是在大西洋东北地区捕获的。2019年在大西洋东北地区捕获的主要物种是鲱鱼（21.3%）、西鲱鱼（14.8%）、蓝鳕（10.1%）和鲭鱼（8.4%）。欧盟在大西洋东北地区捕获总活重的20%是由丹麦船队捕获的，法国（13.6%）、荷兰（10.6%）和西班牙（9.8%）共占该地区渔获量的33%。

欧盟27国渔获量的大约10%是在地中海和黑海捕获的，捕获的主要物种是沙丁鱼（该地区欧盟渔获量的23.6%）和凤尾鱼（16.7%）。欧盟27国在这一地区捕获的鱼类中，40%来自意大利，其余的大部分来自希腊（18.9%）、西班牙（17.4%）和克罗地亚（14.7%）。

欧盟27国总渔获量的8%是在大西洋中东部地区捕获的，主要渔获物

19

是鲣鱼、黄鳍金枪鱼、沙丁鱼和鲭鱼。在会员国中，西班牙（36.6%）和立陶宛（21.4%）共占该地区渔获量的大部分。欧盟 27 国总渔获量的 7% 是在印度洋西部地区捕获的，主要渔获物是金枪鱼，特别是鲣鱼、黄鳍金枪鱼和大眼金枪鱼。其中，70% 来由西班牙捕获，其余大部分来自法国。

欧盟 27 国总渔获量的 5% 是在剩下的三个海域捕获的，主要捕获种类有：大西洋西南海域的黑线鳕，大西洋东南地区的蓝鲨和鲣鱼，以及大西洋西北地区的红鱼、鳕鱼和大比目鱼。

### 二、共同渔业政策概况

欧洲海洋捕捞量从 1950 年的 572.95 万吨曾达到 20 世纪 80 年代顶峰时期的 2200 万吨，由于早期北大西洋海洋资源管辖的缺失，引发欧洲各国对北大西洋渔业资源的争夺，导致捕捞渔船数量持续增加、捕捞能力迅速扩张，造成严重的过度捕捞。作为欧洲最大的经济体，为保护各成员国渔民利益，欧盟于 1973 年制定《准入条约》，并在 1983 年对该草案进行修订，明确规定成员国 12 海里外的海域受欧盟共同渔业政策的准入限制，欧盟成员国的渔船有进入其他成员国海域，以及欧盟成员国与其他非欧盟国家（如挪威等）共同海域相互入渔的权利。

欧盟渔业的主管部门是共同渔业管理机构，主要职能是协助成员国履行共同渔业政策的义务和责任，协调和监测成员国之间的渔业管理，协助成员国并向欧盟委员会汇报各成员国的渔业管理和监测行为，同时举报非法捕捞行为。共同渔业管理机构是一个超国家组织，在第三国水域，执行委员则代表欧盟，加入第三国国际渔业组织，管制和监测在他国水域运作的欧盟船队。欧盟采取的是"共同渔业"管理模式。

共同渔业政策，Common Fishery Policy，简称 CFP，是欧盟渔业政策的核心，来源于 1970 年由欧共体六个创始国制定的两个条例：Council Regulation（EEC）No 2141/70 和 No 2142/70。在此之后，欧共体各国经过了长达 10 年的谈判与准备，于 1983 年，原欧共体理事会通过了《欧洲经济共同体渔业资源保护和管理条例》和《欧洲共同体渔业资源保护技术措施条例》，全面实施 CFP。

共同渔业政策以资源养护为根本目标，其基本内容主要包括：平等入渔原则；渔业配额制度；统一渔业执照制度；渔业资源的保护措施；减船计划。

为了落实共同渔业政策，欧盟先后成立了一些相关的渔业管理组织和机构,如"欧盟渔业科技与经济委员会""渔业与养殖咨询委员会""公共渔业管理局""欧盟共同市场组织""欧盟渔业基金"等,协助欧盟渔业委员会和欧盟渔业部长理事会共同处理渔业事务。

欧盟成立以后,欧盟各国商定对共同渔业政策每 10 年进行一次修改,最近的一次修改时间为 2013 年。1992 年欧盟对实施十年的 CFP 进行了第一次修改,主要是处理渔船数量和可捕资源之间存在严重不平衡的问题,并将水产养殖纳入政策调整范围。2002 年欧盟对 CFP 进行了第二次大范围修改,并于 2003 年 1 月 1 日颁布了新的渔业政策。改革主要涉及以下几个方面:

①建立长期渔业管理机制,实行多年度的渔业资源恢复和管理计划。当捕捞对水生生物资源保护或海洋生态造成严重损害时,委员会在成员国可采取长达 6 个月的紧急措施来保护资源,委员会还可以决定延长紧急保护措施的实施,最长可延长 6 个月。联盟成员国在 12 海里内设立保护区,并对在此水域作业的渔船采取管理措施;

②实行新的渔船政策,鼓励减船拆船和赎买渔业权;

③加强各成员国渔业部门合作,加大检查力度;

④建立区域咨询委员会;

⑤增加渔民和其他利益相关人员参与 CFP,每一个区域咨询委员会至少涉及两个成员国。

欧盟这个集政治实体和经济实体于一身、在世界上具有重要影响的区域一体化组织,他的共同渔业政策随着渔业生产、渔业人口、渔业资源状况的变化以及科学技术的发展而不断完善。

2011 年 7 月,欧盟公开提议对 CFP 进行新一轮改革。本次改革的核心是渔业可持续性,欧盟委员会希望通过改革,能在 2015 年实现渔业资源捕捞保持在可持续发展水平上。改革主要侧重以下几个方面:

①最大可持续捕捞量和多年度生态渔业管理;

②可转让捕鱼权;

③废弃渔获禁令。

## 三、共同渔业政策发展历程

共同渔业政策可以追溯到 1957 年的罗马条约,其第三条规定欧洲经济共同体应该建立共同农业和渔业政策。虽然渔业政策被提了出来,但整个条约中基本没有涉及渔业的内容,其相关内容主要体现在罗马条约第 38 条中,因而，渔业政策实际上是作为共同农业政策的附属品而存在的。1970年6月30日，理事会批准了微调草案，正式法规内容包括EEC2141/70确立了共同渔业政策的结构政策和EEC2142/70确立了渔业产品的共同市场组织。渔业补贴与平等入渔原则被确认下来。

1981年，在委员会诉英国案中，欧洲法院判定共同体成员国的渔业是共同体的专属权能，成员国不再享有相应权力。通过欧洲法院的关键判决，共同渔业政策的正式推出有了坚实的法律基础。在共同体海域权责问题得到解决时，渔业捕捞过度在20世纪80年代初成为令人焦虑的问题，从而迫使共同体决策者就渔业资源养护问题做出回应。1983年，渔业部长理事会通过EEC170/83法案，以养护政策为基本目标的共同渔业政策正式出台。

由于资源养护成为共同渔业政策的根本目标，共同体的主要任务变成处理渔业资源有限性与捕捞能力严重过剩的核心矛盾。1986年，西班牙与葡萄牙加入共同体，更是加剧了这一矛盾。西葡都是渔业大国，然而，这两个国家延伸的大陆架非常狭窄，而这些大陆架上面的海域恰恰是渔业资源最为丰富的地区。因而，西葡的加入势必对共同体本就有限的渔业资源造成更大的压力。为解决渔业资源与捕捞能力之间的矛盾，共同体采取了一系列技术养护措施，包括：

①制定禁渔期与禁渔区；
②制定严格的网目尺寸；
③对渔具进行规制；
④渔获量限制措施等。

在1991年发布的委员会报告中，委员会对共同渔业政策进行整体审查。报告认为，总允许渔获量制度与配额制度没有防止多数鱼种的捕捞过度；成员国渔船仍然处于严重过剩状态；由于共同体执行力偏弱，养护政策很少得到执行；共同渔业政策之间也很少进行协调。委员会的结论是，除非共同渔业政策进行重大调整，否则共同体的渔业将面临严重危机。理事会在对委员会提案进行大量调整后通过EC3760/92法案。

在新规定中，共同渔业政策的目标增加了渔业可持续发展与渔业对海洋生态环境的影响。其内容包括：

①要求理事会就渔业资源与利用之间的平衡确立详细规则；
②基于多年度、多鱼种基础制定管制政策；
③在整个渔业活动中使用全新管制体系；

④渔船实行执照制度；

⑤在共同体内推动水产养殖。

1995年，共同体又任命了一个专家小组拟定第四期多年度指导计划，在由其完成的报告中，专家指出，为实现资源与利用之间的平衡，欧盟必须削减40%的渔船数量。但代表成员国利益的理事会对专家的建议做了很大调整：

①对已濒临灭绝的鱼种，削减捕捞能力30%；

②对已经捕捞过度的鱼种，削减能力20%；

③对于捕捞适度的鱼种，捕捞能力不得增加。

同时，该计划规定，欧盟为渔船退役、渔船变卖或者废弃渔船处理提供资金支持。第四期减船计划中吨位减少3%，马力减少2%。

按照委员会2001年的评估，欧盟捕捞能力仍然超过现有资源的40%，共同渔业政策必须进行大幅度改革。为此，21世纪共同渔业政策进行了两次方向性改革。

一是2002年的改革，主要体现在三个方面：

①在养护政策上，长期渔业管理机制成为欧盟追求的方向。委员会提出，总允许渔获量应该根据多年度管理计划设定，当其目标受到影响时，欧盟应该重新评估鱼群的恢复与维持。

②在结构政策上，降低捕捞能力成为结构政策的基本思路。

③在管制政策上，增强渔业利益主体的参与，要求设置包含各利益主体的区域咨询委员会；设立共同体渔业管制局，在早先的欧盟渔业治理中，委员会只有监督角色，真正拥有执行权力的是成员国，由于各成员国管理与监督系统各不相同，共同渔业政策执行效果自然不佳。

2002年的改革是共同渔业政策方向调整的一次努力。之前的共同渔业政策虽然有资源养护目标，但成员国在实践中把短期经济社会效益放在首位。委员会方案只是获得某种程度的实施。委员会关于渔船补助的改革引起轩然大波，法国、西班牙等渔业大国批评该建议完全忽视经济与社会后果，法国、希腊、爱尔兰、意大利、葡萄牙与西班牙结成一个反对改革的"渔业之友"集团。最终的妥协是，渔船补助可能在未来某一天退出，在两年的过渡期间，仍然可以补助小型和中型渔船。

2002年改革后，渔业指导财政援助办法取代已经到期的多年度指导计划。2007年1月1日起，欧洲渔业基金取代渔业指导财政援助办法，更加强调促进捕捞能力与渔业资源之间的平衡，对削减捕捞能力内容加大了补贴力度。

在2009年发布的渔业绿皮书中,委员会仍然发现渔业资源持续下降,而渔船捕捞能力却稳步提升。在咨询众多相关人士后,委员会在绿皮书中重新指出共同渔业政策的五个结构性缺陷:渔船捕捞能力过剩;政策目标不明确;决策体系鼓励短期渔业管理;渔业企业缺乏渔业管理责任感;国家缺乏实施政策的意愿。根据这些问题,2012年,委员会提出了新的改革方案,在理事会讨论并批准后实行。

二是2012年改革的延续性与革新性表现在四个方面:

①在养护政策方面,欧盟推出多年度生态渔业管理计划,最大持续渔获量取代之前的总允许渔获量,成为渔业管理计划的唯一标准;

②在结构政策方面,削减捕捞能力的想法更加明显。欧洲海洋与渔业基金是改革后共同渔业政策的资金来源,执行期限是2014—2020年。在分配的57.49亿欧元中,43.4亿欧元用来实现渔业可持续发展,5.8亿用来进行渔业管制与政策执行,5.2亿用来收集数据。结构政策大部分基金用来养护渔业而不是扩大捕捞能力,政策目标与手段更加契合。新基金也对渔船回收与更新换代、捕捞休整等作出更严格规定,其核心也是削减捕捞能力;

③重视从渔业供给侧解决问题,鼓励水产养殖。在1992年的调整中,委员会就提倡发展水产养殖业。然而,数据显示,1998年的欧盟水产养殖总产量为137.6万吨,2009年为131.8万吨,欧盟水产养殖量不增反降。在这次改革中,欧盟鼓励发展可持续性水产养殖业;

④重视减少渔业资源浪费的技术措施,废弃渔获禁令与落地义务。

2021年,对于欧盟正在进行的2021—2027年预算,欧盟委员会提议为欧盟渔业与海洋经济设立一项新基金,即欧盟海洋与渔业基金,European Maritime and Fisheries Fund,简称EMFF。与以往基金相比,该基金具有简化、更灵活的特点,基金总额高达61.4亿欧元,约合462亿人民币。

未来,欧盟海洋与渔业基金将继续为欧洲渔业的可持续发展提供支持,且重点扶持小规模渔民,即所有渔船在12米以下的渔民,他们总数约占欧洲渔业部门就业人数的一半。此外,它还将挖掘欧洲海洋经济可持续发展的潜在增长空间。欧盟委员会还将加强环境的影响,重点保护海洋生态系统,预计将有30%的预算用于缓解和适应气候变化。通过设立这一新基金,欧盟成员国和委员会将履行这一责任,对可持续发展的渔业、安全的食品、繁荣的海洋经济及健康富饶的海洋进行投资。

渔业对欧盟沿海地区的生活及文化发展起着至关重要的作用,并与水产养殖业一起，为当地的食品安全及食品营养做出重要的贡献。自2013年共同渔业政策改革以来，欧盟在恢复鱼类健康水平、增加渔业盈利和保护海洋生态系统方面取得了较大进展，而这一新基金的实施将进一步为实现社会经济和环境目标提供支持。

### 四、主要管理政策

2018年，欧盟登记的现役船舶数量为81860艘。总装机容量为150万吨，总发动机功率为620万千瓦。

共同渔业政策以资源养护为根本目标，其基本内容主要包括：平等入渔原则；渔业配额制度；统一渔业执照制度；渔业资源的保护措施；减船计划。

| 相应政策 | 内容简介 |
| --- | --- |
| 平等入渔原则 | 主要针对各成员国的水域进行规定，欧盟的自由入渔原则扩大到12海里以外的欧盟水域，限制的主要目的是保护渔业资源，尤其是对产卵群体资源 |
| 统一渔业执照 | 对海洋渔业及养殖渔业建立统一的渔业执照许可制度，任何成员国的渔船及悬挂第三国旗的渔船，必须事先获得捕鱼许可证，才能进行捕捞作业 |
| 渔业配额制度 | 根据相对稳定原则，考虑成员国传统捕捞权问题，将鱼种的可捕捞总量和配额分给成员国，再由成员国向下分配。同时可自由捕捞海基线12海里以外的非规定中的鱼种；除捕捞目标鱼种外，弃鱼应在总捕捞量的5% |
| 渔业资源保护措施 | 采取捕捞许可制度，消减捕捞能力，加强供给侧改革，减少渔业资源浪费等，同时还包括限制网目尺寸、限定最小可捕体长和上岸体重、禁渔区和禁渔期、限制某些作业方式、限制使用某些渔具和渔船等技术措施 |
| 减船计划 | 采用渔船吨位和功率作为捕捞能力的衡量指标，根据渔船吨位与渔船功率进行减船，采取多年度指导计划，进行了3次改革 |

一是平等入渔原则。该原则主要是针对各成员国的水域进行规定。1973年以前，所有成员国的海岸线以外海域都彼此实行开放。1973年以后，英国、爱尔兰和丹麦制订了"准入条约"，主要是将各成员国的渔船作业活动范围限制在各国海岸线6海里以外，这样做是为了保护各主权国家的渔民利益，其中过渡期限为10年。

1983年的欧盟渔业管理草案又将6海里扩大到12海里。为了保障部分国家在其他国家海域的传统捕鱼作业利益，过渡期限再相应延长10年。直到1992年，新修订的渔业法案才得以实施。根据目前的法规，欧盟的自由入渔原则扩大到12海里以外的欧盟水域，在12海里以外的水域作业是要受到欧盟的渔业法规严格限制的，限制的主要目的是保护渔业资源，尤其是产卵群体资源。

二是统一渔业执照制度。1992年12月20日，欧盟理事会通过了法规（EEC）第3760/92号第5条，决定对海洋及养殖渔业建立一项统一的渔业执照许可制度。此外，依照欧盟其他渔业法规，如（EEC）第2930/86号、（EEC）第1381/47号，（EEC）第163/89号使该制度得到完善。EC3760/92法案中渔船执照制度反映的是委员会对渔船规模的控制。统一渔业执照制度的管理主要包括：

①任何成员国的渔船及悬挂第三国国旗的渔船，必须事先获得捕鱼许可证，才能进行捕捞作业；

②每一欧盟的成员国，应依据（EEC）第3760/92号第11条的规定，颁发及管理悬挂其国旗的渔船的渔业执照；

③对于欲进入欧盟水域从事捕捞的第三国渔船捕捞执照的颁发，按照第三国与欧盟签订的渔业协定的规定办理；

④任何渔船在执照被撤销或暂停时，必须停止作业；

⑤渔业执照应按照欧盟统一的渔业执照样本制作，应含有渔船技术性特征、渔业经营和捕鱼许可；

⑥每一成员国应保证每艘悬挂其国旗的船只的所有识别、技术性特征及配备的资料是正确的，而且与根据（EEC）第163/89条的规定在欧盟船舶登记册上的登载的资料一致；

⑦每一成员国应采取必要措施，使这些资料能随时接受监督的主管当局检查；

⑧若欧盟法规通过限制渔捞能力来控制捕捞死亡率时，每一成员国应确保从事捕鱼活动的船只遵守固定期间的限制，并确保这些船只遵守欧盟理事会的规定，将必要的资料传送欧盟理事会；

⑨为执行欧盟有关渔业资源保护和管理措施，成员国应对其颁发的共同渔业执照做部分修正，当任何一个成员国依照（EEC）第3760/92号第9条的规定，采用欧盟分配给该国的可捕量时，该国应按规定向欧盟理事会报告经核准在确定渔区内从事渔业活动的船只的资料；

⑩每一成员国应为悬挂其国旗的船只向欧盟理事会提出申请，依照与第三国达成的渔业协定，进入第三国水域从事渔业活动，该国应确保这类申请符合欧盟的规则及渔业协定的条件，欧盟委员会应向成员国提供有关第三国

容许欧盟船只进入该国从事渔业活动的资料。为执行欧盟与第三国签订的渔业协定中所规定的有关渔业资源保护和管理措施，成员国应对其颁发的渔业执照作全部或部分暂停或撤销。

依据欧盟理事会对悬挂第三国国旗船只所采取的资源保护和管理措施，对于悬挂第三国国旗的船只在欧盟水域从事欧盟与该国渔业协定所核准的渔业活动，应由第三国主管当局向欧盟理事会提出申请。理事会应审查这类申请，并依照理事会所采取的措施和规定来核发捕鱼执照，并指定核发执照的成员国。理事会应通知核发执照成员国应检查的项目。成员国对悬挂第三国国旗的船只处以惩罚时，应通知欧盟理事会。

三是渔业配额制度。总量控制与配额制度是欧盟共同渔业政策（CFP）的主要内容。

①欧盟委员会每年都会以法规形式制定总量控制，由渔业部长理事会分配给成员国，成员国再分配给渔民、渔船、渔业组织；

②欧盟对配额采取灵活措施，综合考虑成员国传统捕捞权问题后将鱼种的可捕总量和配额分配给成员国；

③废弃渔获管理主要是禁止丢弃渔获行为，即渔业者除了捕捞目标鱼种外，弃鱼量应控制在总捕捞量5％以内；

④渔获量的分配，理事会采用相对稳定原则，主要考虑：一是参照捕捞历史，即以1973—1978年为参照期，历史上捕鱼多的国家可以得到较多配额；二是根据海牙优惠原则，照顾那些较为依赖渔业的国家；三是对那些由于专属经济区扩大而遭受损失的成员国予以补偿；

⑤对领海基线12海里以外海域中、无总可捕量规定和配额规定的鱼种，可实行自由捕捞，实行总可捕量限制的鱼种，当总捕捞量达到该鱼种的总可捕量时，停止作业。

欧盟各国在东北大西洋沿海地区作业要遵守总可捕量制度的渔业管理措施。目前东北大西洋国家确定配额的方法是，以欧盟为主体，与第三国及有关国家协商双边协定。

2012年改革后，欧盟推出多年度生态渔业管理计划，最大持续渔获量取代总允许渔获量，成为渔业管理计划的唯一标准。与总允许渔获量相比，最大持续渔获量是一种理论均衡量，渔业资源开采量与渔业资源可再生量须保持均衡，最终实现渔业可持续发展。此外，欧盟规定多年度生态渔业管理计划在共同渔业政策执行中处于优先项。

四是渔业资源保护措施。在渔业资源保护方面采取捕捞许可制度，削减捕捞能力，加强供给侧改革，减少渔业资源浪费等，同时还包括限制网目尺寸、限定最小可捕体长和上岸体重、禁渔区和禁渔期、限制某些作业方式、限制使用某些渔具和渔船等技术措施。

从1995年起实施全面的捕捞许可证制度。这个制度适用于所有欧盟的渔船和在欧盟水域作业的悬挂非欧盟成员国国旗的渔船。所有这些渔船都必须持有所属国颁发的捕捞许可证，许可证包括船名、船编号、登记港、船主姓名、船的主要技术参数等，这些渔船都必须遵守欧盟理事会关于渔船产业结构调整的目标和法规，许可证制度还规定了许可证的作业权限，各种不同的渔船持有的许可证在作业渔场、使用渔具、捕捞对象方面可能各不相同，持有某种捕捞许可证意味着该船只能按许可证的规定进行作业，如果超出了许可范围就会受到处罚。

2012年改革后，削减捕捞能力加强渔业资源养护的想法更加明显。欧洲海洋与渔业基金是改革后共同渔业政策的资金来源，执行期限是2014—2020年。在分配的57.49亿欧元中，43.4亿欧元用来实现渔业可持续发展，5.8亿用来进行渔业管制与政策执行，5.2亿用来收集数据。结构政策大部分基金用来养护渔业而不是扩大捕捞能力，政策目标与手段更加契合。

由于成员国在欧盟渔业治理中的决定性地位，削减捕捞能力推进艰难，在这样的状况下，加大渔业资源供给无疑是一个可行的选择。实际上，欧盟水产养殖空间巨大，其水产养殖产出只占世界产量的2.6%，价值只占5.1%，在欧盟内部，也只有西班牙与法国水产养殖规模较大。如果能解决水产养殖问题，它有望成为欧盟渔业治理未来发展的一个方向。

重视减少渔业资源浪费的技术措施，废弃渔获禁令与落地义务。在之前渔业活动中，渔船在登岸时为不超过配额，通常随意丢弃超量渔获。在这次改革中，欧盟实行废弃渔获禁令，自2014年起禁令逐渐覆盖所有鱼类与废弃渔获禁令相联系的落地义务，则是鼓励渔民采取措施减少非目标渔获并保证所有渔获上岸。废弃渔获禁令和落地义务的实行，能够最大程度地避免资源浪费。

五是减船计划。结构政策强调处理渔业资源与捕捞能力之间的矛盾，由于渔业资源很难改变，结构政策在实践中主要是削减渔船，同时提供必要补偿。

欧盟一直采用渔船吨位和功率作为捕捞能力的衡量指标，并根据渔船吨位与渔船功率进行减船。减船计划，首先是多年度指导计划进行；其次是2002年改革后，渔业指导财政援助办法取代已经到期的多年度指导计划；

再次，2007年1月1日起，欧洲渔业基金取代渔业指导财政援助办法，更加强调促进捕捞能力与渔业资源之间的平衡，对削减捕捞能力内容加大了补贴力度。

①多年度指导计划执行期间为1983—2001年，共分四期。

第一阶段为1983—1986年，由于成员国对度量渔船捕捞能力的方法未达成一致，该计划不具强制力，第一阶段减船任务基本失败。

第二阶段为1987—1991年，1986年，理事会拟定了新的结构政策，目标是在1991年之前削减3%的渔船吨位和2%的渔船功率，每年的削减目标固定。这次减船计划相比第一次略有进展，丹麦、德国、西班牙、爱尔兰、意大利和葡萄牙的渔船状况与要求相符，但总体来说，减船计划还是没有实现，渔业资源紧缺变得越来越严重。

前两个阶段效果不佳，渔船总吨和功率没有得到有效监管，主要问题是在渔船普查和物理指标的实际测量过程中难度较大。

第三阶段为1992—1996年，1990年末，由委员会委托完成的高兰报告（Gulland Report）认为，为了渔业的长远发展，共同体必须削减40%的捕鱼能力。1993年末，欧盟捕捞能力过剩的问题渐渐得到改善。根据高兰报告，共同体在多年度指导计划框架中实施第三期减船计划（1992—1996年）。共同体渔船捕捞能力过剩问题得到一定程度的改善。根据1995年的委员会报告，欧盟渔船总吨位在1991—1995年间减少了26.3万吨位，约减少11.5%，功率减少80.7万千瓦，约减少9.7%。

第四阶段为1997—2001年，延长至2002年底完成，应从1997年1月1日开始适用，在2001年12月31日前逐步完成。对已面临枯竭危险的鱼种，其削减率应为30%。对过度开发的鱼种的削减率为20%。对充分开发的鱼种，1997—2001年期间的捕捞能力不得增加。不包括在渔船削减计划之内的小规模渔船是船长小于12米的非拖网和小规模渔船，为了实施渔船削减计划，欧盟通过了《渔业指导财政援助办法》为实施减船计划提供财政援助。根据欧盟委员会2002/70/EC决定第四次减船计划延长至2002年底完成。

2001年，委员会通过《共同渔业政策的未来绿皮书》里指出，阶段计划减船的力度不够大，没有解决能力过剩的问题，很多时候都没有被执行，这个项目管理起来也太复杂。为建设/改造提供的补贴可能加剧了状况。捕捞能力虽然被定义为吨位和功率，但是技术和设计的进步——包括网具、探鱼和通信设备，会让与旧船吨位和功率相同的新船产生更大的捕捞能力。

②2002年改革后，渔业指导财政援助办法取代多年度指导计划。

委员会通过重新调整资金用途来削减捕捞能力的设想占据了重要地位。按照渔业指导财政援助办法，对渔船的补助只能用在提升工作条件安全性以及渔业产品卫生和品质方面，增加捕捞能力的内容不在补助范围内。共同体鼓励减船的补助资金更多地转向由于减船而导致的经济与社会问题上。2007年1月1日起，欧洲渔业基金取代渔业指导财政援助办法。更加强调促进捕捞能力与渔业资源之间的平衡，对削减捕捞能力内容加大了补贴力度。例如，对永久注销或报废船只和提早退休或有意进行改行的渔民给予财政援助，降低沿海地区对渔业的依赖，鼓励沿海地区经济体系向多元化方向发展。

欧盟把捕捞能力的管理责任交给成员国后，规定了几个保障措施：

开始实行渔船"进入/退出"制度（EES），新进入渔业的任何船只的捕捞能力必须由具有同等能力的已撤出船只来抵消；

成员国可以利用政府补贴与援助来减少其捕鱼船队，但已取消的捕捞能力不能被补回，通过政府赎买减少的捕捞能力，要从捕捞上限中减去；

政府赎买的渔船只能是来自捕捞能力与捕捞机会不匹配的船组类别，成员国船队年度报告包含对国家总体船队和分类别船队的捕捞能力的评估，进而判别出结构上能力过剩的船组类别。如果成员国不报告或者不执行行动计划，将会导致他们失去部分欧盟资金的扣留或者中断。

③2012年改革后，削减捕捞能力加强渔业资源养护的想法更加明显。欧洲海洋与渔业基金是改革后共同渔业政策的资金来源，执行期限是2014—2020年。新基金也对渔船回收与更新换代、捕捞休整等作出更严格规定，其核心也是削减捕捞能力。值得注意的是，欧洲海洋与渔业基金还对成员国渔业补贴行为有了发言权。在共同渔业政策执行中，成员国也会对己国渔业进行补贴，共同体无法插手，这就加剧了过剩的捕捞能力。改革后，如果委员会认为成员国补贴与欧洲市场不相容，它可以要求成员国改变或停止补助。

成员国不得将其船队增加到超过立法规定的能力上限（发动机功率（kW）和总吨位（GT））的水平与2002年的上限相同。除了继续实施第二阶段的所有要求，2013年还停止了2002年的计划（允许船龄超过5年的渔船，在能力上限计划外进行改造更新以提升安全性）；渔船建造的政府补贴于2004—2006年停止。从2002年开始至今，控制和降低捕捞能力的途径主要是通过渔船"进入/退出"制度（EES）调节渔船进出船队。EES制度主要做法：

第一，新船只有在能力相同的船只退出后才能进入，一些成员国在没有公共援助的情况下撤出的捕捞能力，仍然是船东的财产；

第二，船东可以自由使用这一撤回的能力，新建一只具有同等能力的新船，或将其能力权利全部或分批捐赠/出售给一个或多个其他运营商；

第三，在这种情况下，会产生有一个全国性的私有总吨和功率市场，不再与渔船的实体相关联，总吨和功率可以进行自由交易；

第四，一些成员国规定了拥有能力权利的时间限制，权利可以保留一年至六年。超过时间限制后，未使用的能力将归还给国家行政部门，并放入国家能力储备库，对于已经实施这一机制的成员国，总吨和功率在市场上通过专门的经纪人和船厂进行交易；

第五，其他成员国在没有公共援助的情况下撤出的能力由成员国控制，撤出船只的船东可优先使用相应能力建造新船只。不同的是，能力的权利既不能全部也不能分批交易，而且没有与船舶实际存在无关的总吨和功率国家市场；

第六，在上述第五条成员国中，船舶撤出后，经营者使用能力权利引入新船舶的时间限制——最多五年。在此时间段之后，未使用的能力将返还给国家行政部门，并放入国家能力储备库；

第七，在大多数成员国，新的捕捞能力只能替换同一船组类别的捕捞能力或对在不同船组类别之间转移有限制；

第八，进入的船只一般使用从撤回的船只获得的捕捞授权，几乎所有的成员国，如果捕捞能力没有及时被经营者用掉，将会被放到国家能力储备库。

多年来，欧盟捕鱼船队继续缩小，2018年登记的现役船舶数量为81860艘。总装机容量为150万吨，总发动机功率为620万千瓦。与2008年相比，船舶数量下降了4%，总吨位下降了17%，发动机功率下降了10%。欧盟捕鱼船队种类繁多，西班牙的总吨位最高，法国总功率最大，希腊拥有最多的船只数量。欧盟船队非常多样化，绝大多数船只长度不超过10米，少数船长度超过40米。2018年，欧盟渔船的平均尺寸为19吨，发动机平均功率为75千瓦。

## 五、对我国的启示

### （一）把渔业活动与农业活动运用同等办法来管理存在问题

共同渔业政策开始是作为共同农业政策的附属品存在的。然而，把渔业活动与农业活动同等看待，管理上会有很大问题。因为共同农业政策需要尽量提高效率、增加产品，但对欧盟渔业治理来说，提高产量一定会产生灾难性后果。根据对农业补贴的先例，共同渔业政策中确立了结构政策，而非歧视性原则演变为平等入渔原则。欧盟渔业与农业的一个显著区别是其资源的有限性，把共同市场与共同农业政策中的原则应用到渔业治理中是很不恰当的。渔业补贴将导致渔船捕捞能力迅速上升，而平等入渔原则则会加剧捕鱼者之间的竞争，进而对渔业资源造成巨大压力。渔业补贴的结构政策与平等入渔原则在共同渔业政策正式确立时保留了下来，这种在当时就存在很大分歧的决策能够成为现实，完全是权宜之计，是政策实施国家内部斗争的结果，更是创始国限制新成员的工具。渔业资源有限性在这种争夺中完全可以体现出来。

**（二）总允许渔获量分配问题应按照渔业可持续发展的目标来确定**

1986年，哈定在《科学》杂志发表《公地悲剧》一文，对没有明确责任主体的公地命运做出悲观论述。虽然渔业资源有限性特征被揭示了，但共同体却一直没有采取强有力措施，总允许渔获量分配到成员国的配额主要是根据相对稳定原则执行，也就是说，它主要根据渔业现状而不是渔业可持续发展的目标确定。平等入渔原则与渔业补贴仍然保留下来，这就使得资源养护的目标与手段背离。这种互相矛盾的思路体现的是政治因素在干扰专业性极强的渔业实践。共同渔业政策改革的特殊性正在于此，改革核心就是根据新情况对既定利益进行重新划分，对既定权力进行重新调整。

**（三）渔业管理需要强有力的管理机构来执行与落实**

欧盟共同渔业政策改革中，那些阻挠改革的机构权力巨大（主要通过代表成员国利益的理事会体现），作为对共同渔业政策负主要责任、也是改革主要执行者的委员会却权力有限，这种权力与责任错位正是共同渔业政策改革难以获得实效的根本原因。总允许渔获量制度与配额制度没有防止多数鱼种的捕捞过度；成员国渔船仍然处于严重过剩状态；由于共同体执行力偏弱，养护政策很少得到执行；共同渔业政策之间也很少进行协调。共同渔业政策改革中委员会权力不足也是导致没有达到预期效果的主要原因，主要包括四个方面：一是平等入渔原则主要是由理事会操作；二是委员会在结构政策方面同样发言权不大；三是养护政策，作为养护政策的核心内容，总允许渔获量固然有不科学的嫌疑，但它同样是一种无奈之举；四是成员国在欧盟渔业治理中权力极大，而负主要责任的委员会却权力有限，权责错位必然导致共同渔业政策实施低效。

**（四）渔业管理政策目标与手段措施应相互协调**

在欧盟渔业政策改革过程中，渔业资源与捕捞能力之间的不平衡一直是其核心矛盾，委员会的一些新想法，例如，按照多鱼种基础制定总允许渔获量，反映了之前总允许渔获量的缺陷，要求理事会确定详细规则，这表明委员会希望通过具体措施，实实在在地推动渔业治理，水产养殖则体现委员会增加渔业资源供应的思路。然而，结构政策、平等入渔等核心内容基本维持原貌，共同渔业政策目标与手段之间的背离并没有得到改变。由于在解决制度缺陷方面没有进行方向性调整，政策目标与手段措施不协调，导致改革的效果有限。

**（五）成员国承担具体任务并实施年度汇报制度使得改革效果显现**

2002年改革了共同渔业政策，成员国开始全部承担将捕捞能力与捕捞机会相匹配的责任义务。欧盟这一层面只要求成员国遵守MAGP4为2002年底各船组类别设置的捕捞能力上限之和，而不对具体船组进行要求，由各成员国自行调整，唯一的例外是对西班牙、葡萄牙和法国的外延区域的船组有分类别规定能力上限。各成员国自行负责将捕捞能力调节到与本国捕捞机会相匹配的程度，并实行每年的报告制度。欧盟层面进行评估打分，没有达到要求的成员国，需要制定详细的实施计划来进一步完成任务目标。

**（六）总吨和功率呈下降趋势，而功率是否真正得到控制尚无定论**

欧盟以控制渔船数量、总吨和功率三个指标来控制捕捞能力，采取年度报告制对各成员国的捕捞能力和捕捞机会之间的平衡进行分析，进而实现对各成员国捕捞能力的评价。据欧盟渔业数据库统计，多年来欧盟捕鱼船队持续缩小，2018年登记的现役船舶数量为81860艘，与2008年相比，船舶数量下降了4%，总吨位下降了17%，功率下降了10%。根据欧盟的统计数据，2010年到2019年以来，渔船船数、吨位和功率总体呈下降趋势，捕捞产量也呈现下降趋势。但存在一个不确定的因素，即是渔船功率准确性问题，2019年对成员国发动机功率抽查的研究表明，对14个成员国68艘船只的测试，表明错报功率较为普遍，功率被低报的程度相当严重。然而，对发动机功率的物理验证和核查成本较高，操作困难，因此，实际上的功率是否超过捕捞能力的上限还是无法定论。

**（七）欧盟共同渔业政策的EES制度对我国减船和更新改造有借鉴作用**

EES政策包括成员国不得将其船队增加到超过立法规定的能力上限

(功率（kW）和总吨位（GT））的水平。新船只有在能力相同的船只退出后才能进入，其他成员国在没有公共援助的情况下撤出的能力由成员国控制。新的捕捞能力只能替换同一船组类别的捕捞能力，或对在不同船组类别之间转移有限制。进入的船只一般使用从撤回的船只获得的捕捞授权。几乎所有的成员国，如果捕捞能力没有及时被经营者用掉，将会被放到国家能力储备库。渔船更新改造的方面，在减船计划阶段，为了提升安全性等原因而提供渔船升级改造的经费，由于技术与设备的发展，这使得虽然船舶吨位和功率降了，但很多时候渔船捕捞能力实际却增加了，为此在更新改造的同时，要注意与渔船捕捞能力控制的协调平衡。

**（八）船只和渔具的信息化监管**

欧盟规定，会员国应能够追踪所有渔船，包括较小的渔船。对于较小的船只，可以使用价格合理且易于操作的移动追踪设备。不论船只大小和捕捞量多少，所有渔获量应以电子方式进行核算和报告。报告渔具损失将通过所谓的"捕捞日志"完成，所有船只必须携带必要的设备来取回丢失的装备。委员会建议某些船舶配备连续记录电子监控设备，包括闭路电视，闭路电视的远程电子监控技术，有可能成为确保控制和执行登陆义务的有效手段，并对非法丢弃提供威慑。加强休闲渔业登记与数据采集，通过简单的登记或许可证制度，成员国将知道有多少人以休闲为目的而进行捕捞，并能够收集有关捕捞和作业的可靠数据。

## 第三节　英国海洋捕捞渔业的管理

### 一、捕捞渔船概况

2010—2019 年，英国渔船数量、总吨、功率和捕捞产量统计数据见表 2-6。2010—2019 年，英国渔船数量、总吨和功率变化趋势见图 2-9 至图 2-11。2010—2019 年，捕捞量变化趋势见图 2-12。

2017—2019 年间渔船数量减少，总吨和功率增加，这表明大中型渔船占主要比例。单从英国本身看，渔船数量的减少，总吨和功率的增加，并没有导致其捕捞量增加。从整体欧洲统计数据看，虽然今年英国捕捞量下降，但在欧洲仍然位居第四，其渔船数量排名第八，总吨排名第三，功率排名第五。总吨和功率排名靠前的国家，对其捕捞量排名有一定的影响。

表 2-6  英国 2010—2019 年渔船数据表

| 时间 | 数量（艘） | 总吨（/t） | 功率（/kw） | 捕捞量（/t） |
|---|---|---|---|---|
| 2010 | 6460 | 207320 | 826768 | 605290.8 |
| 2011 | 6389 | 201596 | 806866 | 594599.7 |
| 2012 | 6360 | 200453 | 802678 | 626486.9 |
| 2013 | 6300 | 196552 | 793920 | 617591.73 |
| 2014 | 6276 | 193492 | 786417 | 751979.05 |
| 2015 | 6232 | 187142 | 773802 | 701769.12 |
| 2016 | 6197 | 185813 | 765905 | 699841.75 |
| 2017 | 6140 | 187140 | 757676 | 722725.24 |
| 2018 | 6031 | 191489 | 752292 | 696991.87 |
| 2019 | 5905 | 198303 | 754841 | 617298.35 |

从图 2-9 可见，2010—2019 年，英国的渔船数量一直呈现下降趋势。

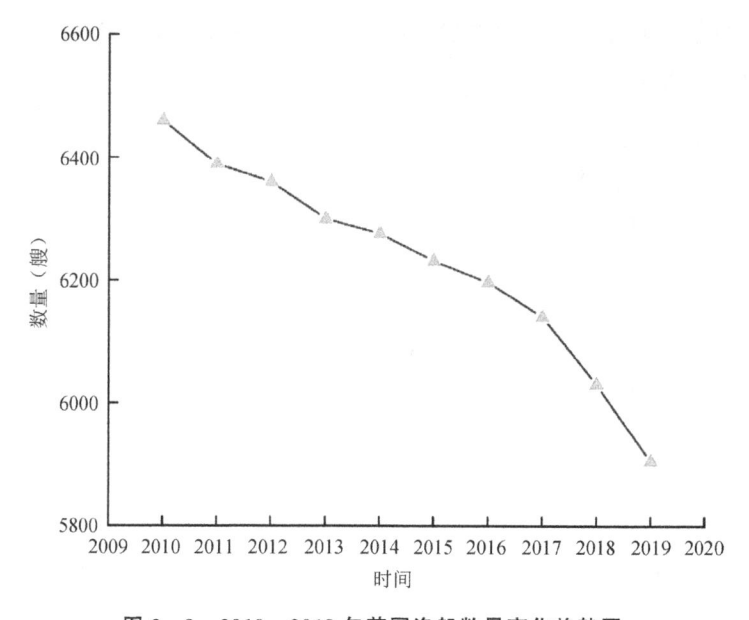

图 2-9  2010—2019 年英国渔船数量变化趋势图

从图 2-10 可见，英国渔船总吨在 2010—2016 年间呈下降趋势，而在 2017—2019 年呈现了增长趋势。

35

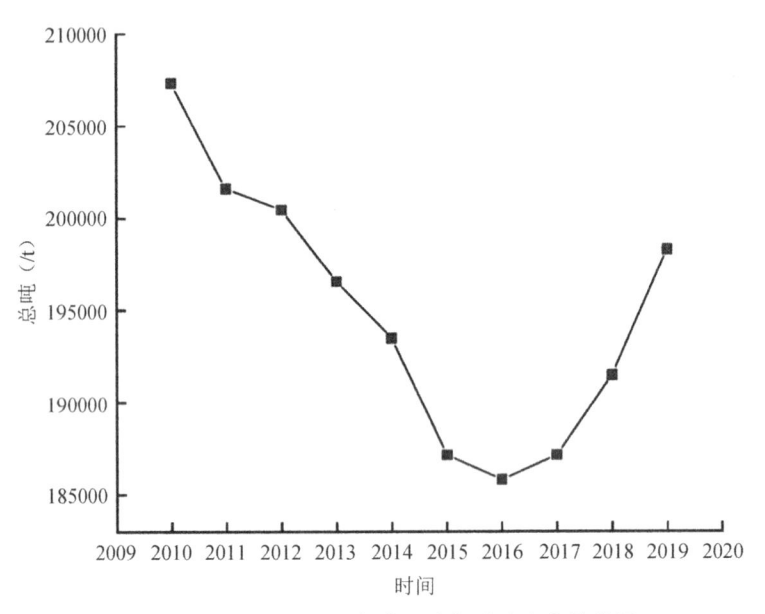

图 2-10  2010—2019 年英国渔船总吨变化趋势图

从图 2-11 可见，英国渔船功率在 2010—2018 年呈下降趋势，2018—2019 年呈现增长趋势。

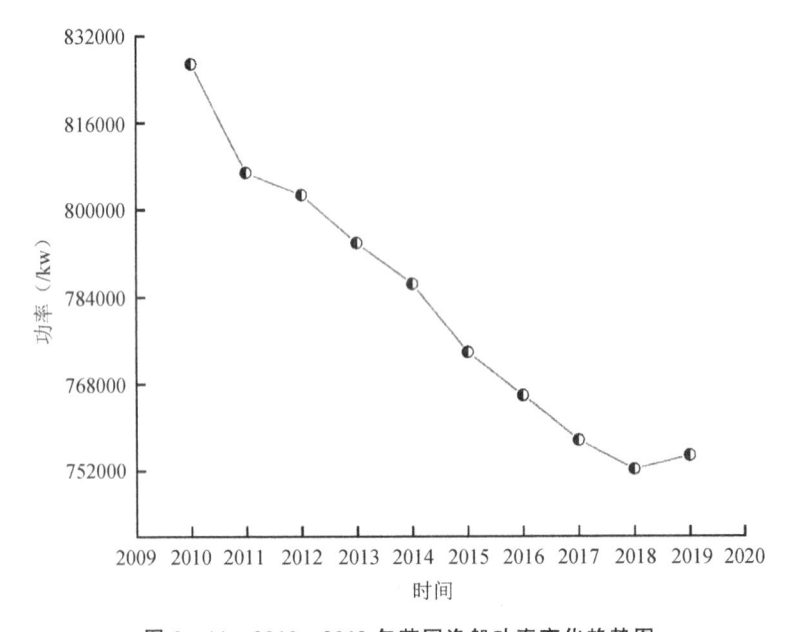

图 2-11  2010—2019 年英国渔船功率变化趋势图

从图 2-12 可见，2010—2019 年，英国捕捞量呈现波动趋势，2014 年达到峰值，随后逐年下降，尤其是从 2017—2019 年呈现明显下降趋势，达到了与 2012 年的同期水平。

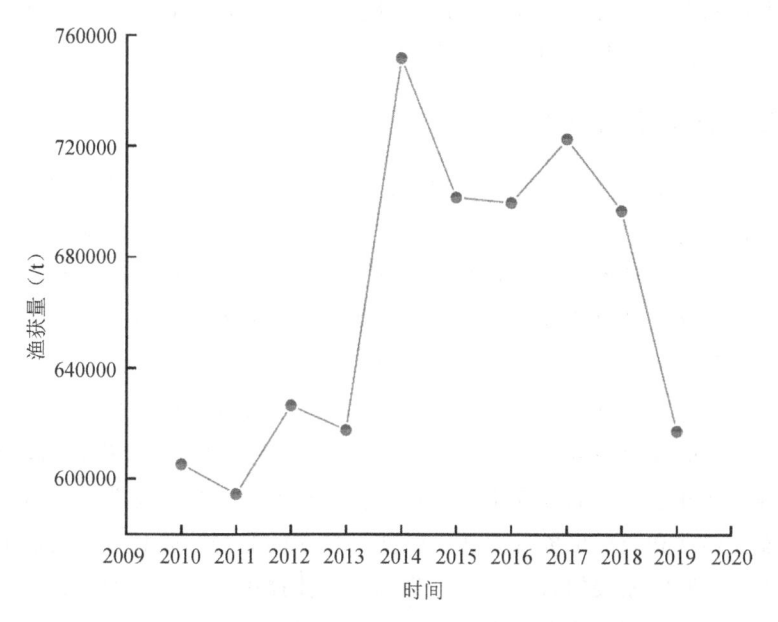

图 2-12　2010—2019 年英国捕捞量变化趋势图

## 二、捕捞种群概况

英国是世界上重要的海洋捕捞和水产品消费国家，是位于欧洲西部的岛国，由大不列颠岛包括英格兰，苏格兰，威尔士，爱尔兰岛东北部和周围一些小岛组成，海岸线总长 11450 公里。英国四周环海，海岸线长，位于世界第二大渔场/东北大西洋渔场的中央，渔业资源丰富，是欧洲最重要的捕鱼国之一。

英国水产渔业主要物种中，比目鱼和鲽鱼是关键物种，在底栖鱼中，黑线鳕和安康鱼是关键物种，鲭鱼和鲱鱼是主要的中上层物种，龙虾和螃蟹是甲壳类动物的主要物种，扇贝是软体动物中的关键物种，上述物种占国内港口捕捞鱼类价值的四分之三。

2021 年 6 月 6 日，欧盟和英国最终就共同鱼类种群达成了首个年度协议，为 75 种以上的商业鱼类种群设定了配额，并为 2021 年非配额种群的开发制定了条款。2021 年渔业协定是根据贸易与合作协定所确立的原则和条件通过的，所涵盖鱼类种群数量范围是前所未有的。其商定的管理措施将取代欧盟和英国单独制定的临时措施，以确保在协商结束及各自的国家或欧盟法律得到执行之前继续捕鱼活动。最近的渔业审计显示，在英国和欧盟共有的鱼类资源中，只有大约43%的资源被可持续开发，而其余的资源不是被过度捕捞，就是被开发的状况不明。

### 三、管理组织机构

在英国，渔业由环境、粮食和农村事务大臣，苏格兰部长，威尔士议会政府部长和北爱尔兰执行部长负责。它们彼此是伙伴关系，非领导与被领导的关系，但是只有环境、粮食和农村事务部可以在国际渔业事务中代表英国。英国的渔业行政管理机构为国家环境、粮食和农村事务部（原为农、渔业与食品部），负责全国渔业生产、管理和执法。

英国海洋水产业管理委员会是一家公共性机构，是按1983年国会出台的议案设立的社会服务组织，为渔民培训、生产技术咨询及提供市场信息、种苗等，并开展相应的研究工作。英国食品检验中心虽然是非政府机构，但受环境、粮食和农村事务部委托，行使对食品的监督检验和管理的职能。其主要工作是制定相关的管理政策，为社会实体提供建议和帮助，在大众中做调查研究，总结相关信息并提供给需要的部门。

任何想要在英国旗帜下捕鱼和拥有英国配额捕鱼的自然人或法人，只能使用由英国当局注册和许可的渔船。登记渔船的条件：船主应是英国公民、在英国的欧盟公民或在英国设有营业地的欧盟内注册的公司。作为登记的一项条件，所有渔船都必须由英国管理、控制和指挥。英国政府实施了一项限制性的许可证发放计划，没有颁发新的许可证。任何希望捕鱼牟利的都必须根据现有的渔船来获得许可证。所有拥有英国配额的船东必须与英国保持真正的经济联系，这可以通过将配额渔获量运入英国、雇用居住在英国的船员或采取足以确保实现令人满意的经济联系的其他措施来实现。

除了政府部门外，英国还有一些是半官方机组构织也享有较重要的渔业管理权，对水产行业的发展有较大影响，主要包括生产组织者（Producer Organizations）、海洋渔业企业协会（Sealfish, Sea Fish Industry Authority）。生产组织者，是应欧盟共同渔业政策的要求，而由渔民自愿组建的，但需要得到政府渔业部门的认定，才可申请到欧盟和英国渔业部门的财政支持，其最初目的就是协调生产，保证市场供给和价格稳定，促进市场营销标准化等。虽然渔民加入生产者组织是自愿的，但是只有会员才可以申请到欧盟和英国的各种渔业发展补贴基金。欧盟正式实施共同渔业政策，引入了捕捞配额制度，英国的生产者组织获得了分配管理捕捞配额的许多项权利，目前大约95%的渔业配额都是通过生产者组织分配的。

### 四、法律法规框架

英国的海洋渔业由欧盟共同渔业政策调整，这使得英国渔业法规数量众多。1967年和1992年《海鱼（养护）法》、1968年《海洋渔业法》、1976年《渔业限制法》、1981年《渔业法》、1967年《海洋渔业（贝类）法》和1966年《渔业法》规定了管理渔业的主要权力。根据1998年《苏格兰法》、1998年《威尔士政府法》和1999年《威尔士国民议会（职能转移）令》以及1998年《北爱尔兰法》，苏格兰行政院、威尔士议会和北爱尔兰农业和农村发展部分别负责苏格兰、威尔士和北爱尔兰的相关职能。1966年海洋渔业调整法，主要为在英格兰和威尔士沿岸设立海洋渔业委员会和相应的海洋渔业区而制定的。

1967年《海鱼（养护）法》，是涉及海洋捕捞活动最重要的法律，包括26节。该法对鱼类资源利用规格限制、捕捞网具、捕捞执照、海上作业时间限制、违法证据、禁渔区和禁渔期、海洋环境保护、捕捞渔获物的申报和上岸、因科学研究或其他目的的义务免除、资源增值、违法处罚、法人违法、诉讼机构、渔业官员的执法权限和方式、有关大马哈鱼和鲜鱼的管理、财政支出、委托立法形式等诸多问题都做了广泛的授权性规定。

1967年《海洋渔业（贝类）法》，主要是对甲壳类渔业的渔区划定、捕捞执照、资源保护、诉讼证据、渔业补贴和贷款、进口禁止问题、病害问题、销售问题、行政执法和司法管辖等诸多方面做出了广泛的授权性规定。

《海洋和沿海通行法》于2009年10月成为法律。这项开创性的立法极大地改善了英国利用其海洋资源的方式，并从中获得的利益最大化。海洋规划许可的行为引入了新的系统，建立一个生态协调的英国水域海洋保护区网络，同时考虑这些措施的社会经济影响其他海洋活动，包括钓鱼。该法案将提供更好地管理渔业的措施，特别是通过设立近海渔业和养护当局，这些当局将有责任以现代化的执法权力管理其区域内的可持续海洋渔业资源和养护。一个新的海洋管理组织成立，作为一个策略性的海洋区域交付机构，包括执行渔业管理规则。

2020年11月，英国渔业法案在议会通过，获得批准正式成为渔业法，这是英国近40年来第一部国内渔业立法。英国政府表示，他们将通过一项新的外国船只许可制度来控制谁在英国水域捕鱼，欧盟船只自动在英国水域捕鱼的权利已经结束。接下来，英国政府和地方政府将制定新的渔业管理计划，旨在促进渔业和海洋环境可持续发展。新的渔业法确保：英国政府和地方政府将发布具有法律约束力的联合渔业声明，并制定协调渔业管理计划和实现可持续性的目标；欧盟船只在英国水域自动获取鱼类的权利被取消；外国船只将被要求在英国水域捕鱼许可证，并且必须遵循英国的规定；平衡社会、经济和社会效益，以可持续的方式管理渔业，同时防止过度捕捞鱼类资源；英国渔业管理部门将寻求确保英国船只捕获鱼类的利益；保护敏感的海洋物种，如海豚，并减少非必要的副渔获物；英国船只可以继续进入英国水域的任何部分，不管在英国、苏格兰、威尔士还是北爱尔兰注册。英国政府可以设置新的国内资助计划，在新的领域，根据部门的需要提供资金。法案还承认，许多渔业资源是"共享资源"，这需要与其他国家进行谈判。

2020年，英国还取得了新的双边渔业安排，包括与挪威和法罗群岛的协定，以及与格陵兰和冰岛的谅解备忘录。新法案授权英国渔业部门和欧盟以及其他沿海国家签订并实施新的渔业协议，确定捕捞配额和海上渔业作业的天数，并明确脱欧后的英国政府在养护鱼类种群和渔业环境方面将会出台新举措。该法案还包括对供资规则的修改，使英国政府能够为目前由欧洲海洋和渔业基金资助的项目（例如培训和港口改善项目等）继续提供财政支持。新法案意味着英国将考虑气候变化对渔业的影响，法案也提出了在英国水域内开展"根据气候开展渔业活动"的新目标。该法案还通过确保海洋管理组织有权就可持续渔业、海洋规划、捕捞许可证发放和渔业资源养护提供咨询和援助。

## 五、主要管理政策

2019年，英国渔船数量为5905艘，总吨为19.8万，总功率为75.4万千瓦，年度捕捞产量为61.7万吨。

英国在脱欧之前，政府对渔业的管理制度、政策与办法措施均遵循欧盟共同渔业政策的要求和宗旨，以渔业资源养护与可持续发展为总体目标，主要管理政策包括如下几方面。

| 相应政策 | 内容简介 |
| --- | --- |
| 捕捞许可证制度 | 控制渔船和渔获量,在符合规定的条件下,捕捞许可证可以脱离渔船单独转让和合并,即多个许可证可合并为一个大船的许可证,大船的许可证可以分为多个小船的许可证 |
| 禁渔区政策和保护特定鱼种的奖励措施 | 在北海实施实时关闭系统,保护鳕鱼和鲑鱼;制定保护信贷计划,奖励渔民;采用新渔具,减少对鳕鱼的捕捞,并鼓励在其他地区捕捞黑线鳕 |
| 捕捞配额制度 | 渔船用监控设备对渔获进行全面监控;不允许丢弃捕捞配额物种,所有渔获均计入配额分配 |
| 建立协调委员会和区域咨询理事会 | 制定英国海洋科学战略,向政策顾问和决策者提供关于海洋气候变化影响的高质量证据和相关建议;设立区域咨询委员会,就渔业管理决定向委员会提供咨询意见 |
| 休闲渔业的渔获量监测 | 休闲渔业没有每天的渔获量限制,但是对鳗鱼有强制性的捕捞和释放规定。引入额外的管理措施来控制娱乐活动,包括许可制度和要求休闲渔民捕获的航海日志记录等。 |
| 渔业监控与环境管理 | 渔业部门在空中、水面和港口监测综合方面上加大投入支持 |
| 渔获物管理 | 欧盟法规第16/2012号法规要求向渔业产品的购买者和消费者提供更多的信息,规定了对渔业和水产养殖产品贴标签的要求,改善向消费者提供的信息。 |

一是捕捞许可证制度。英国政府实施限制性许可证制度:

①使用许可证来控制渔船和渔获量,在不导致船舶总吨、总功率与捕捞能力单位增加的条件下,捕捞许可证可以脱离渔船而单独转让或合并;

②多个捕捞许可证可以合并为大船的捕捞许可证,大船的捕捞许可证可以分为多个小船捕捞许可证。

许可证制度有助于英国更快实现欧盟共同渔业政策中的阶段计划。在2013年欧盟渔业政策改革之前,特别是对沿海渔业而言,政府目标是让所有的捕捞船队,无论大小,都在经济上可行,并且在没有长期补贴的情况下运作,包括向不以配额数量为目标的渔民发放新许可,限制任何增加捕捞能力和保护配额的行为,并以财政支持船队退役计划。

二是禁渔区政策和保护特定鱼种的奖励措施。从2009年起,政府通过欧洲联盟,并与挪威和费罗群岛一起,在北海实施了一个实时关闭系统,专门旨在保护鳕鱼和鲑鱼的幼鱼聚集体。在幼鱼渔获量超过规定水平的情况下,实行时间有限的禁渔区,所有使用底栖拖网和类似渔具的欧盟、挪威和法罗群岛船只都必须在重新开放之前避开这些地区。

2008年2月,苏格兰政府制定了一项保护信贷计划,奖励那些签署了对保护鳕鱼种群有明显影响措施的渔民，包括网具的使用，比如使用方形网板等，旨在减少鳕鱼渔获量的渔具等。作为奖励，船只可以在海上获得额外的作业天数。2009 年，在英国其他地区推行了相关政策对避免捕捞鳕鱼这一行为进行奖励，而实时封闭机制亦扩展至北海南部和苏格兰西部，所有英国船只均遵守封闭区域。2012 年，针对鳕鱼，采用了新的渔具，以减少船只对鳕鱼的捕捞。而在资源丰富的苏格兰西部，采取措施来鼓励在北纬 59 度以南的黑线鳕的捕捞。

三是捕捞配额制度。2010 年，英国和苏格兰政府进行了一项全面记录在案的捕捞配额制度的试验，从 2010 年至 2012 年，英国在北海鳕鱼和西海峡渔业中开展了有据可查的捕捞配额试验。作为该计划的一部分，为渔船提供了额外的配额，以更好地反映其实际捕捞的内容。根据该计划：

①渔船需记录其配额分配下的所有渔获量；

②利用闭路电视的远程电子监控系统对渔获物进行全面记录，目的是减少渔获物的丢弃量，同时降低鱼群的总体死亡率（即上岸和丢弃）；

③不允许丢弃捕捞配额物种，所有捕捞的鱼类均计入船只的配额分配；

④一旦达到配额限制，渔民就必须停止捕鱼，并使用闭路电视监控渔获量，并证明遵守情况。

通过该项试验，该计划中的船只大大减少了其丢弃物的数量。2012 年，参与计划的英国船只仅丢弃了其渔获量的 0.3%。所有种类的不可销售鱼类的捕获量也很低，这表明所采取的选择性措施是有效的。

英国在 2013 年扩大了其捕捞配额试验，以允许在英国船队的其他重要混合渔业和替代部门中对这些原则进行测试。同时，建立了一个自愿试点计划，以测试替代的区域/本地管理方法来管理配额，该试点项目将提供重要信息，说明由当地渔民群体进行年度配额分配的地方集体管理的有效性，以及在销售方面的合作能给单个渔民带来什么好处。这项工作的实施被作为英国近海船队管理的最终改革方案。

四是建立协调委员会和区域咨询理事会。制定英国海洋科学战略，以帮助传递证据，实现英国的海洋目标，向政策顾问和决策者提供关于海洋气候变化影响的高质量证据和相关建议。协委会研究涉及海平面上升、海面温度和生态系统联系等问题，包括对鱼类种群丰富度和分布以及海洋酸化的影响。

欧盟渔业管理内部协商进程增加，这是正式化的总体进程的一部分，设立了区域咨询委员会，就某些海域或鱼类种群的渔业管理决定，向委员会提供咨询意见。目前已为波罗的海、北海、西北水域、西南水域、公海/长距离船队、远洋鱼类种群和地中海建立和开展活动。英国大体上同意委员会迄今为止关于相关活动代码的经验，认为委员会的一些改进建议是合理的。

五是休闲渔业的渔获量监测。在英国，休闲捕鱼被定义为一种不以营利为目的的捕鱼活动。对于一个娱乐渔民来说，出售他捕获的任何渔获物都是非法的。在英国，休闲渔业没有每天的渔获量限制，但是对鳗鱼有强制性的捕捞和释放规定。2009年引入的《海洋和沿海通行法》引发了关于是否授予休闲垂钓者执照的讨论，后来被否决。政府建立抽样制度，以监测休闲渔船对受到恢复计划限制的鱼类（鳕鱼、黑鱼和某些鲽类）的渔获量。通过控制监管规定，委员会引入额外的管理措施来控制娱乐活动，包括许可制度和要求休闲渔民捕获的航海日志记录等。

六是渔业监控与环境管理。英国渔业部门高度重视渔业管制和执法工作，每年在空中、水面和港口监测综合方案上投入财政支持。英国还参加了东北大西洋渔业委员会/东南大西洋渔业组织联合部署计划，该计划主要涉及监测区域渔业管理组织的封闭区域和进行非法、无管制和未报告的检查，以防止非法鱼类的流动。所有与会员国共享船只监测系统数据（卫星位置报告），并在港口和海上交换视察员，以便巡逻船只在任何水域工作。

2009年《海洋和沿海通行法》包含了有关保护海洋环境的主要立法，对海洋许可规定合并，并替代了以前的某些法定控制措施。

①自1999年以来，英国沿海地区经常考虑在海上处置港口和港口疏浚的材料以及少量的鱼类废物。在签发海上处置许可证之前，许可证颁发当局必须检查是否有其他处理材料的方法，申请人必须调查是否有可能更加有效地使用部分或全部材料，只有充分考虑材料对海洋环境的影响并进行严格的科学评估之后，才进行海洋处置；

②控制在海上进行的各种建筑工程，比如海平面上升和生产可再生能源（海上风电场）的计划需要进行详细的科学评估，以尽量减少对渔业的不利的环境影响，甚至可能对增加种群数量提供机会；

③放射性废物向海洋环境的排放也受到国家立法的严格控制，对场址进行定期检查，并对授权进行审查，以确保尽可能减少排放。

相应的护渔措施，比如确保所有欧盟船只将鲨鱼的鳍自然附着、避免鲸类动物（海豚和海豚）的副渔获物、减少大量海豚兼捕物等。

七是渔获物管理。2010年1月1日，欧盟法规（EC）1005/2008建立了一个共同体系统，以防止制止和消除非法未报告等不规范的捕鱼活动。欧盟法规第 16/2012 号法规于 2012 年 7 月 1 日生效，要求向渔业产品的购买者和消费者提供更多的信息，还规定了对渔业和水产养殖产品贴标签的要求，目的是向消费者提供信息，使他们能够对可持续产品做出明智的选择。

①要求向欧盟进口渔业产品，并由第三国（非欧盟）当局进行认证和确认，未经认证的商品将不获准进口；

②诸如食品安全标志，营养信息和原产国等法定标签均受欧盟和国内法规的约束；

③消费者对鱼类和海鲜可持续性和来源信息的兴趣有所增加，零售商对包装上的可持续性标志的重视程度更高，从而提高了零售商的营销形象，消费者标签需要商业名称、学名、地理区域和生产方法；

④必须提供的供应链信息包括水产养殖单位或渔船的识别号，捕获或生产的日期，生产的地理区域以及是否冷冻，未加工产品的首次冻结日期，添加的水必须以食品名称标明，冷冻并解冻的食品必须贴有解冻标签。

## 六、对我国的启示

### （一）加强顶层设计，注重立法限制

加强顶层设计，全盘多环节考虑，并在立法中加以限制，英国自1967 年《海鱼（养护）法》就对鱼类资源利用规格限制、捕捞网具、捕捞执照、海上作业时间限制、违法证据、禁渔区和禁渔期、海洋环境保护、捕捞渔获物的申报和上岸、因科学研究或其他目的的义务免除、资源增值、违法处罚、法人违法、诉讼机构、渔业官员的执法权限和方式、有关大马哈鱼和鲜鱼的管理、财政支出、委托立法形式等诸多问题都做了广泛的授权性规定。

### （二）捕捞许可与渔船脱离

在不导致船舶总吨、总功率与捕捞能力单位增加的条件下，捕捞许可证可以脱离渔船而单独转让或合并。多个捕捞许可证可以合并为大船的捕捞许可证，大船的捕捞许可证可以分为多个小船捕捞许可证。

### （三）捕捞配额制度中的禁止丢弃渔获物管理

"弃小留大"等丢弃渔获物是捕捞配额管理中的难题，为解决该问题，除了相应立法外，英国要求渔船必须记录其配额分配下的所有渔获量，并且开启闭路电视的远程电子监控系统对渔获进行全面记录，目的是减少渔获物的丢弃量，同时降低鱼群的总体死亡率。不允许丢弃捕捞配额物种，所有捕

捞的鱼类均计入船只的配额分配，结果表明参与计划的英国船只仅丢弃了其渔获量的0.3%。所有种类的不可销售鱼类的捕获量也很低，表明所采取的选择性措施是有效的。

**（四）渔获物产品标签管理**

对渔业产品贴标签，目的是向消费者提供信息，使他们能够对可持续产品做出明智的选择，并且能够提高零售商的营销形象，消费者标签需要商业名称、学名、地理区域、生产方法、供应链信息中的捕获或生产日期、冷冻状态等。

## 第四节 挪威捕捞渔业的管理

### 一、捕捞渔船概况

2010—2019年，挪威渔船数量、总吨、功率和捕捞产量统计数据见表2-7。2010—2019年，挪威渔船数量、总吨和功率变化趋势见图2-13至2-15。2010—2019年，捕捞量变化趋势见图2-16。

表2-7 挪威2010—2019年渔船数据表

| 时间 | 数量（艘） | 总吨（/t） | 功率（/kw） | 捕捞量（/t） |
| --- | --- | --- | --- | --- |
| 2010 | 6310 | 366127 | 1237875 | 2561988.1 |
| 2011 | 6250 | 375616 | 1256337 | 2178091.6 |
| 2012 | 6211 | 378003 | 1245962 | 2046923.7 |
| 2013 | 6126 | 392748 | 1254751 | 1943911.7 |
| 2014 | 5887 | 408442 | 1257537 | 2134963.9 |
| 2015 | 5884 | 397146 | 1257121 | 2146073.8 |
| 2016 | 5947 | 388651 | 1269001 | 1862478.2 |
| 2017 | 6134 | 392332 | 1302623 | 2221036.2 |
| 2018 | 6018 | 399863 | 1308825 | 2288408.6 |
| 2019 | 5980 | 436814 | 1367912 | 2078732 |

从图2-13可见，挪威的渔船数量总体呈现波动趋势，在2010—2015年间呈现下降趋势，2015—2017年呈现增长趋势，2017—2019又呈现下降趋势，但总体仍然高于2016年渔船数量。

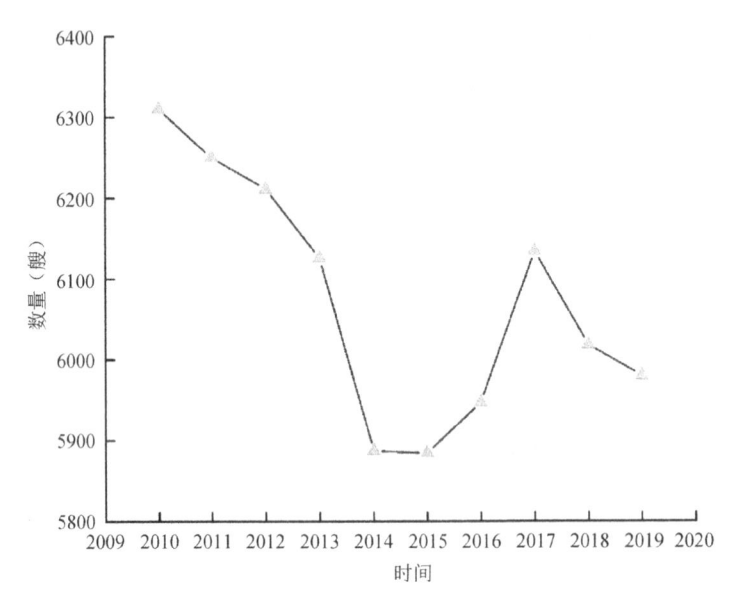

图 2-13　2010—2019 年挪威渔船数量变化趋势图

从图 2-14 可见，挪威渔船总吨整体呈现增长趋势，2014—2016 年间相对略有下降，在 2016—2019 年呈现较大增长。

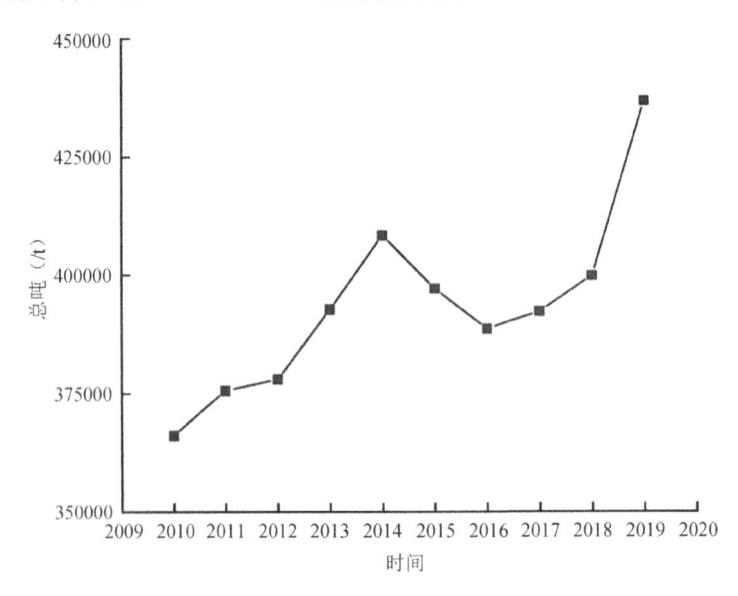

图 2-14　2010—2019 年挪威渔船总吨变化趋势图

从图 2-15 可见，挪威渔船功率总体呈现增长趋势，2018—2019 年呈现较快增长。

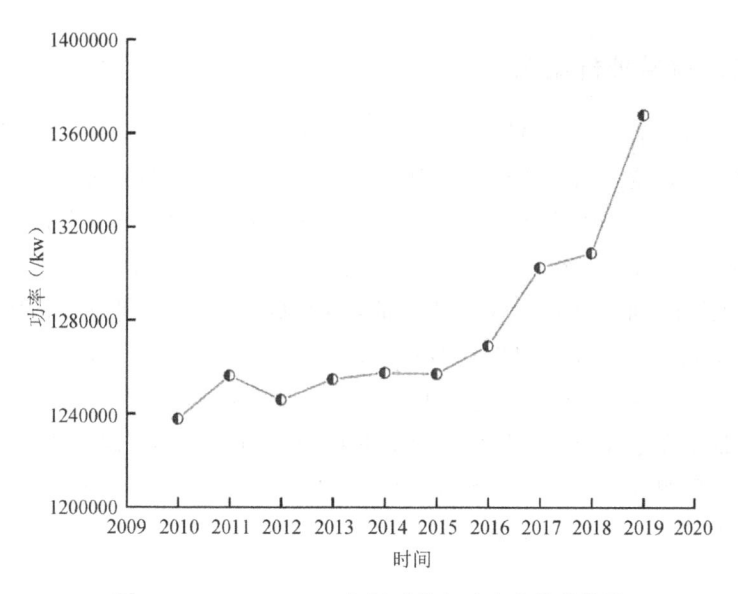

图 2-15  2010—2019 年挪威渔船功率变化趋势图

从图 2-16 可见，挪威捕捞量总体呈现波动下降趋势，2018—2019 年呈现较快增长。但从整体欧洲各国统计数据来看，2019 年挪威捕捞量位居欧洲首位，挪威在欧洲的渔船数量排名第七，但是总吨和功率排名均为第一，这也说明，在不考虑其他因素条件的情况下，并从本节统计数据看，渔船总吨和功率对捕捞量的影响较大。

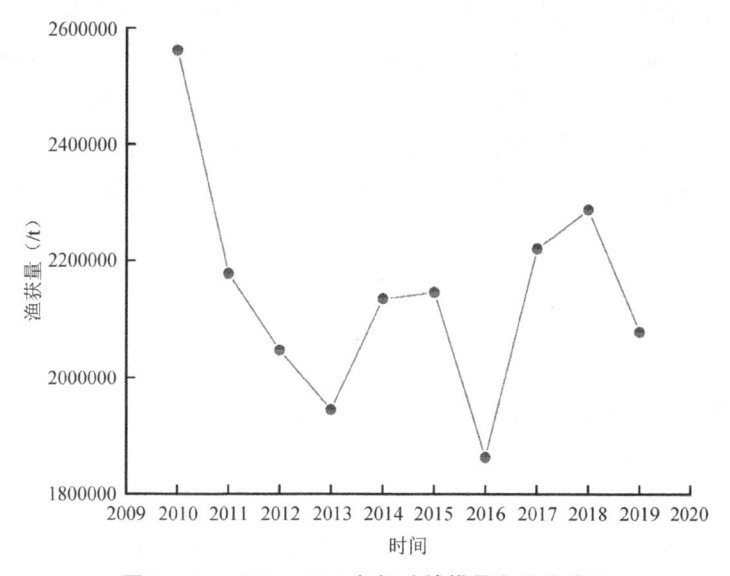

图 2-16  2010—2019 年挪威捕捞量变化趋势图

## 二、捕捞种群概况

挪威作为非欧盟成员国一直是欧洲最主要的海洋渔业国之一。挪威是北欧五国之一，位于斯堪的纳维亚把半岛西部。海岸线曲折漫长，达25148公里。除了沿岸众多岛屿之外，挪威还有两个属地，分别是斯瓦尔巴群岛和扬马延岛，共有3个200海里的专属经济区，其中，斯瓦尔巴群岛周围于1977年划为渔业保护区，扬马延岛周围的水域于1980年划为渔业保护区。

根据联合国粮农组织资料显示，挪威有高度分散的港口结构，沿岸有800多个卸鱼港口，包括部分小型港口和大型的商业渔港等。大部分渔港位于西部郡市和最北部3个郡市。纵观其历史，渔业一直是挪威的主要产业，根据联合国粮农组织的统计数据，2018年，挪威是世界捕捞渔业产量第9大国，也是水产养殖产量第7大生产国，渔业总产量占世界渔业总产量的2.15%。

挪威的鱼类资源丰富，海洋渔业年产量维持在200—250多万吨，世界排名第十。从产量上看，主要分为中上层（鲱鱼、毛鳞鱼、蓝鳕等）、鳕鱼类（鳕鱼、绿青鳕、黑线鳕等）、鲆鲽类（格陵兰大比目鱼等）、甲壳类（帝王蟹和虾等）。从经济价值看，少数七八种鱼类如鳕鱼、鲐鱼、鲱鱼等就超过全部渔获价值的80%。挪威所指的重要渔业，更多的时候是这些经济价值最高的渔业，而不是产量最大的渔业。

从捕捞区域看，挪威主要捕捞区是专属经济区，其中在北海卡特加特（Kattegat）和斯卡格拉克（Skagerrak）海域，主要出产鲱鱼、鳕鱼和其他底层鱼类，而挪威海和巴伦支海海域则主要出产鳕鱼、毛鳞鱼、虾、鲱鱼和鲭鱼。挪威约有90%的捕捞量来自俄罗斯、冰岛、法罗群岛、格陵兰和欧盟等国家和地区共享区域中的种群。捕捞渔业中，最重要的是鳕鱼、鲱鱼、毛鳞鱼和鲭鱼渔业。鳕鱼渔业中，在挪威和俄罗斯经济区之间迁移的大西洋鳕是其最重要的捕捞经济种类，此外，还包括黑线鳕和绿青鳕。

## 三、管理组织机构

渔业部门在挪威国家和地方经济中长期占有重要地位。早在1964年就建立了渔业管理部门，是世界上较早成立的渔业管理机构之一，挪威于1973年成立渔业资源管理委员会，开始对过度捕捞进行治理。

渔业局和海洋研究所的建立时间也超过百年，渔业局和海洋研究所目前隶属挪威贸易、工业与渔业部，渔业局分为中央办公室和9个地区办公室。

4 海里领海以内的渔业只能由挪威本国公民开展。挪威的渔业管理从上到下是一个机构在执行的，这能防止政策的制定和实施破碎化、不协调。渔业部下设渔业局、海岸局、海洋研究所、国家渔业银行、渔民保证基金等部门，具体负责渔业活动、海岸安全、海洋科研及渔业资金的管理。

挪威渔业局具体负责渔业管理和制定实施渔业法规，内设行政管理部、信息技术部、渔业法律事务部、渔业经济部、地区管理与质量控制部、养殖部以及营养研究所等部门。渔业法律事务部具体负责捕捞许可证的发放、渔船渔民的登记和法规起草。渔业经济部主要负责渔业统计、经济分析和捕捞配额的确定分配。地区管理和质量控制部主要负责水产品质量和数量的监督、控制，出口水产品的质量检验，水产品加工的质量监督和加工许可证的发放。养殖部负责养殖许可证发放和对养殖单位的监督检查，通过对饲料配额的严格控制来实现对养殖总产量的控制，从而使养殖业达到最佳效益。渔业理事会是该部关于渔业和水产养殖管理事务的咨询和执行机构，其主要任务是监管、指导、检查、资源监测和控制。此外，该部还负责海鲜安全和鱼类健康、贸易政策、市场准入、海上运输基础设施和污染事件应急准备工作。

挪威海岸管理局是负责海岸管理，海洋安全和海上通讯的国家机构。沿海行政管理局是渔业和沿海事物部在与港口和航道管理有关的问题上的咨询和执行机构。海洋研究所向渔业和沿海事务部提供咨询意见，并统计海域中在鱼类种群和海洋哺乳动物种类、对海洋和沿海环境的调查和监测、以及水产养殖和海洋牧场方面执行中心任务。国家营养和海鲜研究所在海鲜和营养领域进行研究，并就营养问题向国家渔业当局提供建议。挪威食品安全局是渔业和沿海事务部关于食品安全，鱼类健康和福利的咨询和执行机构。

挪威非常注重渔业方面的研究，掌握了大量海洋环境和资源方面的知识，尤其是不同鱼种之间的相互作用，在渔获物监管、打击 IUU 和港口国措施方面位居世界前列。

## 四、法律法规框架

挪威早期就十分重视对加强渔业管理的顶层设计，加大对海洋渔业资源的立法保护，先后颁布了一系列保护法规，以达到配额捕捞和高效捕捞的目的。1955 年的海洋渔业法便开始授权渔业部实施渔业配额，1999 年的渔业参与法则是为了监管渔业和采集其他海产品的活动，进而确保这些海洋资源使用的合理性和可持续性，包括保障沿海地区居民的渔业权利。2009 年 1

月1日实施的新海洋资源法不仅转变了以往基于资源开发的商业渔业模式，也明确规定了生态系统方法是挪威渔业管理的强制要求。新法规定，渔业管理部门对不受年度配额条例限制的较小种群也有义务对其捕捞量进行评估，从而加强对较小渔业种群的保护。

在渔业资源的保护法规中，挪威有相当一部分条款是针对渔船的要求，包括《1917年法案——渔船注册与标识》、《捕鲸法》(1939年)、《拖网渔业法》(1951年)、《捕猎海豹法》(1951年)、《12海里渔业活动法》(1966年)、《渔民登记和标识法》(1971年)、《渔民注册登记法》(1972年)、《关于从事渔业的规定》(1972年)、《捕捞参与法》(1972年)、《专属经济区法》(1976年)、《外国渔船在挪威专属经济区捕鱼法》(1977)、《港口和航道条例》(1984年)、《船舶配置规则》(1987年)、《船舶运营规定》(1992年)、《船舶日志记录与保管》(1992年)、《船舶名称、呼号及船籍港》(2002年)、《挪威船舶、渔船和移动式海工结构的资格认证需求》(2003年)、《船上作业环境与健康安全》(2005年)、《船舶安全法案》(2007年)。还颁布了《网目法》《鱼类可捕标准》《渔区的开放、关闭时间》《关闭特殊渔区》等。

《海洋渔业法》规定实行捕捞配额制度，并授权渔业部或由渔业局决定渔船的配额、禁渔区、网目尺寸、捕捞标准、禁止与限制的渔具渔法、渔场分配、作业时间、作业船数、禁捕品种等。渔船的捕捞配额根据渔船的尺寸、载重吨位、船员等情况而定。此外，该规则还规定了渔船主或使用者必须根据规定向渔业行政主管及销售组织报告相关的捕捞情况，渔业局可随时查看渔船，包括渔船设施、仓库等，检查渔船航行证书、捕捞日志、航行日志等。

《海洋资源保护法》规定，可通过条例命令捕捞船的所有者或使用者向渔业局提供运营的账目和其他信息。《船舶日志记录与保管》该规则适用于渔船，要求船上作业人员必须按规定对相关的作业情况进行记录，形成作业日志，并对日志进行妥善保管，有关部门可根据需求对日志进行检查。日志包括甲板日志、轮机舱室日志、油耗日志等。此外，该规则还对各种日志记录作了详细规定。《船舶安全法案》对船舶安全性及安全管理作了详细规定，包括船舶防污染、工作环境、作业条件及公众监督等。特别是对于渔船的作业时间作了规定。

挪威的养殖业开始于20世纪60年代，早期的鱼类养殖法仅仅是将原有的养殖企业纳入许可制度，水产养殖业的主要立法是2006年6月17日的《水产养殖法》，取代了1985年的《鱼类养殖法》和2001年的《海洋牧场法》。《水产养殖法》加强了对环境影响的重视,同时也关注促进水产养殖业的盈利能力和竞争力,包括简化针对养殖场所的申请要求,规定许可的转让和抵押,赋予养殖业者更多的管理自由,使其通过责任管理来创造更多产业价值。

## 五、主要管理政策

2019年,挪威渔船数量为5980艘,总吨为43.6万,总功率为136.8万千瓦,年度捕捞产量为207.8万吨。

挪威捕捞渔业管理的目标是将船队的捕捞能力与资源相匹配,以保证合理和可持续地利用渔业资源。其管理核心制度是渔业准入制度和渔业配额制度,每年国家渔业配额管理委员会与这些共享国家和地区共同制定相关重要鱼类种群的配额,并根据配额情况实时调整国内捕捞计划。挪威捕捞渔业的主要管理政策包括如下几个方面。

| 相应政策 | 内容简介 |
| --- | --- |
| 渔业准入制度 | 几乎每个渔业都实施配额捕捞管理,并在不同的年度采取了不同的配额捕捞政策 |
| 渔业配额制度 | 配额不是渔民的产权,几乎所有的渔业都采用限额和单船配额管理。配额必须随渔船流转,配额和渔船同时存在,每艘渔船按照固定的比例分到总配额量的一部分,船队为了提升效率或减少成本,也会在转让机制下移除多余的船只,用结构配额管理,不对转让配额的使用时间进行限制,但是交出配额的渔船必须拆解,放弃许可证 |
| 捕捞能力管理 | 捕捞能力的指标包括渔船数量、吨位、功率和渔民数量,进行限制的主要是渔船数量,政府从渔船登记册上移除不活跃船只以及报废船只,通过引入渔船年度注册费减少小型船只。配额制度减少了大型船只数量 |
| 渔船及渔获物信息化监管系统 | 建设船舶动态管理体系及渔业船舶监控系统,15m以上的渔船及所有海洋研究船舶都被要求安装卫星监控设备。同时基于渔业船舶船位监控系统开发了新的渔业管理功能,将信息传到渔业局的配额管理系统 |

一是渔业准入制度。挪威按照船只的大小分为沿岸船队(容量为0—500立方米)和外海船队(500立方米容量以上),船长以28米为分界线。

①许可制度最早是1932年对拖网渔船引入的,20世纪70年代鲱鱼资源过渡捕捞严重,政府出资买走自愿退出的渔船,渔船的数量急剧下降;

②1972年《有限准入法》的出台,之后所有外海渔业逐渐关闭,不允许新进入者,1985年,限制新建外海船只。1985年,28米以上的渔船只有462多艘;

③1989年，沿岸鳕渔业衰退，可捕捞量急剧下降，推动了1990年首次在沿岸（真鳕）渔业中使用了禁止新进入者的限制准入制度，固定了已有的渔民数量；

④1999年《有限准入法》进行了全面的修订，其中规定船主需要全职从事渔业，才能保留参与的权利，只有前三年渔业活动达到要求的才可以从事渔业；

⑤许可证符合条件的情况下（主要是活跃渔民的资格）可以转让、继承；

⑥2004年引入渔船注册年费制度，更多小型渔船开始退出。

因为挪威几乎对每个渔业都实施限额捕捞管理，所以只要严格执行了限额就能取得可持续的渔业资源。所以，挪威的重点工作在于维护好当前的个体渔船配额制度，有限渔业准入、控制渔船数量是限额捕捞制度的必要条件。

二是渔业配额制度。挪威配额管理制度与许多国家不同，挪威并没有把配额私有化，配额也不是渔民的产权。配额制度的管理框架是由以渔业为单位的限额捕捞、有限准入以及个体渔船配额构成的，挪威几乎所有的渔业都采用限额和单船配额管理。

①配额必须随渔船流转，配额和渔船同时存在，不可分割，购买配额就需要联同渔船一起买，当转移配额到其他船上时，必须是以这艘船永久报废为前提。

②基于科学设定的年度捕捞总量保证了资源可持续性，每艘渔船按照固定的比例分到总配额量的一部分，只要没有新渔船进入，渔业资源越好，可以分得的配额量就越高。

③每年总量配额差别不会太大，渔民能够预计自己的配额所需的捕捞能力，从而加以调整，不用为了竞争而投资捕捞能力大的渔船。

④船队为了提升效率或减少成本，也会在转让机制下移除多余的船只。

⑤单船所拥有的配额比例是由该船的长度决定的，这个长度会被记录在册。当船只为了种种原因需要改变船长时，它的配额比例并不会增加，而是参照当时的长度，这使得小型渔船可能也有很多配额，不必以牺牲小船为代价使大船获得配额，同时也减少了渔民增加船只长度或吨位等捕捞能力的指标。

⑥为了防止配额过度集中，用结构配额管理，不对转让配额的使用时间进行限制，但是交出配额的渔船必须拆解，放弃许可证。

⑦单船配额制度的运行还有更多方面需要控制，包括需要各个团体之间的谈判和协商获得的配额分配系数的确定、解决超配额、捕捞数据错报瞒

报、丢弃、兼捕、IUU等问题。

相比其他国家，挪威单船配额制度的最大优势，是具有强大的渔获物监测与数据收集体系和历史悠久、监管职能较为健全的渔获物销售组织。

三是捕捞能力管理。挪威虽然高度重视捕捞能力过剩监管问题，但法律和规定里同样也没有对"捕捞能力"进行明确的定义。在挪威每年发布的统计数据中，捕捞能力的指标包括渔船数量、吨位、功率和渔民数量，但是进行限制的是主要是渔船数量（特定种群资源的船只/经济实体的数量不能增加）。

挪威渔船数量不断下降，沿岸船只总体下降的主要原因，是政府从渔船登记册上移除了不活跃的船只以及报废船只。小型船只下降的主要原因是引入渔船年度注册费。大型的沿岸船只和外海船只，主要是结构配额制度减少了渔船数量，同时渔民数量也持续下降的。尽管渔船数量下降，但是统计数据显示，2010—2019年以来，挪威渔船的功率和功率均呈上升趋势，尤其是2017—2019年间上升明显。挪威认为只要有新的船只进入分散资源，所有的成效都会被新进入渔业者所驱散，因此觉得最重要的捕捞能力限制因素就是渔船的数量，对吨位、马力等并没有过多限制。

四是渔船及渔获物信息化监管系统。挪威于20世纪90年代末完成了渔业船舶动态管理体系及渔业船舶监控系统建设。目前所有24m以上渔船、该国在欧盟水域作业的15m以上的渔船及所有海洋研究船舶都被要求安装卫星监控设备。同时，在该国专属经济区内作业的所有外国渔船也被要求配备卫星监控设备。

挪威渔业局还基于渔业船舶船位监控系统开发了新的渔业管理功能，包括电子渔获、捕捞方式报告及电子航海日志等。所有在挪威管辖水域作业的渔船，都可以直接利用渔业船舶船位监控系统的数据传输功能，将信息传到渔业局的配额管理系统。

渔业船舶的监控由海岸警备队和挪威渔业局共同承担，海岸警备队负责海上监督检查，渔业局负责渔船靠港检查和陆上监控。挪威渔业局设有全国渔业船舶监控中心，负责所有渔业船舶信息的收集和分发，渔业船舶被要求每小时将其位置信息、方向及航速传给监控中心。

挪威渔业管理当局需要收集的数据，一般包括：

①渔船登陆与渔获物销售数据，由渔获物销售组织负责收集、整理，并以电子形式递交渔业管理指挥部；

②监测数据，由海岸警卫队收集并录入数据库；

③为了对挪威渔船的所有权、捕捞许可证、各渔船获准的捕捞配额进行实时管理，渔业管理指挥部还建立了一个数据库，专门汇集此类信息。该数据库还包含对每一条渔船登陆信息的审查记录，此数据库向公众开放，可以申请查询；

④凡是在挪威沿海口岸卸载的捕捞渔船，都必须按照要求履行申报。其中，渔获物销售通知必须经销售者与购买者共同签署名，此信息将作为渔船配额分配核销的依据；

⑤所有捕捞渔船和在挪威水域外从事捕捞作业的挪威渔船，都必须向挪威的渔业管理部门报送渔获物登记簿复印件。

## 六、对我国的启示

### （一）良好的渔业资源监管

挪威渔业管理处于世界领先地位，首先就是渔业资源的监管，挪威的大部分渔业种群都处于状况良好的生物学安全范围，种群崩溃的风险很小，管理基本是良好的。挪威的渔业种群状态良好，一方面源于政府对渔业资源监测的重视，另一方面与共享种群国家的合作密不可分。尤其是共享种群，如果其他周边国家没有管理好自己的渔业，挪威靠自己无法维持共享种群的可持续性。渔业管理的首道环节，就是渔业种群的监测与管理，首道环节数据全面准确与科学管理，对后面各环节的管理起到至关重要的作用。

### （二）资源可持续为目标，注重捕捞能力过剩监管

挪威渔业建立之初就把渔业资源的可持续性作为最重要的管理目标，可持续的渔业发展首先依赖于维持一个健康的海洋生态系统，也因为如此，保持海洋的健康是挪威所有渔业和养殖业工作的基本原则。2009年的海洋资源法不仅转变了以往基于资源开发的商业渔业模式，也明确规定了维持健康的海洋生态系统是挪威渔业管理的强制要求。20世纪60年代已经关注到能力过剩的问题，80年代禁止大型船只的建造，截至2019年，28m以上的船只只有200多艘，却可以产生200万吨左右的渔获量，占到海洋渔业总产量的80%。挪威当局认为关闭渔业准入，船只和渔民人数大幅下降，以及稳定的配额分配是能同时恢复渔业种群和增加生产力最重要的措施。

### （三）目标不变，以事件驱动管理措施

包括取消非活跃船只资格、征收注册费、政府赎买、结构措施等，逐渐培养产业在这方面的责任，实现渔船捕捞能力与资源现状的自我调节。挪威

的管理措施包括应对捕捞能力的措施，不是长期计划出来的，而是一步一步实践出来的，管理措施的变动常常是不可预见的事件推动的，但保持渔业资源可持续利用的目标一直是清晰不变。

**（四）强化渔业渔船渔获物的数据采集与信息化监管**

挪威较早建立信息化监管系统，对渔业资源、渔船、渔获物等全环节捕捞信息数据进行采集，作业渔船的实时监控，以及渔获物销售去向、统计的信息采集，这些被认为是挪威渔船管理、渔业限额捕捞政策有效实施的重要保障。

## 第五节　冰岛捕捞渔业的管理

### 一、捕捞渔船概况

2010—2019 年，冰岛渔船数量、总吨、功率和捕捞产量统计数据见表 2-8。2010—2019 年，冰岛渔船数量、总吨和功率变化趋势见图 2-17 至图 2-19。2010—2019 年，捕捞量变化趋势见图 2-20。

表 2-8　冰岛 2010—2019 年渔船数据表

| 时间 | 数量（艘） | 总吨（/t） | 功率（kw） | 渔获量（/t） |
|---|---|---|---|---|
| 2010 | 1625 | 152401 | 466691 | 1062586.2 |
| 2011 | 1655 | 159902 | 476487 | 1148993.7 |
| 2012 | 1690 | 166086 | 495996 | 1448544 |
| 2013 | 1696 | 153809 | 481506 | 1362887 |
| 2014 | 1685 | 147336 | 466500 | 1076883 |
| 2015 | 1663 | 149631 | 456195 | 1317156 |
| 2016 | 1647 | 151188 | 453954 | 1069488 |
| 2017 | 1621 | 158479 | 452546 | 1176538 |
| 2018 | 1588 | 154103 | 441498 | 1259169 |
| 2019 | 1582 | 149086 | 426551 | 1048179.3 |

从图 2-17 可见，冰岛的渔船数量呈先上升后下降趋势，在 2010—2013 年间呈现上升趋势，并在 2013 年达到最高峰值，2013—2019 年呈现逐年下降趋势。从欧洲统计数据看，冰岛渔船数量排名第十五位。

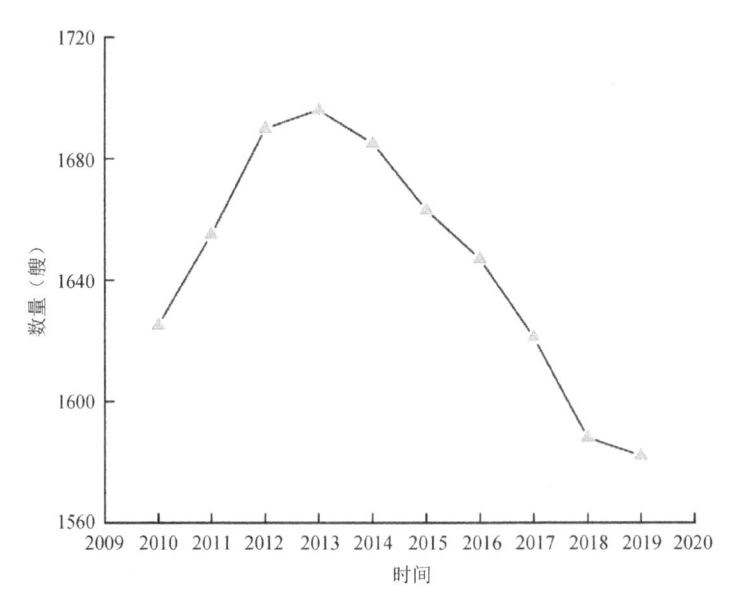

图 2-17　2010—2019 年冰岛渔船数量变化趋势图

从图 2-18 可见，冰岛渔船总吨整体呈现波动趋势，2010—2012 年呈现上升趋势，并在 2012 年达到 10 年来的最高值。2012—2014 年呈现下降趋势，并在 2014 年到达最小值。之后的 2014—2017 年呈现上升趋势，2017 年基本与 2011 年持平，2017—2019 年呈现下降趋势。从欧洲统计数据看，冰岛渔船总吨排名第五位。

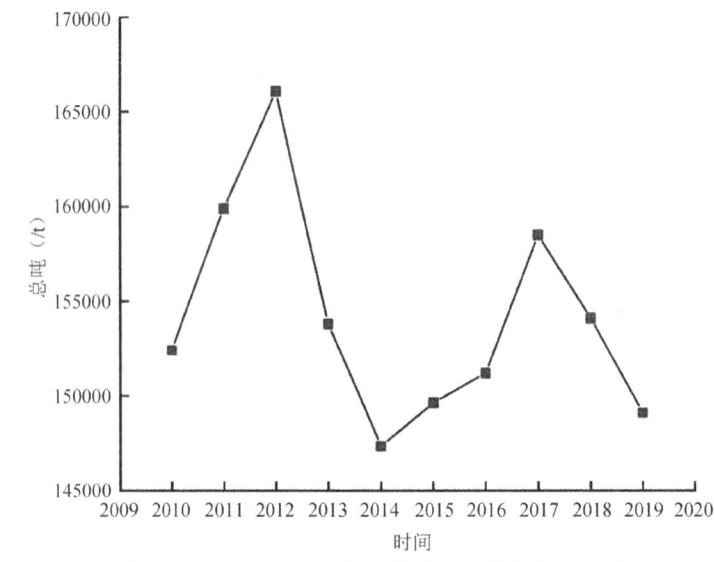

图 2-18　2010—2019 年冰岛渔船总吨变化趋势图

从图 2-19 可见，冰岛渔船功率呈现先上升后下降的趋势，2010—2012 年间呈现上升趋势，并在 2012 年达到 10 年来的最高值，2012—2019 年一直呈现下降趋势，并在 2019 年到达最小值。从欧洲统计数据看，冰岛渔船功率排名第六位。

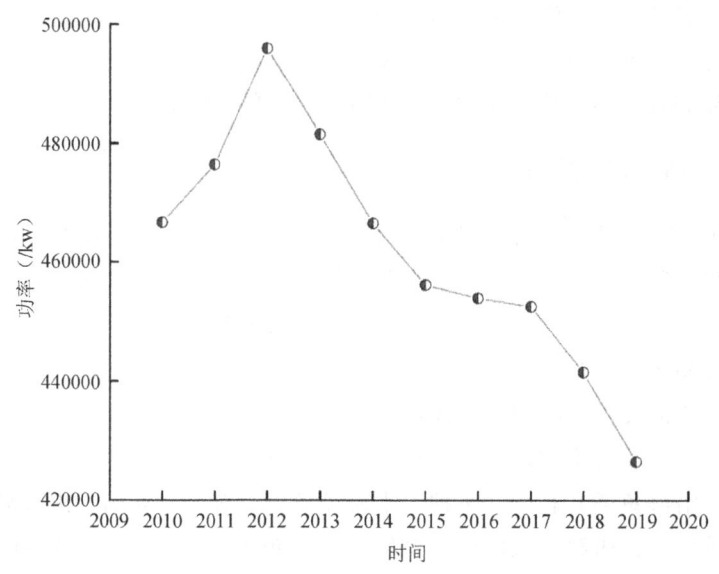

图 2-19　2010—2019 年冰岛渔船功率变化趋势图

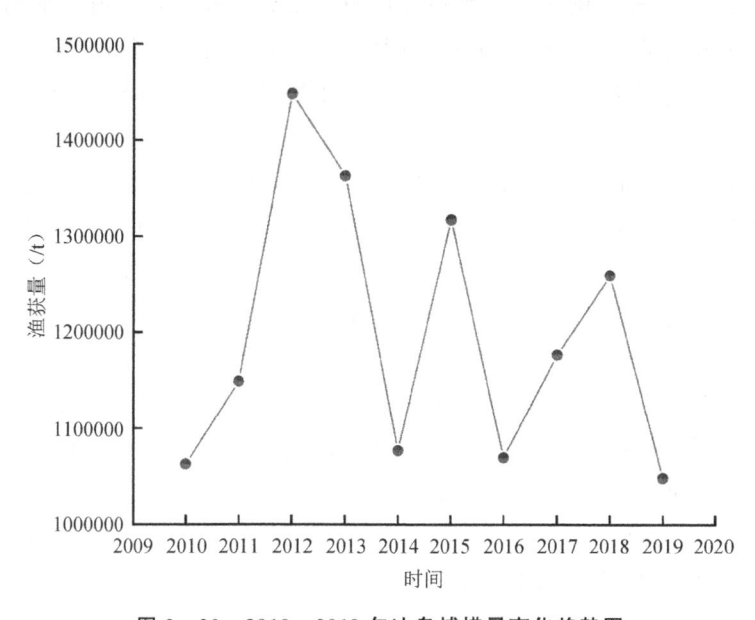

图 2-20　2010—2019 年冰岛捕捞量变化趋势图

57

从图 2-20 可见，冰岛捕捞量呈现较大波动趋势，2010—2012 年呈现上升趋势，并在 2012 年达到 10 年来的最高值。2012—2014 年呈现下降趋势，2014—2015 年上升、2015—2016 年下降、2016—2018 年上升、2018—2019 年下降，并在 2019 年达到最小值。从欧洲统计数据看，2019 年，冰岛捕捞量位居第二，渔船数量排名第十五，总吨排名第五，功率排名第六，可见其捕捞渔船数量中大中型较多，在不考虑其他因素条件的情况下，并从本节统计数据看，渔船总吨和功率参数对捕捞量的影响较大。

## 二、捕捞种群概况

20 世纪，冰岛从一个贫穷的农业国家发展成为一个拥有现代技术的国家，在很大程度上，是因为冰岛渔业造就的。冰岛是全球最先进、最具有竞争力的渔业国家之一，重视、仰赖海洋生态系统和可持续性捕捞。冰岛的专属捕捞限制区域有 758,000 平方公里，是世界上渔业资源最丰富的渔场之一。墨西哥湾暖流从欧洲大陆拐弯，与从北冰洋来的寒流在冰岛相汇，自然条件适于海洋浮游生物的繁衍生长，从而形成了丰富的渔业资源。

冰岛沿海鱼类共有 150 余种，主要经济鱼类有大西洋鳕、黑线鳕、绿青鳕、马舌鲽、拟庸鲽、大西鲱、鲈鮋、毛鳞鱼等约 15 种。冰岛盛产冷水虾和挪威海蜇虾，经济贝类有冰岛扇贝和蛤类。此外还有剃刀鲸、长须鲸和抹香鲸等 17 种鲸类及斑海豹、海狗等资源。冰岛渔业主要以海洋捕捞为主，其捕捞能力位居世界前列。海洋渔业捕捞为冰岛提供了更多的就业机会，为一部分人解决了就业困难，从事海洋渔业捕捞的人员占到其总劳动力的 10% 以上。

多年来，渔业占据 GDP 相当大的份额，是冰岛对外贸易收入也是国家经济最重要的组成部分。近年来更成为海洋科技和鱼类侦测设备方面的领军，为全球输送一流产品。对于所有品种海鲜产品的市场营销，冰岛的公司处于了一个优越的位置，欧洲一些较大的鱼类产品营销公司都是冰岛的。

冰岛鱼类原料和加工产品的质量相当突出，享有很高的国际声誉。冰岛渔业迅速发展的同时，凭借在捕捞和鱼类加工长期实践方面的经验，冰岛的渔业制造业和服务业也取得了长足的发展。这些领先的领域包括软件产品、电子和数字化设备，例如，船用磅秤、加工控制系统、岸上渔获与活鱼分级系统等。在处理新鲜和冰鲜鱼类产品的储藏和零售方面，冰岛的制造商为全世界的许多公司设计和安装了加工厂。

### 三、管理组织机构

冰岛于1990年成立渔业管理局，加强对渔业的管理，渔业局是冰岛渔业的执法机构，负责实施渔业管理系统，并与冰岛海岸警卫队合作负责监管。渔业和农业部负责可持续管理海洋渔业和水产养殖，以及与健康和安全问题有关的渔业和鱼类贸易。捕捞许可证的发放、渔业捕捞配额的分配、渔业资源分布及其可捕量信息的收集、渔获物的利用、渔船靠港情况以及对渔船是否超捕的查实等工作，由渔业部有关部门和董事局负责。

董事局除具体负责稽查渔业生产活动外，还对渔获物的上市质量进行检查监督，并负责提供信息服务，将每个渔船公司所获得的捕捞配额的运行情况进行详细记录，并公之于众，便于船东之间相互了解和监督。2012年9月，渔业和农业部与工业、能源和旅游部以及经济事务部的一部分合并为工业和创新部。海洋资源部是海洋资源可持续管理咨询机构。冰岛国家海洋研究所是海洋资源科学研究的中心，负责提出有关受管制种群年度可捕获总量的建议。

### 四、法律法规框架

规范冰岛渔业的法律法规主要由国内法、国际法及区域公约等部分组成。国际法主要有1982年的《联合国海洋法公约》及其相关的实施协议；区域公约主要有1964年的《西北大西洋未来多边渔业合作公约》及包括冰岛、丹麦、格陵兰、挪威、瑞典、俄罗斯、法罗群岛等国家和地区在内的若干区域性渔业合作协定；国内法主要是1990年的《冰岛渔业管理法》及冰岛政府颁布的有关部门临时性规定。

1990年的《渔业管理法》是现行渔业管理制度的主要框架，该制度随后进行了一系列调整。该法规定了分配给个别渔船的所有商业上重要鱼类的个人可转让配额制度。旨在通过国家法律来实行海洋渔业限额捕捞制度，个人可转让配额制度也是在这项法案中予以明确的。相关的渔业部门根据不同的鱼种的自身性质确定总可捕捞量，再进一步分配捕捞限额。冰岛的海洋渔业总可捕捞量的确定和海洋渔业限额的分配和新西兰较为相似。冰岛不但规定了相对较为完备的海洋渔业限额捕捞制度的细则，还规定了较为细致的监管措施。有相对完备的系列规定，才能有助于海洋渔业限额捕捞制度的实施，切实维护海洋渔业资源。

《渔业管理法》中规定了海洋渔业资源为冰岛人民的共同财产，冰岛的公民在拥有适航的船舶以及具备相应资质的情况下，可以申请捕捞许可证，在拥有相应的配额后，进行捕捞。同时，冰岛限制外国直接投资冰岛领海内从事渔业的公司，在某些条件下，允许外国间接投资。这同样适用于初级鱼类加工的外国投资，不包括零售包装和用于分销和消费的鱼产品制备的后期阶段。除双边捕鱼协定授权的船只外，外国当事方拥有或经营的船舶不得在冰岛水域从事捕鱼或鱼类加工。

### 五、主要管理政策

2019年，冰岛渔船数量为1582艘，总吨为14.9万，总功率为42.6万千瓦，年度捕捞产量为104.8万吨。主要管理政策如下。

| 相应政策 | 内容简介 |
| --- | --- |
| 配额管理制度 | 配额在资源监测基础上，由渔业部审定可允许捕捞总量，确定单个物种的总可捕捞量，分配渔船一个固定的配额，并采用个体渔船可转让配额的管理系统，永久配额份额和年度渔获量配额都可转让。配额在捕捞年度内可以出售，固定配额可以转让。根据渔船的过去业绩（经验）发放捕捞配额股，配额股可全部或部分出售或出租给其他渔船 |
| 渔区渔具相关管理措施 | 广泛的区域管理包括保护重要的脆弱栖息地的封闭区域，以及保护产卵鱼类的临时关闭和实时关闭的规定，近海岸的广阔海域禁止拖网捕捞作业，在某些渔业生产作业方式中，对于网目规格是有所限制的。为了保护产卵鱼类，对渔区实施临时性休渔，禁止所有类型的捕捞作业 |
| 渔获物管理 | 弃鱼是被禁止的。渔业部门根据行业的总利润和各企业的配额分配，支付专项渔捞费。在港口管制和所有渔获物称重方面有执法制度，船只的所有渔获物必须在登陆港由当地港务局称重并记录。登陆港每天直接向渔业局的中央数据库发送信息，迅速有效地对渔业进行管理和监测，同时信息在网上公开 |
| 渔业船舶信息化监管 | 所有24m以下的渔船必须安装符合规定标准的监控设备，每10分钟发回一个位置信息，渔船安装的监控设备不仅限于卫星监控设备，只在其近海作业的渔船可以安装甚高频（VHF）通信监控设备 |
| 水产品追溯监管 | 采用可追溯体系，流通主体只需要记录和掌握来源于上游流通链主体的不同批次水产品信息，并把必要的水产品信息提供给流通链下游主体，并记录产品相互关联的上下游信息 |

一是配额管理制度。自从1973年以后，冰岛一直在实施限制捕捞能力的政策，个人配额和总可捕捞渔获量分配制度一起，成为冰岛渔业管理的基石，并于1984年冰岛最高立法机构决定实施配额管理。冰岛配额管理系统主要内容包括：

①配额在资源监测基础上，由渔业部审定可允许捕捞总量；

②渔业部门根据冰岛海洋研究所的科学建议，每年确定单个物种的总可捕量；

③分配渔船一个固定的配额，这个配额是全部商业开发鱼类品种可允许捕捞总量的一部分，以近2—3年期间个体渔船的渔获量为基础分配捕捞配额，采用个体渔船可转让配额的管理系统；

④特定渔场中每艘船的年度配额按照体积计算，是该渔场的总捕捞量和配额份数的简单倍数；

⑤永久配额和年度渔获量配额都是可转让的，大约98%的上岸渔获物都要接受总量控制；

⑥配额在捕捞年度内可以出售，固定配额可以转让。以产品价值为单位来计算，个体捕捞企业的控制额不得超过所有鱼类品种总可捕捞配额的8%；

⑦根据渔船的业绩（经验）发放捕捞配额股，配额股可全部或部分出售或出租给其他渔船。

冰岛渔业管理的主要优势是它的渔业经济效率，渔获的组织能够与市场供求及就业安排的要求达成一致。捕捞公司选择了捕捞权利领域的投资，而不是其他的投资形式。捕捞权利被转移至那些以最高效率开发渔业资源的企业。在很大程度上，渔船和加工厂一般都属于同一个公司。配额系统起到了很好的服务作用，收到了很好的效果，使渔获量保持在先前确定的限制范围内。由于所有渔获都在冰岛上岸，并且总渔获量的97%供出口，因此冰岛每年实际总渔获量的数据很透明，误差很小。

二是渔区渔具相关管理措施。小型渔船船东既可选择个人可转让的配额，也可执行每年最大海上作业天数。根据捕获的鱼体最小尺寸和鱼类产卵期对某些渔场实行定期休渔制度。

①广泛的区域管理，包括保护重要的脆弱栖息地的封闭区域，以及保护产卵鱼类的临时关闭和实时关闭的规定；

②近海岸的广阔海域是鱼类产卵和育苗的区域，禁止拖网捕捞作业；

③为了防止捕获幼鱼，在某些渔业生产作业方式中，对于网目规格是有所限制的。

为了保护产卵鱼类，政府制定了多方面的规定，对渔区实施临时性休渔，禁止所有类型的捕捞作业。

三是渔获物管理。在冰岛，弃鱼是被禁止的。从2004年起，渔业部门根据行业的总利润和各企业的配额分配，支付专项渔捞费，一般这一比例大约为利润的10%左右。冰岛在港口管制和所有渔获物称重方面有执法制度，冰岛船只的所有渔获物必须在登陆港由当地港务局称重并记录。登陆港每天直接向渔业局的中央数据库发送信息，渔业局始终掌握最新的渔获量数字，并能够迅速有效地对渔业进行管理和监测，这些信息在网上公开，从而确保了透明度。

四是渔业船舶信息化监管。开始于20世纪90年代初期，主要目的是加强渔业生产安全，同时也用于渔业管理和监督。冰岛政府规定所有24m以下的渔船必须安装符合规定标准的监控设备，每10分钟发回一个位置信息，24m以上渔船进入他国水域或国际组织管理水域则按相关要求安装监控设备。监控中心设在国家搜救中心，由海岸警备队负责维护，渔业局派人参与日常维护和管理。

与挪威不同的是，渔船安装的监控设备可以不仅限于卫星监控设备，只在其近海作业的渔船可以安装甚高频（VHF）通信监控设备。冰岛法律规定按要求安装监控设备的渔船设备费用由政府支付，渔船正常发送位置信息的卫星监控通信费用是由渔船船东支付，政府调取渔船位置通信费用由政府支付。

五是水产品追溯监管。冰岛采用的可追溯体系是欧盟国家的水产品可追溯体系，流通主体只需要记录和掌握来源于上游流通链主体的不同批次水产品信息，并把必要的水产品信息提供给流通链下游主体，同时记录产品相互关联的上下游信息，这样，一旦产品发生问题可以做到层层追溯查找问题原因。

例如，零售商可以追溯到二级批发商，二级批发商信息追溯到一级批发商，而零售商不必记录和掌握一级批发商商品信息，这种方式不受设备、规模和资金的限制，方法简单有效。追溯实施离不开不同批次产品的唯一标识和原料与产品的关联，从而实现水产品的层层追溯监管。可追溯体系的实施主要通过法规（欧盟内部的"食品基本法"178/2002）、流通方式及冷链物流的优势等方面为可追溯体系的实施提供保障。

## 六、对我国的启示

### （一）配额管理制度

冰岛和挪威一样，配额具体采用个体渔船可转让配额的管理系统，配额在单个捕捞年度内可以出售，固定配额可以转让；以产品价值为单位来计算，个体捕捞企业的控制额不得超过所有鱼类品种总可捕捞配额的8%。

## (二) 渔获物定点上岸管理

冰岛在港口管制和所有渔获物称重方面有执法制度，冰岛船只的所有渔获物必须在登陆港由当地港务局称重并记录。登陆港每天直接向渔业局的中央数据库发送信息，渔业局始终掌握最新的渔获量数字，能够迅速有效地对渔业进行管理和监测，这些信息在网上公开，从而确保了透明度。

## (三) 水产品追溯监管

水产品标识与可追溯体系监管能够随时查询记录产品相互关联的上下游信息，并得到准确的渔获量信息，为资源监测统计、捕捞能力管理提供支撑。冰岛水产品可追溯体系的实施，主要依赖于顶层法律保障、冷链物流优势、产品全周期管理涉及部门的通力合作。

# 第六节 法国捕捞渔业的管理

## 一、捕捞渔船概况

2010—2019 年，法国渔船数量、总吨、功率和捕捞产量统计数据见表 2-9。2010—2019 年，法国渔船数量、总吨和功率变化趋势见图 2-21 至 2-23。2010—2019 年，捕捞量变化趋势见图 2-24。

表 2-9 法国 2010—2019 年渔船数据表

| 时间 | 数量（艘） | 总吨（/t） | 功率（/kw） | 渔获量（/t） |
|---|---|---|---|---|
| 2010 | 7216 | 172830 | 990816 | 440013.9 |
| 2011 | 7205 | 170803 | 1000541 | 486847.7 |
| 2012 | 7138 | 168303 | 998722 | 461196.38 |
| 2013 | 7120 | 164122 | 999270 | 528731.84 |
| 2014 | 7066 | 173435 | 1012803 | 543525.28 |
| 2015 | 6904 | 171986 | 998512 | 497435.05 |
| 2016 | 6833 | 173493 | 1003016 | 524828.26 |
| 2017 | 6509 | 174374 | 969142 | 529340.15 |
| 2018 | 6377 | 177120 | 967237 | 587524.89 |
| 2019 | 6246 | 172483 | 956683 | 525121.7 |

从图 2-21 可见，法国的渔船数量一直呈下降趋势，2019 年达到最低值。从欧洲统计数据看，法国渔船数量排名第六。

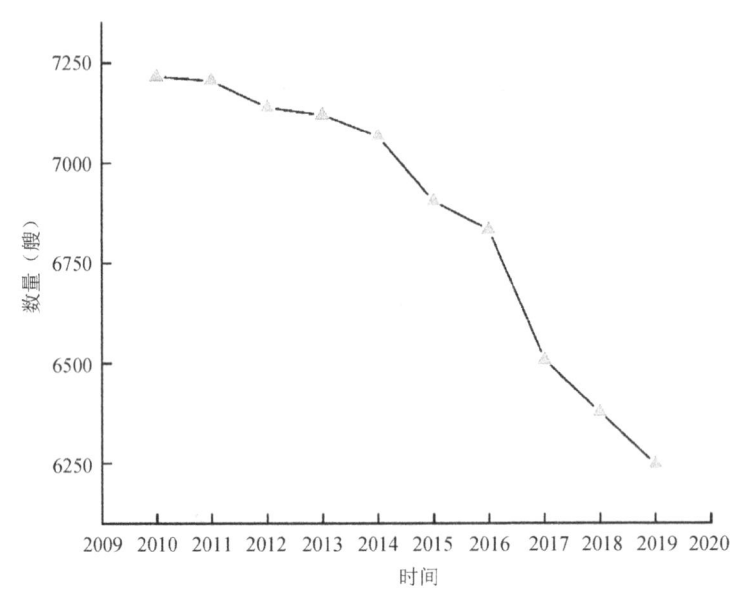

图 2-21　2010—2019 年法国渔船数量变化趋势图

从图 2-22 可见，法国渔船总吨整体呈现波动趋势，2010—2013 年呈现下降趋势，并在 2013 年达到 10 年来的最低值。2012—2018 年呈现增长趋势，并在 2018 年到达最大值。2018—2019 年呈现下降趋势。从欧洲统计数据看，法国渔船总吨排名第四位。

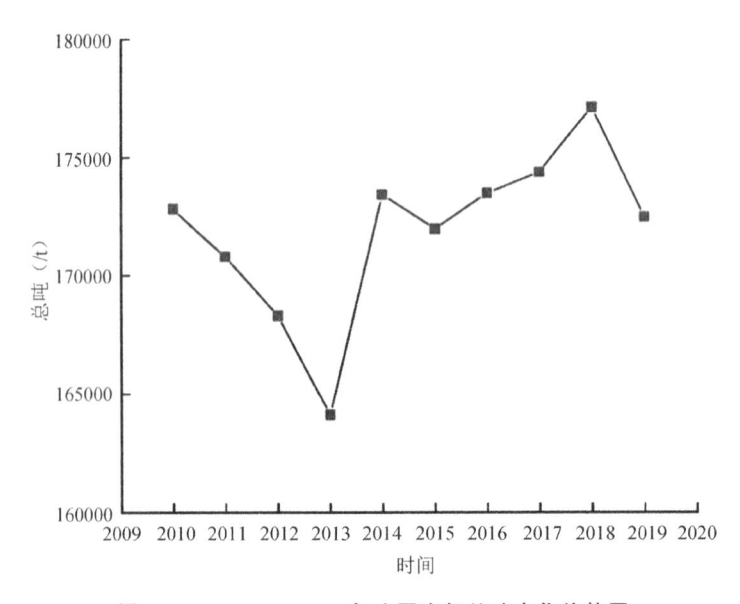

图 2-22　2010—2019 年法国渔船总吨变化趋势图

从图 2-23 可见，法国渔船功率呈现先上升后下降的趋势，2010—2014 年间呈现上升趋势，并在 2014 年达到 10 年来的最高值。2014—2019 年总体呈现下降趋势，并在 2019 年到达最小值。从欧洲统计数据看，法国渔船功率排名第二位。

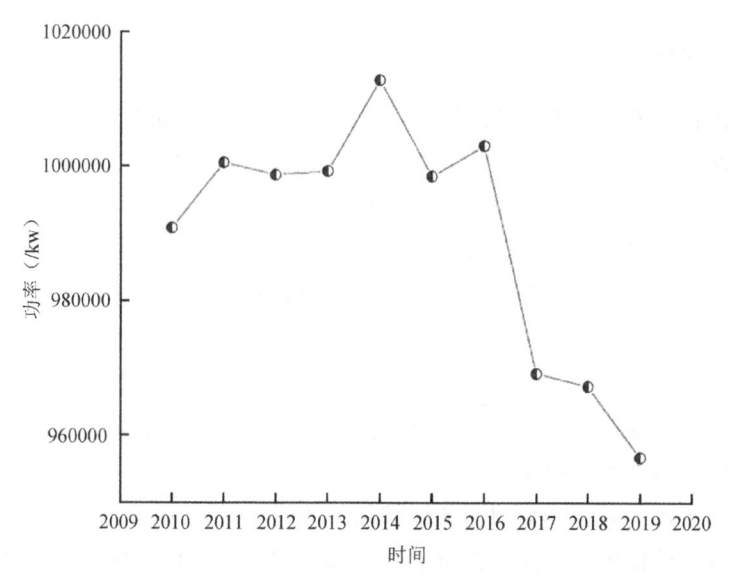

图 2-23 2010—2019 年法国渔船功率变化趋势

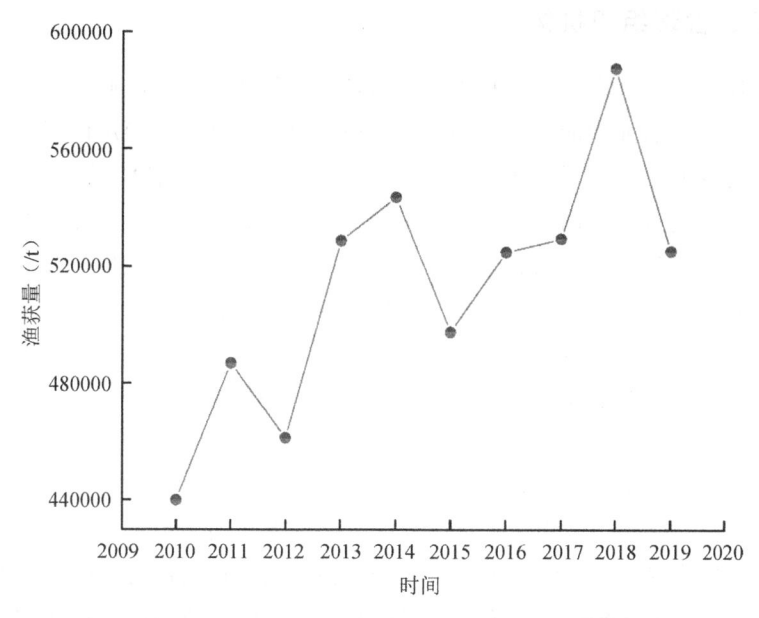

图 2-24 2010—2019 年法国捕捞量变化趋势图

从图 2-24 可见，法国捕捞量呈现波动趋势，2010—2018 年呈现升降交替的趋势，并在 2018 年达到 10 年来的最高值。2018—2019 年呈现下降趋势，并在 2019 年达到最小值。从欧洲统计数据看，2019 年，法国捕捞量位居第五，渔船数量排名第六，总吨排名第四，功率排名第二。

## 二、捕捞种群概况

法国位于欧洲大陆，版图呈六边形。三面环海，北依北海、西临大西洋、南毗地中海，海岸线长 3000 多公里。法国是欧洲第一农业大国，农业约占经济总量的一半，也是欧盟重要的渔业国家。

法国渔业以海洋渔业为主，海洋捕捞作业的 25% 在法国水域，50% 在欧盟国家水域，25% 在第三国专属经济区和公海海域。法国是水产品进口国，出口的主要品种是金枪鱼。法国的海洋捕捞以金枪鱼生产船为代表，金枪鱼生产船 20%—30% 为围网渔船，70%—80% 为延绳钓渔船，配有超低温冷冻设备，捕捞技术和设备较为先进，主要捕捞对象为黄鳍金枪鱼、鲣鱼、肥壮金枪鱼和长鳍金枪鱼等。

法国水产养殖业主要以海水贝类养殖为主，淡水渔业以鳟鱼养殖为主，还包括垂钓休闲渔业，游钓的渔获物有鲤、鳗、鲍、鲈、鲷、鲑、鳟和狗鱼等多种淡水和溯河鱼类。

## 三、管理组织机构

在法国，管理海洋渔业和水产养殖业的责任属于海洋渔业和水产养殖业理事会，它是农业和渔业部的一部分。该理事会的任务是确定该行业的政策方向，并执行有关的法规和措施。2009 年 4 月 1 日，国家海洋渔业和水产产品分支机构成为法国农渔部。政府于 2010 年成立了几个新公共机构，以协助海洋渔业和水产养殖管理局。在海洋渔业和水产养殖法规方面，这些新的分散机构负责所有由前海洋事务地区主管部门执行的任务，但其地理范围更广。渔业执法是由法国海岸警备队统一进行，由农业渔业部委托授权，包括违规渔船的查处、配额的检查、鱼类规格、渔网网目大小等，海警有没收渔船的权力。

法国渔业行政机构为渔业局，下设渔业科研机构和渔业及渔业产品联合会。渔业管理基层组织渔业委员会为渔民公会形式的组织。所属的渔业科研机构，主要为渔业可持续发展进行科研服务，政府投资进行科研，主要进行生物鱼类、资源保护技术研究，同时进行海洋环境的监测和保护研究，并为欧盟渔业发展提供基础依据和提出建议等。渔业及渔业产品联合会，为实行独立核算的公共服务组织。主要任务是组织捕捞、加工，进行市场调查、公益宣传，引导消费，是欧盟在法国唯一认可的公共服务组织。欧盟对各国渔业的扶持资金是由该组织通过基层渔业委员会下放给渔民。

另外，在渔业局外设立一个完全独立的渔业顾问委员会，专门为渔业主管部门提供咨询服务。比如市场某种鱼的价格过低，生产投放量大，渔业顾问委员会在调研的基础上，可以建议渔业主管部门进行行政干预减少生产量，以促使该品种价格的回升，保护渔民的利益。渔业顾问委员会成员由捕捞专家、海洋专家、养殖专家和加工专家等组成。他们的建议提供给分管渔业的部长，多数建议被实际采纳。

为了更有效地开展渔业生产和经营活动，法国分散的渔业公司和渔民成立了众多的区域性民间渔业合作组织，主要有：渔业互助信贷地区金库，其目的是向希望建造渔船的渔民提供贷款储蓄业务；渔需供应合作社，主要提供渔网、渔用饲料、燃料、船用装备和绳缆等补给性服务；合作装备和管理合作社，主要是对渔船进行管理，并提供会计、税务、投资等方面的帮助和咨询服务；水产储运批发合作社，旨在帮助渔民采集市场信息，了解市场行情，使渔民在渔产交易中获得最大收益。为了更好地组织水产储运，这些合作社大多配备现代化的快速冷冻设备，具有较强的贮藏保鲜能力；养殖合作社，主要进行包括牡蛎养殖、贻贝养殖和养鱼业方面的交流。

**四、法律法规框架**

法国开展海洋渔业活动和立法规范起步较早，通过有关立法保护在国家管辖海域范围内的渔业活动权。早在19世纪，法国就已颁布有关法令创设了海洋渔业实践的基本条款。1967年，法国颁布第67—451号法令，废除了1888年3月1日立法的第1条的外国船只在3海里内禁止捕鱼条款，并重新规定禁止外国船只在自领海基线测起的12海里范围内捕鱼。该法令主要是为了将1964年签署的《伦敦渔业协定》有关规则转化为国内法，同时，法令考虑到了一些例外的可能性，规定即使是例外情况的外国船只也必须接受法国渔业规章制度的约束。

法国非常重视其在海洋领域的渔业利益，1976年7月16号，法国颁布第76—655号立法确定了200海里海域经济区活动的法律规则，随后通过一系列授权法令维护了法国在其海洋领域的渔业利益。在此基础上，法国多次修改并颁布了1985年5月22号的第85—542号修改法令，以及1990年1

月 25 号第 90—94 号有关海洋渔业规章制度的法令。1994 年 7 月 24 日，法国颁布法令对 1990 年第 90—94 号法令进行了修改，确定了在欧共体管辖范围内水域渔业的管理与维护制度。1997 年 11 月 18 日，法国颁布的《海洋渔业及海水养殖引导法》，确定了捕鱼业的商业性质，同时确立了手工作业式捕鱼公司的地位。

在共同体水域，法国作为欧盟成员国，执行共同渔业政策，法国政府关于海洋渔业和水产养殖的政策属于共同渔业政策的范围。2010 年 7 月 27 日颁布了关于农业和渔业现代化的第 2010—874 号法令。在法国渔业活动逐渐融入欧盟共同渔业政策后，法国政府也并未忘记对其海外领土渔业制度进行调整，2016 年法国颁布第 2016—816 号"蓝色经济"立法，法律第十三部分对法国海外省的渔业制度做出了一些特殊条款，包括规定法国海外省应遵守法国缔结的有关国际协定以及欧盟有关共同渔业政策，并鼓励这些地区地方政府积极参与和加入区域性和国际性的渔业、海洋科学研究组织。

### 五、主要管理政策

2019 年，法国渔船数量为 6246 艘，总吨为 17.2 万，总功率为 95.6 万千瓦，年度捕捞产量为 52.5 万吨。主要管理政策如下。

| 相应政策 | 内容简介 |
| --- | --- |
| 配额管理制度 | 采用捕鱼许可证制度，按照国家配额捕鱼，基于不同生产者组织之间公平分配的原则，将捕鱼配额分配给生产者组织和非生产组织者成员的船只。欧盟分配的配额，可以在会员国之间进行转让 |
| 捕捞能力管理 | 实施了多个方案以减少捕捞能力，特别是以减船计划的形式。欧盟对底层鱼类、深海物种和某些贝类和甲壳类物种实施了一项以千瓦天为单位的管理捕鱼工作的制度 |
| 岸边钓鱼管理 | 岸边钓鱼被纳入海洋渔业专业组织，海岸渔民必须领有由渔护署署长签发的特别牌照，可捕鱼及出售其渔获物。设立国家岸边钓鱼许可证，并建立国家数据库，许可证将在地方一级颁发，同时规定新入者必须接受培训课程 |
| 休闲垂钓管理 | 规定了娱乐垂钓的捕获量，严禁销售娱乐性捕捞产品，列出了休闲垂钓者可使用的设备类型的全面清单，包括水下休闲垂钓、浮潜捕鱼，必须为康乐海洋渔业登陆点贴上标签，此外政府引入电子报告系统 |
| 渔获物监管 | 引进了关于渔获、着陆和转运的电子申报，以及关于销售的电子文件要求，为渔获量、上岸、转运和销售所需的电子文件建立电子报告系统 |

一是配额管理制度。欧盟渔业政策是法国调整渔业政策和管理渔业活动

的主要影响因素。悬挂法国旗的船只只有在与法兰西共和国领土存在真正的经济联系，并在法国领土上有一个稳定机构进行管理和监测的情况下，才被允许按照国家配额捕鱼，并发给捕鱼许可证。基于不同生产者组织之间公平分配的原则，法国当局会将欧盟分配给法国的捕鱼配额分配给生产者组织和非生产组织者成员的船只。欧盟分配的配额，可以在会员国之间进行转让。某些不受欧盟管理措施约束的鱼类种群需要国家或区域一级的具体规定。对于不受欧盟配额限制的物种，主管海洋渔业部门和专业组织制定一般规则，比如相关物种许可证，同时，将这些规则的管理委托给区域机构。

二是捕捞能力管理。从21世纪初到2010年，法国实施了20多个方案以减少捕捞能力，特别是以减船计划的形式。法国执行的大多数捕捞能力削减方案涉及被认为是"敏感的"渔业，即认为有必要减少该类型船队的规模。法国的大部分船只的长度在12m以下，一小部分船只的长度在25m或以上。近海渔船活动都在12海里海域内，占据70%的渔船。公海捕鱼占15%，其中75%是在12海里海域以外进行的。包括这两种活动的混合捕捞，占渔船总数的13%。从拍卖成交额来看，近海捕捞（海上1—4天）、远洋捕捞（海上4天以上）和小型捕捞（海上不足1天）各占登陆量的三分之一左右。

1995年以来，欧盟对底层鱼类、深海物种和某些贝类和甲壳类物种实施了一项以千瓦天为单位的管理捕鱼工作的制度。其目的是限制捕捞这些鱼类的渔船的年度总努力量和物种捕获量。2002年修订了深海物种，2003年11月修订了底栖鱼、扇贝和某些甲壳类动物。对于被认为超出其安全生物限度的鱼类，实行恢复计划，一旦生物量恢复到预防水平，将由长期管理计划取代。虽然一些鱼类种群的情况和该部门的经济健康状况确实令人关切，但正如法国科学机构进行的评估所显示，一些资源养护仍然取得了进展。

三是岸边钓鱼管理。2001年5月11日关于专业岸上捕鱼的第2001—426号法令为岸上垂钓者创造了特殊的地位，法国岸上垂钓者超过千人，岸边钓鱼被纳入海洋渔业专业组织，海岸渔民必须持有由渔护署署长签发的特别牌照，可捕鱼及出售其渔获物。2010年12月28日公布了第2010—1653号法令，对该法令进行了修正。设立国家岸边钓鱼许可证，并建立国家数据库，许可证将在地方一级颁发，同时规定新入者必须接受培训课程。

四是休闲垂钓管理。2006年至2008年期间，法国渔业部和法国渔业协会对法国进行了一项关于休闲钓鱼的调查，15岁及以上在海上进行休闲钓鱼的人数约为258万。这个群体中的大多数人捕鱼的时间和区域都有限，只有一小部分人进行连续和大规模的捕鱼；3%是水下垂钓者；13%是一年中大部分时间在船上操作的垂钓者；4%是经验丰富的在岸上钓鱼的垂钓者。统计推断每年海洋休闲渔业的主要捕获量为：15000吨鱼类、12000—15000吨贝类。休闲捕鱼受1990年7月11日关于休闲海上捕鱼做法的第90—618号法令的修正管辖。

1999年12月21日颁布的一项行政命令，该命令规定了娱乐垂钓的捕获量，严禁销售娱乐性捕捞产品，列出了休闲垂钓者可使用的设备类型的全面清单。在水下休闲垂钓中，禁止使用呼吸器，禁止夜间垂钓，浮潜捕鱼的从业者必须通知当地当局，此外，还要办理民事责任保险。2010年7月，主管可持续发展和渔业的各部与有关各方共同签署了一份关于环境友好型休闲海钓的承诺和目标宪章。自2011年起，必须为康乐海洋渔业登陆点贴上标签，其目的是打击非法销售渔业产品。2012年，政府引入了一个电子报告系统，让休闲的海洋垂钓者可以自愿申报他们的渔获量。

五是渔获物监管。负责监督海洋捕捞活动的是海洋渔业主管部门。法国的检查政策主要是在欧盟框架内执行的，主要在于引进关于渔获、着陆和转运的电子申报，以及关于销售的电子文件要求，为渔获量、上岸、转运和销售所需的电子文件建立电子报告系统，这些措施的目的是及时了解整个渔业部门从捕获到市场的活动。

### 六、对我国的启示

**（一）岸边与休闲垂钓**

颁发岸边垂钓证，纳入渔业组织化管理，建立国家数据库，对休闲垂钓限定捕捞量，建立休闲捕捞电子统计系统。

**（二）捕捞能力监管**

参照欧盟共同渔业政策，通过对渔获物产出式的配额管理，以及对捕捞渔船投入式的减船计划，结合千瓦小时计算的捕捞努力量管理，共同进行捕捞能力管控。

## 第七节 西班牙捕捞渔业的管理

### 一、捕捞渔船概况

2010—2019年，西班牙渔船数量、总吨、功率和捕捞产量统计数据见

表 2-10。2010—2019 年，西班牙渔船数量、总吨和功率变化趋势见图 2-25 至 2-27。2010—2019 年，捕捞量变化趋势见图 2-28。

表 2-10 西班牙 2010—2019 年渔船数据表

| 时间 | 数量（艘） | 总吨（/t） | 功率（/kw） | 渔获量（/t） |
| --- | --- | --- | --- | --- |
| 2010 | 10855 | 415166 | 939878 | 741675.1 |
| 2011 | 10510 | 399751 | 905951 | 798558.55 |
| 2012 | 10121 | 385654 | 878046 | 757827.64 |
| 2013 | 9873 | 373353 | 851792 | 904125.82 |
| 2014 | 9632 | 357953 | 824697 | 1108830.4 |
| 2015 | 9397 | 341342 | 797614 | 901511.86 |
| 2016 | 9244 | 335243 | 786393 | 859744.95 |
| 2017 | 9145 | 334291 | 784150 | 902162.69 |
| 2018 | 8973 | 331555 | 778310 | 879961.32 |
| 2019 | 8882 | 332498 | 777077 | 837216.34 |

从图 2-25 可见，西班牙的渔船数量一直呈下降趋势，2019 年达到最低值。尽管西班牙渔船数量一直呈下降趋势，但从欧洲统计数据看，西班牙渔船数量排名第三。

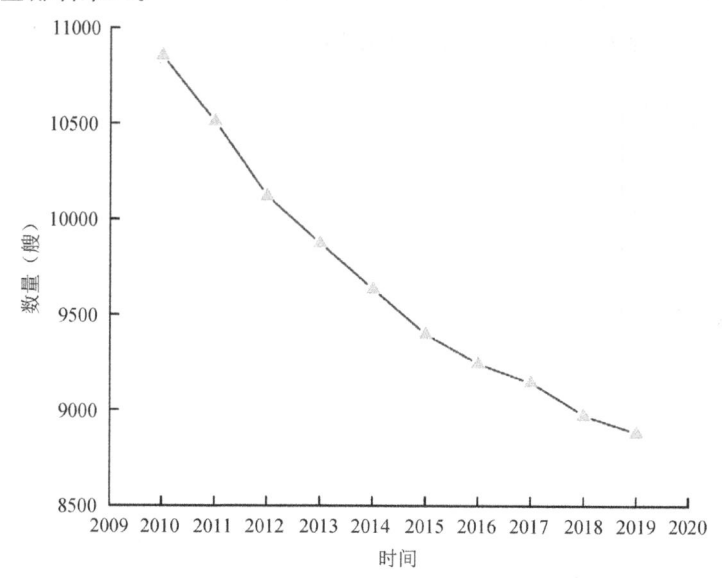

图 2-25 2010—2019 年西班牙渔船数量变化趋势图

从图 2-26 可见，西班牙渔船总吨整体呈下降趋势，2019 年达到最低值。从欧洲统计数据看，西班牙渔船总吨排名第二。

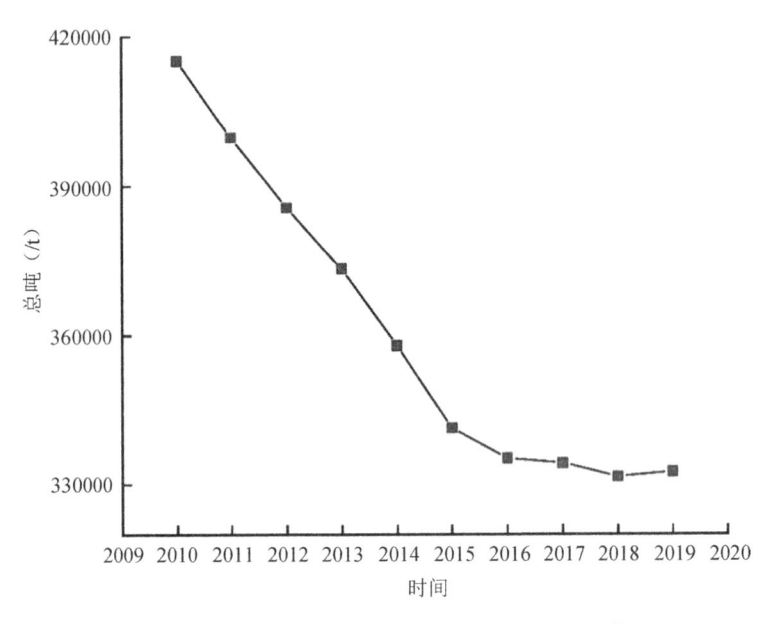

图 2-26　2010—2019 年西班牙渔船总吨变化趋势图

从图 2-27 可见，西班牙渔船功率呈下降趋势，在 2019 年到达最小值。从欧洲统计数据看，西班牙功率排名第四。

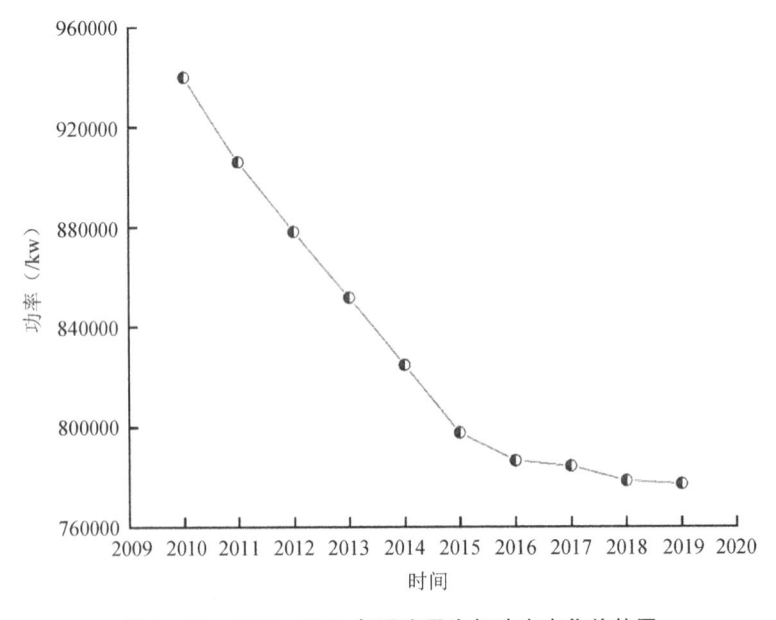

图 2-27　2010—2019 年西班牙渔船功率变化趋势图

从图 2-28 可见，西班牙捕捞量呈现波动趋势，2010—2014 年总体呈现上升趋势，在 2014 年达到 10 年来的最高值。2014—2019 年总体呈现下降趋势，2010 年捕捞量达到最小值。从欧洲统计数据看，2019 年，西班牙捕捞量位居第三，渔船数量排名第三，总吨排名第二，功率排名第四。

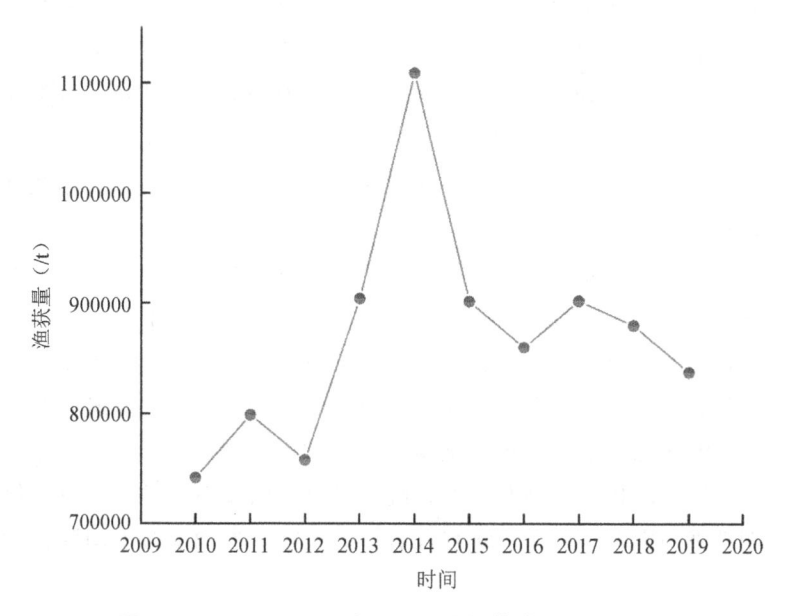

图 2-28 2010—2019 年西班牙渔船捕捞量变化趋势图

## 二、捕捞种群概况

西班牙位于欧洲西南部伊比利亚半岛，西邻葡萄牙，东北与法国、安道尔接壤，北濒比斯开湾，南隔直布罗陀海峡与非洲的摩洛哥相望，东和东南临地中海。海岸线长约 7800 公里。中部高原属大陆性气候，北部和西北部沿海属海洋性气候。

西班牙渔业包括金枪鱼渔业、头足类渔业、鲨鳐类渔业，按价值计算西班牙重要物种包括金枪鱼（30%），其次是底栖鱼类（27%）、甲壳类动物（11%）和远洋生物（10%）。金枪渔业中，西班牙是捕捞金枪鱼的主要国家之一，在大西洋、印度洋和太平洋进行作业，在印度洋的金枪鱼产量最高，在大西洋主要捕捞黄鳍金枪鱼和鲤鱼，在太平洋渔获物以鲤鱼为主。头足类渔业主要捕捞枪乌贼和滑柔鱼。鲨鳐类渔业渔获组成主要有尖吻鲭鲨、鼠鲨、小点猫鲨、长鳍鲭鲨、白斑角鲨、大青鲨等。

### 三、管理组织机构

2008年4月，农业部、渔业部、粮食环境部改组成立了新的农村海洋环境事务部。海洋总秘书处是管理海洋渔业的中央行政部门，负责管理新成立的农村海洋环境事务部。2011年12月，环境、农村和海洋事务部重组为新的农业、食品和环境部。中央政府对海洋捕捞拥有全权管理的管辖权，但受到授予自治区的渔业管理权的约束，自治区对国内水域捕鱼、贝类捕捞和水产养殖拥有唯一管辖权。因此，在国内水域的捕鱼活动由10个沿海自治区负责。中央政府对与海洋捕捞有关的事项有充分的管辖权，并据此制定了相关的法律。

渔业和海洋学研究由西班牙海洋学研究所（简称IEO）负责，该研究所由科学创新部负责，经常参加不同的国际工作组，评估具有重要价值的物种的数量状况，如，鳕鱼、垂钓鱼、甲鱼、沙丁鱼、鲭鱼、鳕鱼、格陵兰大比目鱼、头足类、甲壳类以及金枪鱼和金枪鱼类等物种。此外，西班牙海洋学研究所还结合海洋总秘书处提出的试验性渔业试点计划，并研究了渔业中偶然捕获海龟、鲸目动物和海鸟对生态系统的影响，以及对保护区、海洋保护区和人工珊瑚礁的影响。海洋学研究人员作为观察员参加了若干国际科学研究方案。

### 四、法律法规框架

西班牙是欧盟成员国，海洋渔业资源的管理和保护须遵守欧盟条例。因此，这些领域的国内政策符合共同渔业政策的要求。关于国内职责的分配，《西班牙宪法》规定了中央政府和自治区各自的管辖权。对于渔业和商业活动的发展，中央政府只制定了基本法律，也就是管理这些活动的基本规范。

2001年3月26日关于领海渔业的第3/2001号法令建立了这些领域的管理框架，自治区可以在这两个领域建立补充立法的预案。《海洋渔业法》（2001年3月26日第3/2001号法令）规定了通过渔业检查员海上和陆地上的检查和监测工作，对公海捕鱼活动进行监测和检查。2003年2月14日第176/2003号皇家法令规定了这些检查员的职责。

2008年5月9日第747/2008号皇家法令制定了适用于公海海上捕捞的制裁制度，建立了一个符合海上捕捞特点的连贯框架，同时改进了行政程序。其目的包括制定第1134/2002号皇家法令所规定的程序，该法令涉及西班牙国民在悬挂方便旗（指一国的商船不在本国而在它国注册，不悬挂本国国旗而悬挂注册国国旗）的船只上进行海上捕鱼的制裁，以及按照粮农组织的定义，调整制裁制度，以确保在发生非法、无管制和未报告（以下简称IUU）的捕捞活动时发挥最大效率。

2010年7月27日ARM/2077/2010号命令获得批准，该命令规定了对第三国船只、过境活动、转运、渔业产品进出口的管制，以避免和消除非法、无管制和未报告的捕捞活动。2011年第347/2011号皇家法令，对外部水域的娱乐性捕鱼活动进行管理，将这种做法理解为娱乐目的开发水生生物资源的非商业性捕鱼活动，禁止出售或交易获得的渔获物。

## 五、主要管理政策

2019年，西班牙渔船数量为8882艘，总吨为33.2万，总功率为77.7万千瓦，年度捕捞产量为83.7万吨。主要管理政策如下。

| 相应政策 | 内容简介 |
| --- | --- |
| 邻海区域渔业可持续管理 | 减少捕捞努力量，并制定其他措施，如禁渔区、授权的拖网距离和深度、受保护的生存环境、禁止使用的渔具或某些鱼种的每日上岸量 |
| 共同体水域的负责渔业管理 | 西班牙当局要求在某些国际区域作业的船队搭载科学观察员，进行试验性捕鱼计划，以便提高渔具的选择性 |
| 休闲渔业管理 | 娱乐性渔获物的销售被禁止。休闲捕鱼需要地方当局颁发的许可证，渔民必须申报渔获量 |
| 渔业监测与实施 | 渔业局、海军和国民警卫队之间相互合作，同时自治区负责的渔业检查部门，在港口检查、渔业活动的监测和监督、打击非法捕捞活动的行动、销售符合最低尺寸要求的鱼类 |
| 渔获物管理 | 重点关注质量、食品安全、可追溯性、环境方面等问题，制定相应标准，同时提出针对不同方面的指南 |
| 多样化渔业活动 | 渔业和水产养殖部门正在建立以旅游、环境和营销为重点的新业务线，以振兴依赖渔业的沿海地区的经济，制定西班牙渔业和水产养殖多样化战略计划 |

一是邻海区域渔业可持续管理。出于管理的目的，根据活动区域的不同，西班牙将海上捕鱼分为四个不同的部分，即领海捕鱼、共同体水域捕鱼、第三国水域捕鱼以及国际水域捕鱼。

在邻海水域，实施某些可持续渔业措施，例如在计划期内将某些船队航段的捕鱼工作量减少10%，减少捕捞努力量，并制定其他措施，如禁渔区、授权的拖网距离和深度、受保护的生存环境、禁止使用的渔具或某些鱼种的每日上岸量，这些计划主要侧重于减少捕捞努力量（限制海上天数和小时数；围网中沙丁鱼和鲲鱼的最大日捕获量）和生物禁渔期。

二是共同体水域的负责渔业管理。捕鱼活动严格按照欧盟共同渔业政策标准进行。在国际水域作业的西班牙船只都必须从海洋总秘书处获得临时许可证，授权其进行活动。当船舶获得在区域渔业组织（Regional fisheries organization，RFO）管制区域的捕鱼许可证时，必须遵守区域渔业组织规定的资源管理/养护措施和监测/检查措施。

根据西北大西洋渔业组织、南极海洋生物资源保护公约、美洲热带金枪鱼委员会、东南大西洋渔业组织、南太平洋区域管理组织、大西洋金枪鱼国际委员会等区域渔业组织的要求，船上必须有国际观察员。

此外，西班牙当局要求在某些国际区域作业的船队搭载科学观察员；这些安排由西班牙海洋学研究所规划和控制，目的是监测渔业、评估鱼群状况和获得其他生物和环境数据。西班牙海洋学研究所还进行试验性捕鱼计划，以便提高渔具的选择性。这些措施的目的是使船队适应现有资源，并确保负责任地进行捕鱼。

三是休闲渔业管理。中央政府对外部水域进行管理，自治区则负责内部水域的管理。根据休闲渔业法律框架，授权由自治区颁发，并建立了国家授权船只登记册。条例中规定了授权物种清单、捕捞方法、渔获量限制、休闲渔业和竞赛的一般条件、禁止的做法、某些物种的具体授权和渔获量申报。

娱乐性渔获物的销售被禁止。休闲捕鱼需要地方当局颁发的许可证，捕捞某些被称为"附件三物种"的物种（如鳕鱼或金枪鱼物种）需要中央当局签发的具体授权书。渔民必须申报渔获量，以便制定评估这些渔业影响的试点项目。

四是渔业监测与实施。西班牙渔业局、海军和国民警卫队之间的相互合作，以提高在各个国家和国际渔场为西班牙渔船工作的海军视察队的效率和数量。自治区负责的渔业检查部门，在港口检查、渔业活动的监测和监督、打击非法捕捞活动的行动、销售符合最低尺寸要求的鱼类等领域与中央政府合作。从海陆空三方面监测渔业，根据欧盟规定，各成员国必须为总长超过15m的渔船设立卫星监测系统，开展对渔船的空中、海上监视，控制公路鱼类运输，检查鱼类是否符合标明的公路运输最小尺寸规定。

根据1997年的《框架协定》与警察总局、国民警卫队及自治区合作实施，其目标是减少或防止渔业产品的非法贸易。对公海捕捞的监测和检查，是中央政府的责任。监测和检查由海上和陆地上的渔业检查员进行。向自治区报告的渔业检查部门与中央政府的检查员合作进行港口检查、监测和监视渔业活动、打击非法捕鱼的行动以及销售符合最低尺寸要求的鱼类。

五是渔获物管理。2009年西班牙颁布了一项皇家法令（第1822/2009号法令），对渔业产品的首次销售作出了规定，它只适用于在捕捞作业中获得的活的、冷藏的和冷冻的鱼产品，但水产产品和海鲜产品除外。海洋渔业总秘书处制定了《渔业产品质量行动计划》，旨在提高渔业产品和水产养殖的整个生产链、加工和销售的质量。

该计划建议采取具体行动，重点关注质量、食品安全、可追溯性、环境方面等问题，即召开渔业产品质量大会，举办研讨会，制定和出版指南。印发了出版物和相应标准，包括UNE标准——海上初级生产卫生规范最佳指南（少于48小时的钓鱼旅行）；钓鱼——初级鱼类生产的可追溯性指南，从捕获到首次销售后的考察；海洋水产养殖——水产养殖初级生产卫生实践最佳指南；7.5m以下渔船的充气救生筏，在距离海岸4.8千米以内捕鱼；采掘渔业新鲜产品包装指南。

六是多样化渔业活动。目前，资源的可持续性和共同渔业政策被纳入海洋政策，要求目前和未来的渔业活动多样化。渔业和水产养殖部门正在建立以旅游、环境和营销为重点的新业务线，以振兴依赖渔业的沿海地区的经济。

通过西班牙渔业和水产养殖多样化战略计划，将在这一领域制定共同的战略和方法。妇女在西班牙渔业部门发挥着重要作用，有许多妇女协会致力于不同的群体，如贝类采集者和手工制网者。渔业总秘书处通过西班牙妇女网络支持和促进妇女参与渔业活动。

## 六、对我国的启示

### （一）不同区域的渔业管理

在领海捕鱼主要任务时捕捞能力管控、降低捕捞努力量，在共同体水域捕鱼、第三国水域捕鱼以及国际水域捕鱼采取观察员政策，实施负责任的渔业。在不同区域采取不同的管理与实施办法措施，以达到各区域的要求和目的。

### （二）休闲渔业管理

建立国家授权休闲船只登记册。规定授权物种清单、捕捞方法、渔获量限制、休闲渔业和竞赛的一般条件、禁止的做法、某些物种的具体授权和渔获量申报规定，娱乐性渔获物的销售被禁止，渔民必须申报渔获量，以便制定评估休闲渔业的影响。

（三）监管与执法

西班牙渔业局、海军和国民警卫队之间的相互合作，在港口检查、渔业活动的监测和监督、打击非法捕捞活动的行动、销售符合最低尺寸要求的鱼类等领域与中央政府合作。通过卫星监测系统对船只进行空中和海洋监测，控制公路鱼类运输，检查鱼类是否符合标明的公路运输最小尺寸规定。

# 第三章 美洲的海洋捕捞渔业管理

## 第一节 美洲部分国家捕捞渔船情况

2010—2018 年间，美洲部分国家的渔船数量和渔船总吨数据见表 3-1 和表 3-2。数据来源于：一是 FAO 的《2020 年世界渔业和水产养殖状况》；二是 OECD 数据库，https://data.oecd.org/。

在目前可获得的数据中，2017 年，渔船数量排序为墨西哥、加拿大、智利、美国、哥斯达黎加、阿根廷和哥伦比亚；渔船总吨排序为加拿大、美国、墨西哥、阿根廷、智利、哥斯达黎加和哥伦比亚。

表 3-1 美洲 2010—2018 年渔船数量数据表

| 时间 | 加拿大 | 智利 | 哥伦比亚 | 墨西哥 | 美国 | 阿根廷 | 哥斯达黎加 |
|---|---|---|---|---|---|---|---|
| 2010 | 19906 | 16095 | 158 | 94111 | 26000 | 1090 | 5035 |
| 2011 | 19520 | 12948 | 143 | 82069 | 26500 | 896 | 3771 |
| 2012 | 18740 | 9603 | 135 | 71654 | 27000 | 1017 | 1345 |
| 2013 | 18452 | 8644 | 134 | 76096 |  | 902 | 1552 |
| 2014 | 18189 | 7154 | 134 | 75741 |  | 911 | 1703 |
| 2015 | 17856 | 9391 | 133 | 76285 |  | 938 | 1912 |
| 2016 | 17703 | 9540 | 175 | 75997 |  | 925 | 1574 |
| 2017 | 17522 | 13935 | 124 | 76306 | 8623 | 804 | 2644 |
| 2018 | 18430 |  | 120 | 77483 |  | 903 | 3155 |

表 3-2 美洲 2010—2018 年渔船总吨数据表

| 时间 | 加拿大 | 智利 | 哥伦比亚 | 墨西哥 | 美国 | 阿根廷 | 哥斯达黎加 |
|---|---|---|---|---|---|---|---|
| 2010 | | | 22205 | 217176 | | 180381 | 80698 |
| 2011 | | | 24441 | 215943 | | 179790 | 36566 |
| 2012 | | 201856 | 20393 | 214125 | | 180172 | 8639 |
| 2013 | | 189434 | 19799 | 129193 | | 179806 | 10642 |
| 2014 | | 165143 | 19580 | 244945 | | 167646 | 12592 |
| 2015 | | 185919 | 18960 | 236389 | | 175364 | 16076 |
| 2016 | | 186957 | 22318 | 237692 | | 174432 | 12699 |
| 2017 | | 175172 | 15387 | 245689 | 271059 | 176893 | 25228 |
| 2018 | 437833 | | 12725 | 245375 | | 178679 | 28732 |

2010—2018 年间，美洲部分国家的渔船数量变化和渔船总吨变化趋势图，如图 3-1 和图 3-2 所示。由于部分国家数据不全，因此有些年份没有显现在图中，总体看各国在 2013 年之后的渔船数量、总吨的变化较为稳定。

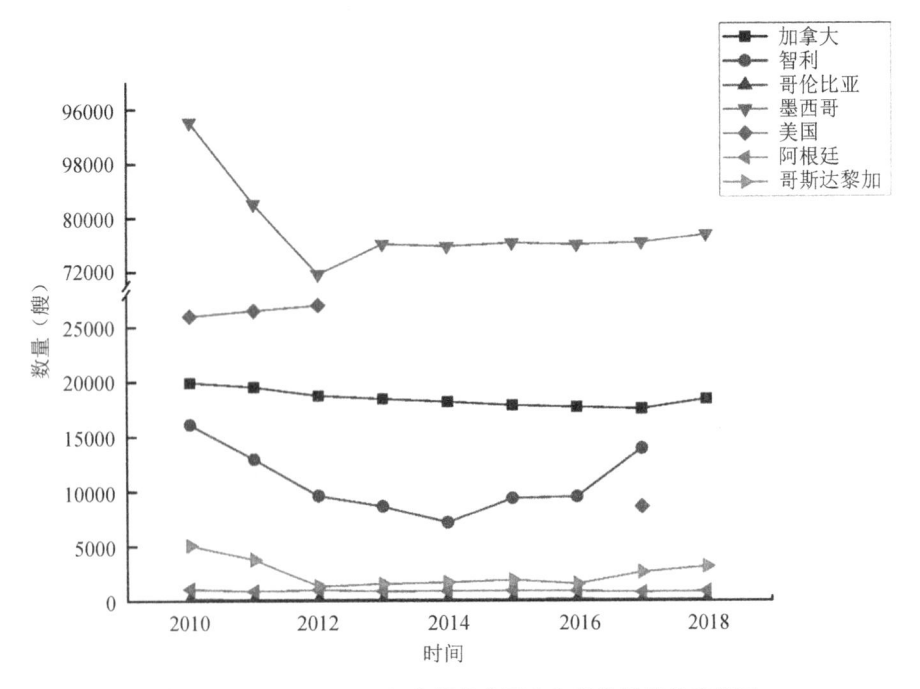

图 3-1 2010—2018 年美洲部分国家渔船数量变化趋势图

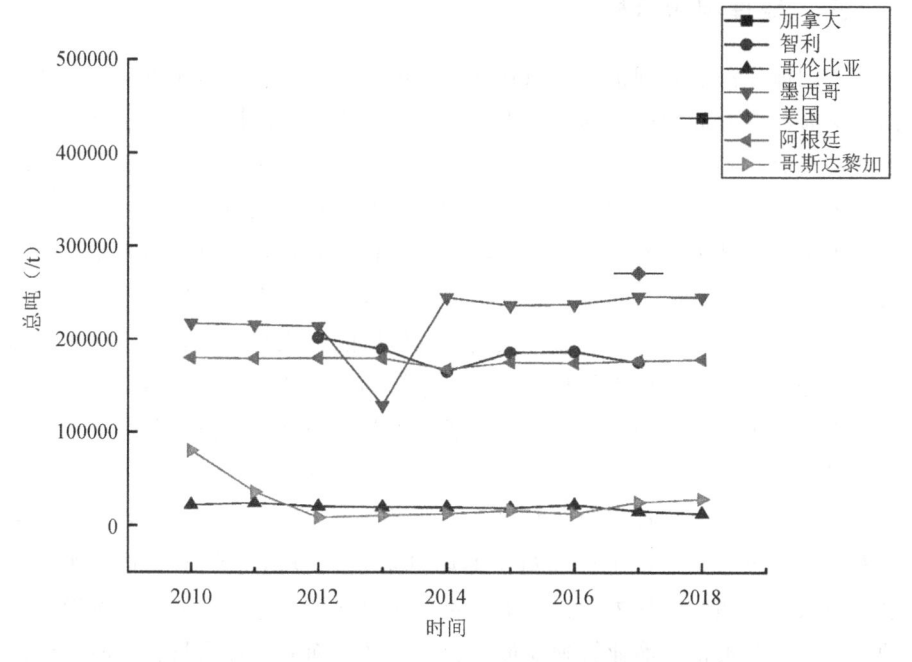

图 3-2  2010—2018 年美洲部分国家渔船总吨变化趋势图

## 第二节  美国捕捞渔业的管理

### 一、捕捞渔船概况

美国 2010 年的捕捞渔船数量为 26000 艘，到 2017 年渔船数量降为 8623 艘，渔船总吨为 271059。

### 二、捕捞种群概况

美国是世界渔业大国之一，濒临大西洋、太平洋和北冰洋，拥有世界上最大的专属经济区，渔业资源丰富，是个海洋大国，海岸线长达 22680 公里，海洋渔区 762 万平方公里，其 200 海里内渔业资源量占世界资源量的 20%。但其捕捞量只占世界捕捞量的 5%。全国水产品产量约 98% 的产量来自海洋捕捞，主要经济水产有金枪鱼、鳕鱼、等数百个品种。就数量而言，阿拉斯加波洛克、曼哈登、太平洋鲑鱼、扁鱼、鳕鱼和哈克斯是六个最重要的物种，而螃蟹、鲑鱼、扇贝、虾和龙虾的总值最高。

81

### 三、管理组织机构

美国海洋渔业管理机构按照管辖权限可以分为：联邦渔业机构，包括美国国家海洋渔业局和区域渔业管理委员会；跨州渔业机构，指的是洲际海洋渔业委员会；各州渔业主管部门——离岸3海里之内区域渔业管理由各州政府管理，离岸3—200海里水域由联邦政府和区域渔业管理委员会主管。

美国商务部下属的美国国家海洋和大气管理局是负责全国渔业监管的政府机构，其下属的国家海洋渔业局则直接与区域渔业管理委员会合作，开展资源评估、确定总可捕量及监督执法等具体职能，执行和强制实施渔业管理计划。分为监管部、科学部和运营部。监管部门包括位于总部的可持续渔业办公室和5个区域办公室，科学部包括位于总部的科学与技术办公室和6个渔业科学中心。

国家海洋和大气管理局在所辖海域设置8个区域性渔业管理委员会，它可看作是半政府机构，里面的员工非联邦雇员。包括太平洋渔业管理委员会、西太平洋渔业管理委员会、中大西洋渔业管理委员会、加勒比海渔业管理委员会、新英格兰渔业管理委员会、北太平洋渔业管理委员会、南大西洋渔业管理委员会及墨西哥湾渔业管理委员会。依据规定，每个区域性渔业管理委员会应当制定综合性的渔业管理计划，对所在渔区鱼种资源的最大可持续生产量加以制度保障，主要包括有限加入权与个别渔获配额等管理措施。

另外，美国8个区域性渔业管理委员会均设置有针对鱼种资源进行数据收集、分析与评估的科学与统计次委员会，以及与渔民捕捞、水产加工与技术提供等社会配套相关的咨询次委员会。两个次委员会负责决定美国渔业法实施机制中的关键性环节，即渔业管理计划、生物学容许渔获量及总可捕量的确定与实施。

洲间海洋渔业委员会是协调和管理跨州渔业的机构，分为大西洋洲际海洋渔业委员会ASMFC，墨西哥湾洲际海洋渔业委员会GSMFC，太平洋洲际海洋渔业委员会PSMFC。通过委员会这个平台，协调大西洋沿岸的重要的27个沿岸鱼种的保护和管理，主导洲间渔业计划的制定和修订和收集各州统计数据。

### 四、法律法规框架

美国海洋生物资源的保护或管理主要来源于三个联邦法规：重新授权的《马格努森－史蒂文斯渔业保护和管理法案》《濒危物种法案》和《海洋哺乳

动物保护法案》。美国商务部的政策是将《国家环境政策法》的要求适用于国家海洋渔业局根据这三项法规所采取的任何保护或管理行动。《国家环境政策法》提供了一种机制，在此机制下，这三项保护法规的要求，以及其他适当的要求，被纳入联邦决策过程。

美国专属经济区渔业管理的主要法律依据是《马格努森－史蒂文斯渔业养护和管理法》。设立了8个区域渔业管理委员会，负责通过渔业管理计划向美国商务部部长推荐渔业养护和管理措施。美国于1976年专门制定《马格努森－史蒂文斯渔业保护及管理法》对渔业资源进行综合管理，主要措施集中在限制渔船特别是外国渔船在本国水域的作业数量，以防止过度捕捞。1996年10月通过了《可持续渔业法》，对《马格努森－史蒂文斯法》进行了广泛修订。主旨是将过度捕捞鱼类重新恢复到符合最高可持续产量的水平；减少副渔获物和不可避免副渔获物的死亡率；指定及保护重要鱼类生存环境，并在切实可行的范围内尽量减少捕鱼对生存环境造成的不利影响；制定减少捕捞能力方案。

2006年12月，国会重新授权《马格努森－史蒂文斯法》法案，强调要结束过度捕捞，加强科学的作用，建立以市场为基础的管理规则，建立休闲渔业数据的国家登记制度，要求区域渔业委员会在资源科学评估基础上制定年度捕捞限量，且年度捕捞限量不得超过渔区科学和统计委员会建议的水平，并规定了严格的问责措施，以防止和纠正超过年度捕捞限量的过度捕捞问题。并根据《公海浮网暂停捕捞保护法》的立法授权，提供新的工具来打击IUU捕鱼和全球渔业中受保护海洋哺乳动物的附带捕获物。《暂停保护法》于2011年1月由《鲨鱼养护法》修订，该法授权确定一个国家，如果其船只在任何国家管辖范围以外的水域从事捕捞活动，目标是或偶然捕获鲨鱼，而且该国没有通过与美国类似的监管方案，在考虑到不同条件的情况下，规定养护鲨鱼。

在经重新授权的《马格努森－史蒂文斯法案》修正的《暂停保护法案》之下，要求美国商务部部长每两年向美国国会报告生产情况，列出国家认定从事IUU捕鱼和/或附带捕捞海洋生物资源保护的船只。《暂停保护法案》要求制定监管程序，证明报告中所述国家是否采取了适当的纠正措施，解决IUU捕捞问题。《暂停保护法案》还呼吁美国加强对国际渔业的监督和控制；通过采用IUU船只名单、加强港口国管制和与市场有关的措施，提高区域渔业管理组织的效率；并在其他国家巩固自己的地位，以确保可持续的渔业和监管执法。

在美国,各州有权对公众的一般福利实施必要的限制,包括对在州内水域捕鱼(通常在距基线三海里处)的规定。根据《大西洋条纹鲈鱼保护法》和《大西洋沿海渔业合作管理法》,国家海洋渔业委员会在专属经济区为由 15 个大西洋沿岸洲组成的大西洋国家海洋渔业委员会管理的物种制定条例。根据《溯河洄游鱼类保护法》,内政部长和商务部长有权与各州和其他非联邦利益集团签订合作协议,以保护、发展和加强溯河洄游鱼类,包括大湖区的鱼类,并为执行这些协议提供资金。此外,《国家海洋保护区法》《濒危物种法》《海洋哺乳动物保护法》《北太平洋大比目鱼保护法》《南极海洋生物资源公约法》等是美国海洋生态系渔业管理的主要法律来源。

### 五、主要管理政策

2017 年,美国渔船数量为 8623 艘,总吨为 27.1 万,主要管理政策如下。

| 相应政策 | 内容简介 |
| --- | --- |
| 海洋渔业管理计划 | 对不同的海洋渔业区域实施分类管理的措施,每个具体的计划对各自的渔业资源制定相应的管理政策、法规及实施目标,对于防止过度捕捞起到了遏制作用 |
| 渔业资源养护管理 | 每个渔区可以制定总许可捕捞量,并发放许可证;每个季度更新渔业资源数据状态;管理部门确定捕捞状态 |
| 捕捞能力管控 | 采取有限准入与产出控制相结合的管理措施,对过度捕捞行为加以规制,实行渔船准入制度,实行回购计划以削减捕捞过剩产能、保障渔场重建计划 |
| 捕捞配额管理 | 配额是根据对渔业的历史参与情况进行分配的,制定渔获配额方案是自愿的,各渔业管理委员会将咨询渔业社区,同时为了消除渔民对配额捕捞的负面情绪,采取了一系列与之相关的辅助配套措施 |
| 渔捞日志和市场管理 | 要求出海捕鱼的渔船,无论是渔业公司还是周边渔民,都要填写相关的渔捞日志,渔捞日志必须每天填写,并汇集到渔业部门 |
| 休闲渔业管理 | 联邦法规没有规定销售娱乐捕获的鱼,休闲捕鱼的规定是由各州制定的。对于受联邦监管的物种,州和联邦政府共同制定适当的监管规定 |
| 监控和执行管理 | 建立渔业信息化监管系统,捕捞日志等报告由渔民自行报告,另外水产品经销商的许可和交易情况上报制度也能为渔业管理提供有效支撑,同时渔民和交易商都需要向国家海洋渔业局提交捕捞报告 |

一是海洋渔业管理计划。美国海洋渔业管理计划是美国海洋渔业开发政策的核心,是在海洋渔业品种总量控制的基础上,对不同的海洋渔业区域实施分类管理的措施。每个具体的计划对各自的渔业资源制定了相应的管理政策、法规及实施目标,对于防止过度捕捞起到了遏制作用。

2016年以来，美国联邦渔业基于478个海洋渔业品种实施总可捕捞量控制，由8个区域管理委员会总计实施46个渔业管理计划。总结基本包括以下几个方面的管理内容：

①加强渔业监测与评估，掌握基本信息。包括渔业总群、渔船等捕捞信息，还包括渔业品种的数量、栖息区域以及保护管理成本、捕捞收益等方面的信息，以及明确入渔期和入渔区的相关标准等；

②渔捞数据的统计与监测。这些数据包括商业捕捞、休闲渔业以及特许捕捞的相关数据，渔船、渔网、作业工具的数量、种类及重量，还包括捕捞作业的时间、数量及区域数据。为了更好地统计与监测渔船捕捞数据，在监测过程中，所有的捕鱼船只上必须携带一名独立的观察员，以便能够及时采集到生产作业过程及渔区的实时数据；

③强化环境、资源及生态保护政策的执行。限制对只有1年生命周期的渔业资源进行捕捞，鼓励捕捞者采取积极措施保护生态及渔业资源栖息地环境。在捕捞过程中，对于深海渔业资源要积极保护。

各区域渔业管理委员会要求捕捞者制定短期、中长期捕捞计划，特别是年度捕捞计划，并承担过度捕捞的法律责任。

二是渔业资源养护管理。美国十分重视海洋渔业资源的养护与利用工作，并通过国家渔业管理计划和各渔区渔业重建管理计划加以落实。

①国家渔业管理计划规定每个渔区可以制定20—30个鱼种的总许可捕捞量，并在此基础上确定许可证发放数量，以及规定禁渔期、禁渔区等养护和利用措施；

②国家渔业组织可持续办公室，会根据国家渔业管理计划在每个季度更新渔业资源数据状态，并按照渔业资源可持续性指数来评估重要商业渔业和休闲渔业资源是否处于过度捕捞状态；

③一旦被管理部门确立为已濒临过度捕捞状态，国家海洋渔业局可持续办公室会立即通知相应渔区管理委员会，要求其在两年之内制定实施渔场重建计划，并立即采取措施停止过度捕捞行为。

到2020年底，正处于过度捕捞名单上有26个物种，已知过度捕捞名单上有49个物种。自2000年以来，每年通过种群评估确定鱼类种群和种群综合体的状况。在460个种群和种群复合体中，323个（70%）正处于过度捕捞状态，251个（55%）处于已知过度捕捞状态。

三是捕捞能力管控。在捕捞能力监管方面，美国采取有限准入与产出控制相结合的管理措施，对过度捕捞行为加以规制，即渔业行政管理部门通过实施有限准入权的形式限制渔业生产，持有渔业许可证的捕捞渔业者，方可从某一特定鱼种总可捕量中获取一定比例的渔业配额，以从事捕捞行为。采取共同体配额模式的优势在于实现资源的优化配置，提高渔业捕捞效率。

美国法律还实行渔船准入制度，凡是从事渔业活动的美国渔船，都必须向商务部申领渔船许可证并缴纳费用。许可证上要注明船主名、吨位、功率、所使用的渔具和渔具数量等。对于登记长度超过 50.29m、总吨位超过 750 的船舶，不得申领渔船许可证，总输出功率超过 2206 kW 的船舶，也不得申领渔船许可证。

除有限准入及其配额捕捞措施外，回购计划是美国削减捕捞过剩产能、保障渔场重建计划的另一有效举措。回购计划是建立在渔民自愿原则基础上，基于渔区资源生态恢复的目标，政府通过购买渔船或捕捞许可证来削减过剩捕捞产能的举措。回购计划一般由渔区管理委员会发起，允许特定渔场内多数许可证持有人请求设立和实施回购计划。回购计划对于削减捕捞过剩产能起到了积极的作用，有力地保障了渔区生物资源正常生产力水平的恢复。

四是捕捞配额管理。自 1990 年以来，美国一直在实施捕捞配额计划，其中包括有限进入特权计划和个别捕捞配额。

①这些配额通常是根据对渔业的历史参与情况进行分配的。它们可以分配给个人、合作社、社区或其他实体；

②制订渔获配额方案是自愿的。美国国家海洋和大气管理局不会强制要求在任何商业、娱乐或维持生计的渔业中使用捕捞配额；

③各渔业管理委员会将咨询渔业社区，以评估任何潜在渔获配额方案的数据、影响和可执行性，然后再向前推进，在某些情况下，理事会可能发现渔获配额不是最适当的管理办法；

④国家海洋和大气管理局负责指导，并与渔业管理委员会、各州和公众成员合作，帮助实施捕捞配额。这包括协助渔业社区进行转型，以及举办区域讲习班、在线研讨会和其他教育和推广方案；

⑤捕捞份额方案可以设计为留出份额，允许新的参与者进入渔业，包括新一代的渔民、小型企业或其他；

⑥《马格努森—史蒂文斯法案》引入年度捕捞限额和问责措施两项新规。

美国实施产出控制的制度，为了消除渔民对配额捕捞的负面情绪，采取了一系列与之相关的辅助配套措施：

①为配额捕捞设定缓冲期，给予渔民充分的准备时间；

②针对渔民中的小规模从业者等弱势群体,给予转产转业以及财政补贴等政策上的帮扶,例如,针对阿拉斯加传统渔业原住民群体,将不同鱼种总捕捞量7.5%—10.0%配额优先发放给传统原住民,给予低收入渔民以配额帮扶;

③从捕捞到销售实施的全过程监管,主要通过船舶卫星监控系统、派驻观察员、执法人员定期海上检查、捕捞与购买数据自行申报等方式对捕捞全过程加以监督管理。

此外,为了保障在总可捕量基础之上的配额捕捞的实施效果,各渔区如果统计获得的实际捕捞数据接近TAC总量,渔获回报系统将会向从业者宣告渔期结束,避免超越总可捕量的捕捞行为发生。

五是渔捞日志和市场管理。实施总可捕量控制制度需要相关渔业数据,例如,从捕捞死亡率等方面来确定可捕量,在调整总可捕量以及特别的经济品种上,也需要大量的数据作为基础。在数据方面,美国有着相应的配套制度,该配套制度是为了准确科学地评价出渔业资源的最大持续产量。

①捕捞量统计制度要求出海捕鱼的渔船,无论是渔业公司还是周边渔民,都要填写相关的渔捞日志,记录捕捞作业的位置、渔获物种类、渔获量和环境因素等与生产活动有关的事件;

②渔捞日志必须每天填写,并由船长负责,按照顺序装订成册,随时等待渔业执法人员进行检查。在渔船回到港口后,如果渔捞日志不合格或者填写不正确,都会被当作违规行为处理;

③当所有的渔捞日志汇集到渔业局的时候,渔业局就可以用这些数据来估算每个品种的捕捞总额,对当前渔业现状有一个总体的了解,进而从宏观评估渔业状况。

渔业市场监管制度是美国对于渔业市场以及交易市场的监管制度。

①美国的渔业市场规范十分严格,无论是买卖交易市场还是渔产品加工厂都必须向渔业局申请渔业许可证,没有许可证将会受到处罚;

②渔业相关产品必须在指定的市场进行交易;

③渔业局要求在交易渔获物时,相关经营主体要辅助渔业局统计各个渔船的生产统计表,该表登记了各个渔船收获的鱼类的品种和数量以及规格等相关信息。

最后,渔业局会将这些资料集中起来,整体对渔业数量等进行评估,在市场管理的处罚上,美国渔业局也是十分严格,禁止市场交易双方以及管理者各种形式的舞弊行为,如果发现将受到严厉的处罚。

六是休闲渔业管理。1996年的《可持续渔业法》将美国专属经济区的休闲垂钓定义为"为运动或娱乐而钓鱼"。联邦法规没有规定可以销售娱乐捕获的鱼。然而，每个州都有为其水域制定规章制度，在少数情况下，州规章允许以娱乐方式捕获的鱼进行销售或物物交换。除高度洄游物种外，休闲捕鱼的规定多数是由各州自行制定的。对于受联邦监管的物种，州和联邦政府共同制定适当的监管规定。

《马格努森—史蒂文斯法案》要求美国国家海洋和大气管理局建立一个"国家咸水垂钓者登记处"，以计算所有发生在联邦水域的溯河物种的捕鱼。许多州都要求有咸水捕鱼许可证，这些州就很有可能不需要达到联邦政府的注册要求。每日娱乐捕捞限额，因州和物种的不同而不同，从一些枯竭的物种的零限额到其他更丰富的物种的无限制限额，还包括尺寸和渔具限制。美国近56%的海洋休闲渔获物是活放生的。

七是渔业权利管理。美国政府对联邦认可的实体负有信托责任，包括部落、国家、村庄、村落等。这些实体是部落政府，对其成员和领土行使一定程度的政府权力。有关捕鱼权的规定产生于各种条约、法令和法院裁决。

太平洋沿岸联邦认可的部落通常被视为渔业资源的共同管理者，《马格努森—史蒂文斯法案》授予他们一个太平洋渔业管理委员会的席位，该委员会负责为加利福尼亚、俄勒冈和华盛顿沿海的联邦渔业制定保护和管理措施。在阿拉斯加，西阿拉斯加社区发展配额计划为阿拉斯加白令海海岸的65个农村社区（其中土著人口占79%）提供了独特的捕捞特权。

夏威夷和西太平洋地区的土著居民不被联邦政府承认。然而，《马格努森—史蒂文斯法案》授权了西太平洋社区发展方案和西太平洋社区示范项目方案，为这些群体提供渔业资源，并促进传统的土著捕鱼做法。此外，《濒危物种法》和《海洋哺乳动物保护法》都明确规定了阿拉斯加当地的渔业活动。

八是监控和执行管理。渔业信息化监管系统包括：捕捞日志或捕捞航次报告、进出港通报、船舶监测系统、电子监测、船舶观察员以及上岸港口码头监测是常用的工具。捕捞日志或捕捞航次报告属于渔民的自行报告，目前大部分通过线上操作提交方式。

此外，水产品经销商的许可和交易情况上报制度也能为渔业管理提供有效支撑。这些工具与海上和港口执法人员的检查相结合，可以为渔业管理者提供强有力的管理制度。美国渔业法要求以科学为基础管理渔业，数据就成为重要依据。

渔民和交易商都需要向国家海洋渔业局提交捕捞报告。国家海洋渔业局的一项工作是跟踪年度捕捞限额、个人捕捞配额和其他捕捞限量的遵守情况，审核和比较渔民自行报告和交易商数据，也可以交叉检查报告捕捞量和码头上岸量。国家海洋渔业局每周都会向公众更新捕捞数据。区域办公室也会通过实时的捕捞数据预测，制定当季的管理措施，防止限额被超过。美国国家海洋和大气管理局渔业执法办公室（OLE）负责执行超过35项联邦法规。OLE与美国海岸警卫队和州执法伙伴密切合作，利用海空巡逻、船只监控系统和其他监控工具，监测美国专属经济区内的捕鱼活动。隶属于国土安全部的美国海岸警卫队，主要负责在海上执行国家的海洋资源法，而OLE则主要关注码头执法以及对刑事和民事违法行为的调查。美国作为主要的海产品市场国家，每年进口超过80%的海产品，有义务避免进口非法海产品。渔获量相关文件用于监测国际贸易，查明进口货物的来源，并确定进口货物捕获方式是否符合有关的国际养护措施。

## 六、对我国的启示

### （一）渔捞数据与市场管理

渔捞数据是所有可持续渔业发展政策制定的基础，美国采取渔捞日志监测与渔获物销售市场监管结合管理方式，确保对渔业资源信息数据的精准掌控。无论是渔业公司还是周边渔民，都要填写相关的渔捞日志，渔捞日志必须每天填写，在渔船回到港口后，如果渔捞日志不合格或者填写不正确，都会被当作违规行为处理。美国的渔业市场规范十分严格，无论是买卖交易市场还是渔产品加工厂都必须向渔业局申请渔业许可证，在交易渔获物时，相关经营主体要辅助渔业局统计各个渔船的生产统计表，该表登记了各个渔船收获的鱼类的品种和数量以及规格等相关信息。

### （二）海洋渔业管理计划

美国海洋渔业管理计划是美国海洋渔业开发政策的核心，是在海洋渔业品种总量控制的基础上，对不同的海洋渔业区域实施分类管理的措施。基于478个海洋渔业品种实施总可捕捞量控制，由8个区域管理委员会总计实施46个渔业管理计划，进行分类管理。

### （三）渔业资源养护管理

规定每个渔区可以制定20—30个鱼种的总许可捕捞量，并在此基础上确定许可证发放数量，以及规定禁渔期、禁渔区等养护和利用措施。每年统计处于过度捕捞的物种，并配有问责措施。

### (四) 捕捞能力管控

美国采取产出管理为主、投入管理为辅的方式，包括有限准入与配额捕捞管理措施，以及政府通过购买渔船或捕捞许可证来削减过剩捕捞产能的举措。同时限制渔船尺寸规格，如登记长度超过 50.29 m、总吨位超过 750 的船舶，以及总输出功率超过 2206 kW 的船舶，不得申领渔船许可证等。

### (五) 休闲渔业管理

美国近 56% 的海洋休闲渔获物是活放生的，每个州都有为其水域制定规章制度，建立"国家咸水垂钓者登记处"，休闲捕捞渔获物均有统计，也采取限额方式，并且每日娱乐捕捞限额因州和物种的不同而不同，从一些枯竭的物种的零限额到其他更丰富的物种的无限制限额，还包括渔获物尺寸和渔具种类限制。

## 第三节 加拿大捕捞渔业的管理

### 一、捕捞渔船概况

2010—2018 年，加拿大渔船数量统计数据见表 3-3。2010—2018 年，加拿大渔船数量变化趋势见图 3-3。从图中可见，2010—2017 年，加拿大渔船数量一直呈下降趋势，并在 2017 年达到最小值。2017—2018 年呈上升趋势，2018 年渔船数量基本和 2013 年持平，2018 年渔船总吨为 437833。

表 3-3 加拿大 2010—2018 年渔船数量数据表

| 时间 | 数量（艘） | 总吨（/t） |
| --- | --- | --- |
| 2010 | 19906 | |
| 2011 | 19520 | |
| 2012 | 18740 | |
| 2013 | 18452 | |
| 2014 | 18189 | |
| 2015 | 17856 | |
| 2016 | 17703 | |
| 2017 | 17522 | |
| 2018 | 18430 | 437833 |

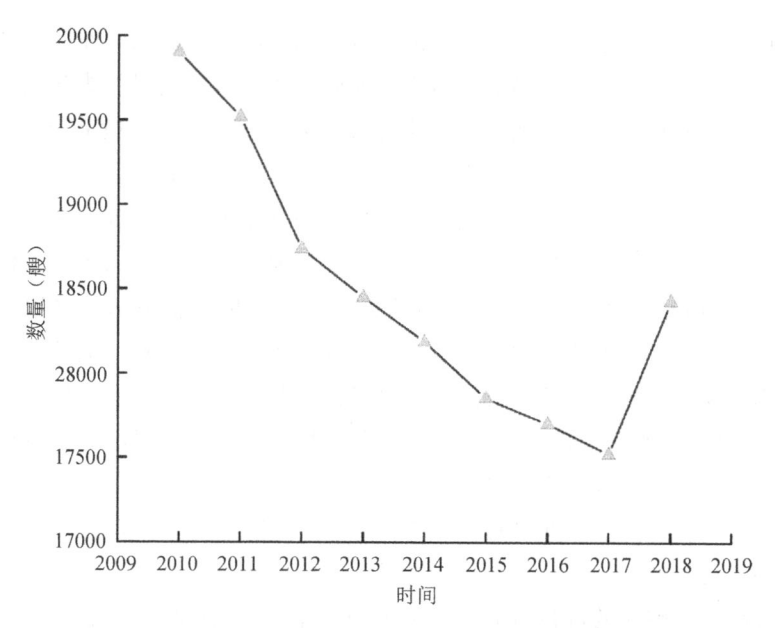

图 3-3  2010—2018 年加拿大渔船数量变化趋势图

## 二、捕捞种群概况

加拿大位于北美洲，东临大西洋，西濒太平洋，南部与美国接壤，北部地区深入北极圈内，国土三面临海，拥有 24000 公里多的海岸线和 370 万平方公里的专属经济区，海岸线占世界各国海岸线总长的 25%。

加拿大东濒大西洋，西临太平洋，内陆河湖星罗棋布，水产资源丰富，渔业发达，盛产鳕鱼、鲱鱼、比目鱼、鲑鱼、毛鳞鱼、大马哈鱼、扇贝、蟹和龙虾等。加拿大渔场大致分为三个区：一是大西洋区，这是加拿大最大的渔区，世界闻名的纽芬兰沿海渔场就位于该区；二是太平洋渔区，在捕捞数量与创造价值方面均小于大西洋渔区；三是内陆渔区，主要在五大湖和温尼伯湖。

按价值计算，加拿大 80% 以上的上岸量来自大西洋渔业。在 20 世纪 80 年代前，以鳕鱼、鲑鱼、鲱鱼捕捞为主，但随着捕捞资源量的变化，上述鱼类捕捞量占比下降较快，底层鱼类和贝类的产量相继增加，甲壳类动物是最重要的产品，主要是龙虾、虾和螃蟹。

## 三、管理组织机构

加拿大渔业与海洋部首要职能是渔业管理，分为渔业和海洋两部分，除渥太华总部以外，在全国设立 6 个区域办事总局，分别为太平洋区总局、中央和北极区总局、魁北克区总局、滨海区总局、海湾区总局、纽芬兰和拉布拉多区总局。区域办事总局负责执行渔业管理指令，并同时作为该区域海洋渔业的科研中心。此外，加拿大渔业与海洋部下设水产研究理事会，有7个地方性分会，负责全国重点水产研究课题与项目相关事宜。

政府负责养护、保护和持续利用加拿大海洋水域的所有渔业和鱼类栖息地。根据1867年《宪法》，该权力授予渔业和海洋部长，并由加拿大渔业及海洋部（DFO）管理。DFO在运输部、国防部、皇家警卫队、移民局、海关、环境署、食品检验署的配合下，管理加拿大海洋与渔业。商业捕捞中的捕捞证发放、配额、渔船登记、渔船检察、海上游钓许可、渔业科研活动等由DFO管理，水产品出口由联邦的鱼品进出口委员会管理，鱼和海产品检疫由联邦政府国家食品检验局负责。

联邦政府将内陆渔业管理权下放给各省（纽芬兰和拉布拉多除外），同时仍保留其管辖权。联邦政府与省和地区政府（即地方政府）合作，还负责加拿大水产养殖业的可持续发展。不列颠哥伦比亚省最高法院于2009年2月裁定水产养殖为渔业，并受联邦政府专属管辖，加拿大政府于2009年和2010年制定了《太平洋水产养殖条例》，以管理不列颠哥伦比亚省和太平洋沿岸的水产养殖。省和地区对鱼类的加工和处理拥有管辖权，而联邦政府对鱼和海产品的跨省和国际贸易拥有管辖权。

### 四、法律法规框架

加拿大渔业法律体系具有多门类、多层次、多形式的特点。从层次和形式来看，除宪法中有关渔业管理的内容外，主要有议会制定的原则性和全面性法律、法令和渔业与海洋部长发布的具体性、针对性的条例、规章，以及省级权力机关颁布的补充性地方性法规。

按其功能划分，可分为管理类、管辖权类、区域管理类和渔业经济类四个方面。属于管理类的法律法规有《渔业法》《沿海渔业保护法》《渔业管理规定》《渔业检查规定》等，其中《渔业法》和《沿海渔业保护法》这两部法律于20世纪60年代就已开始实行，至今仍然是加拿大渔业管理的法律基础；管辖权类的有《领海和渔区法》《加拿大渔区法令》等；区域管理类的有《大西洋渔业管理区规定》《太平洋渔业管理规定》《沿海省份渔业管理规定》等；渔业经济类的有《渔业发展法》《渔业改进贷款法》《渔业价格支持法》等。

其他与渔业有关的法规主要有《加拿大航海法》《加拿大水法》《防止油

类污染法》《大陆架法》《海洋倾废法》等。此外，加拿大还签署了一些与渔业有关的国际公约和渔业协定，与其他法律法规共同构成了有机联系、统一完整的加拿大渔业法律体系。

加拿大是世界上第一个颁布和实施《海洋法》的国家，其海洋综合管理包括河口、海岸与海洋的管理，是一种综合性的决策过程。利用基于生态系统原则的框架来指导综合管理规划的制订，是加拿大海洋综合管理实施的重点方向。《渔业法》是加拿大养护鱼类和鱼类生存环境及管理渔业资源的主要法规，于 2012 年修订。修正案将该法保护鱼类和生境的管理制度重点放在管理加拿大商业、娱乐和土著渔业的可持续性。它们还提供更好的遵守和保护工具，使用标准和条例，使监管要求更加明确和一致，并使与最有能力提供渔业保护服务的机构和组织建立伙伴关系。

## 五、主要管理政策

2018 年，加拿大渔船数量 18430 艘，总吨为 43.7 万，主要管理政策如下。

| 相应政策 | 内容简介 |
| --- | --- |
| 实施渔业核对清单 | 制定《渔业核对清单》作为收集主要种群和渔业数据的工具，并按照该清单对相关信息进行核对 |
| 可持续渔业政策 | 包括监测和评估旨在确保环境可持续渔业的举措，该框架包括两个主要内容：养护和可持续利用政策；规划和监测工具 |
| 管理计划和配额制 | 每年将 400 多种鱼类的捕捞、保护措施列成多个管理计划，管理内容主要包括：目标、管理范围、捕捞配额、捕捞量、管理措施、渔业企业以及管理费用等，并分阶段实施 |
| 休闲与土著渔业管理 | 休闲渔业由联邦、省和地区政府的共同管理。商业性游钓实行收费制，同时游钓须有许可证，土著人民的捕鱼权由立法决定 |
| 监测和执行管理 | 通过财政支持构建了完备的可视化数字信息系统，为渔业资源的评估与预测提供技术支持，执法活动由加拿大各地的渔业官员进行，同时实行观察员制度 |
| 捕捞对生存环境影响的管理 | 采集现有数据和信息，确定底栖栖息地的类型、特征、群落和物种的范围和位置；收集和绘制有关捕鱼活动的信息和数据，评估活动可能造成的损害的风险；研判是否需要调整或指定实施相应管理措施；对管理措施进行有效性监视和评价，确定是否需要变更 |

一是实施渔业核对清单。加拿大最初于 2007 年制定的《渔业核对清单》作为收集主要种群和渔业数据的工具。该清单包括 100 多个问题，这些问题大致分

为三个主题：科学（例如，种群状况，种群参考点的存在），渔业管理（例如，监测和捕捞规则是否恰当）以及执法（例如，渔业管理措施的遵守程度）。

核对的信息主要包括：基本数据、种群评估、捕获工具、种群状况、生物多样性、生存环境和生态系统、治理以及养护和保护。近年来，该清单已用于评估加拿大部分渔业和鱼类种群的状况。通过评估相对于极限参考点和上限参考的种群丰度来确定状态。分为"关键""谨慎"和"健康的"三类。

二是可持续渔业政策。加拿大商业渔业管理的一个关键组成部分是可持续渔业框架。该框架纳入了现有的渔业管理政策以及新的和不断变化的政策，包括监测和评估旨在确保环境可持续渔业的举措，该框架包括两个主要内容：养护和可持续利用政策；规划和监测工具。

①确保加拿大渔业的管理方式能够支持可持续捕捞水生物种，从而最大限度地减少副渔获物受到严重或不可逆转损害的风险，核算总渔获量，包括保留和未保留副渔获物。

②生态风险评估框架草案将协助衡量渔业的生态风险水平及其对敏感底栖地区的影响。可在框架中增加新的政策，以解决其他问题，包括海洋生态系统中顶级鱼类捕食者的管理和丢失渔具的影响。

③通过各种规划和监测工具，在渔业管理进程中执行养护和可持续利用政策。此外，自我诊断工具，如渔业检查表（一种内部使用的工具），可以帮助该部监测支持可持续渔业的改进，并确定需要进一步工作的薄弱领域。

④部分渔业采取了预防性方法，依据生物量参考点设立3个鱼类种群状态区：关键区、谨慎区和健康区。

三是管理计划和配额制。类似于美国渔业管理计划制度，加拿大每年将400多种鱼类的捕捞、保护措施列成多个管理计划。管理内容主要包括：目标、管理范围、捕捞配额、捕捞量、管理措施、渔业企业以及管理费用等。计划到实施分几个阶段：

①根据资源状况和上年执行情况制定方案；

②调研取得与渔业有关人员、单位对将实施方案的咨询意见；

③根据咨询意见修改后起草计划并获得上级的批准；

④实施计划并逐一落实，捕捞结束后对原有计划的成败进行评估、总结。

加拿大实施的是总捕捞许可量制度下的单船配额（Individual Vessel Quota, IVQ）制度。将总捕捞许可量进一步细化为若干个较小的渔业捕捞区域，每条渔船都将按照不同渔业品种，分别申请得到有明确限制的配额。配额只允许按年度发放给具有捕捞许可证的渔船，根据不同品种、不同渔区和不同捕捞方式而不同，每年政府收取的配额费也会有所变化。同时，采取"临时许可证"制度，能够更加灵活地依据渔业资源变动情况进行捕捞配额的调控。

四是休闲与土著渔业管理。管理加拿大的休闲渔业是联邦、省和地区政府的共同责任。虽然不同省份和地区的角色各不相同，但一般来说，联邦政府负责所有海洋物种（某些地区内陆水域的溯河产卵和潜流物种除外），而省和地区政府则负责淡水物种。

商业性游钓渔业实行收费制已有数十年。游钓渔业分为两种，一是海上钓鱼；二是淡水域钓鱼，内陆水域休闲垂钓约占95%。联邦政府渔业与海洋部负责海上游钓许可证的发放，各省负责淡水游钓许可证的发放。发放的海上钓鱼许可证由使用期限决定价格费用，有1、2、5天的，也有1年的，加拿大游钓许可证收费是渔业中产值排名前位的产业。

加拿大土著人民的捕鱼权由几项立法决定，其中最重要的是1982年《宪法法》，该法承认"土著人民"现有的和条约规定的捕鱼权，1999年，马歇尔决定确立了某些大西洋第一民族的商业捕鱼权，以赚取"适度生计"，虽然马歇尔决定涉及加拿大大西洋的某些地区，但沿海地区的其他土著群体也能从类似方案中受益。

五是监测和执行管理。重视海洋渔业资源评估，通过财政支持构建了完备的可视化数字信息系统，为渔业资源的评估与预测提供了技术支持，加强了对全国沿海渔业生态环境的监测。执法活动由加拿大各地的渔业官员进行，在陆地、海上和空中进行定期巡逻，还通过教育和宣传活动促进遵守法律，鼓励加拿大人保护渔业资源和栖息地。更加重视通过教育和利益相关者的参与来促进自愿遵守。加强新技术在渔业监测的投入应用。

加拿大还实行观察员制度，对在其管辖水域内的所有渔船，有选择性地设置观察员。观察员的主要任务是调查、反映情况和问题，记录、检查渔船的作业活动、网具状况及渔获情况等。观察员虽然不享有一般渔业执法检查人员的执法权，但是发现涉嫌违法违规的现象，可随时上报。通过渔船自主报告、飞机视察或登船检查、设置观察员、卸货渔港检查、加工流通市场的检查等多个环节监督捕捞限额的执行情况，违规企业将受到重罚。

六是捕捞对生存环境影响的管理。管理捕捞对敏感底栖生物区域影响的政策，适用于加拿大专属经济区内外许可和/或管理的所有商业、娱乐和土著海洋渔业活动。政策主要包括以下几个方面：通过对现有数据和信息的采集，帮助确定底栖栖息地的类型、特征、群落和物种的范围和位置；通过收集有关捕鱼活动的信息和数据，评估活动可能对底栖栖息地、群落和物种造成损害的风险；研判是否需要调整或指定实施相应管理措施；对实施的管理措施进行有效性监视和评价，并确定是否需要变更。

### 六、对我国的启示

#### （一）可持续渔业政策

利用《渔业核对清单》收集主要种群和渔业捕捞数据。加强养护和可持续利用政策，加大监测工具的使用力度，包括自我诊断工具，如渔业检查表，可以帮助该部监测支持可持续渔业的改进，并确定需要进一步工作的薄弱领域，设立3个鱼类种群状态区：关键区、谨慎区和健康区。

#### （二）垂钓休闲渔业管理

加拿大对休闲垂钓采取收费制度，海上钓鱼许可证由使用期限决定价格。

#### （三）捕捞对生存环境影响的管理

通过对现有数据信息和捕捞作业信息的采集，评估活动可能对底栖栖息地、群落和物种造成损害的风险，及时调整控制措施。

## 第四节 阿根廷捕捞渔业的管理

### 一、捕捞渔船概况

2010—2018年，阿根廷渔船数量统计数据见表3-4。2010—2018年，渔船数量变化趋势见图3-4。2010—2017年，阿根廷渔船数量呈现波动下降趋势，并在2017年达到最小值。2017—2018年呈上升趋势，2018年渔船数量基本和2014年的持平。

表3-4 阿根廷2010—2018年渔船数据表

| 时间 | 数量（艘） | 总吨（/t） |
| --- | --- | --- |
| 2010 | 1090 | 180381 |
| 2011 | 896 | 179790 |
| 2012 | 1017 | 180172 |
| 2013 | 902 | 179806 |
| 2014 | 911 | 167646 |
| 2015 | 938 | 175364 |
| 2016 | 925 | 174432 |
| 2017 | 804 | 176893 |
| 2018 | 903 | 178679 |

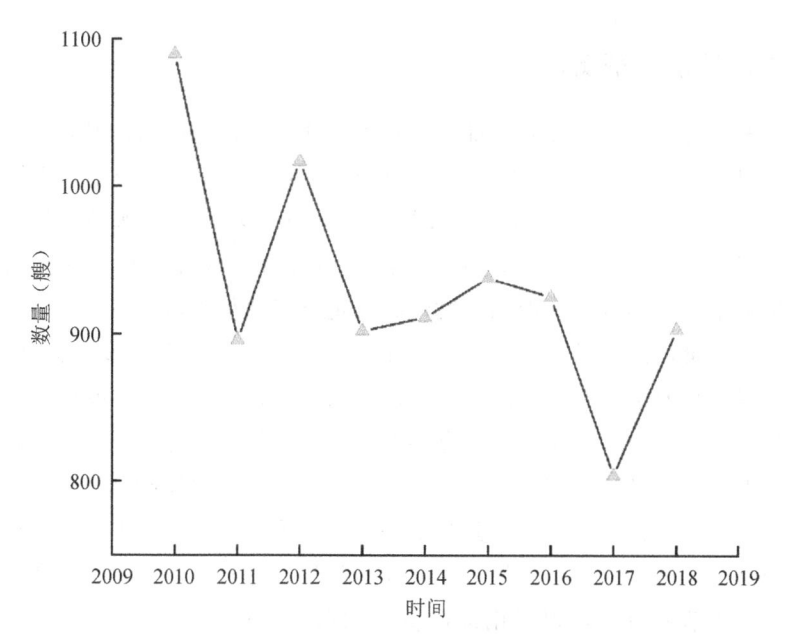

图 3-4　2010—2018 年阿根廷渔船数量变化趋势图

2010—2018 年，阿根廷渔船总吨变化趋势见图 3-5。2010—2014 年，阿根廷渔船总吨呈现下降趋势，并在 2014 年达到最小值。2014—2018 年间呈上升趋势，2018 年渔船总吨基本和 2013 年持平。

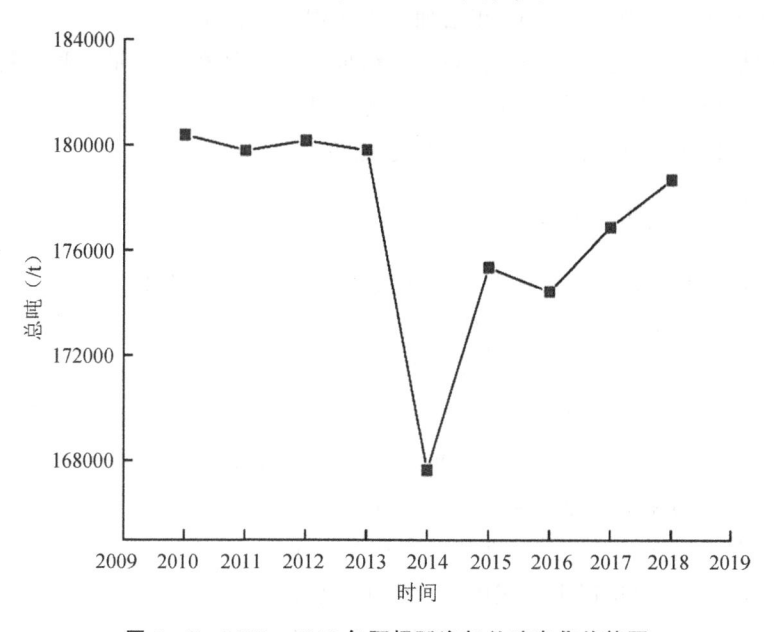

图 3-5　2010—2018 年阿根廷渔船总吨变化趋势图

## 二、捕捞种群概况

阿根廷位于南美大陆东南部，东临大西洋，西依安第斯山脉，海岸线长3926公里。阿根廷200海里专属经济区面积为117万平方公里，大陆架面积达103万平方公里，占所属海域的88%，阿根廷大陆架海域是世界几个主要渔场之一。阿根廷海域，处在北部巴西暖流与南部福克兰寒流的交汇处，饵料丰富，形成良好渔场，鳕鱼和头足类资源很丰富。

有捕捞价值的经济鱼类约70余种，以鳕鱼和鱿鱼类最多。在其南部，巴塔哥尼亚高原沿海有丰富的红虾资源，另外，PLATA河口盛产适合于中国市场消费的娩鱼、大黄鱼、尖方和鲷鱼等。按价值计算，陆生鱼类占阿根廷捕捞上岸量的66%，甲壳类动物占21%、贝类和软体动物占5%、中上层鱼类占5%。主要包括阿根廷滑柔鱼、阿根廷无须鳕、牟氏红虾、南美尖尾无须鳕、巴塔哥尼亚扇贝等为主要捕捞品种。还有巴塔哥尼亚齿鱼、长尾哈克、南方蓝鳕鱼、阿根廷南北哈克、白腹鱼、虾、鱿鱼、扇贝等。其中鳕、鱿鱼、虾、南方蓝鳕、长尾鳕等品种占总年渔获量的70%左右。

虾、鳕和鱿鱼产品的出口最为显著，2013—2018年，阿根廷红虾年产量连续6年创历史纪录，据FAO统计，近几年来，在全球甲壳类渔业中，仅有阿根廷红虾的渔获量和产值呈增长态势。2019年，参与捕捞阿根廷红虾的渔船达362艘，比2014年增加了112艘，增长44%。

阿根廷的内陆渔业主要由Sábalo组成，主要是在圣达菲省和恩特雷里奥斯省的巴拉那河。除Sábalos外，其他捕捞物种还有：boga、Armado、黄鲶鱼、鲶鱼、mangeruyú、大型淡水鲶鱼。

## 三、管理组织机构

随着《联邦渔业法》的制定与实施，阿根廷联邦渔业委员会也随之成立，全面负责国内渔业政策的制定与开展，协调渔业科学研究，制订渔业发展计划，确定每年的总可捕捞量和个人可转让配额。

2009年阿根廷政府成立农牧渔业和食品部，进一步加强了包含渔业在内的农业政策的制定和实施。同年10月，阿根廷成立了农业、畜牧业和渔业部。渔业部和水产养殖部由农业、畜牧部和渔业部负责。各省在联邦框架内对资源的勘探、开发、管理和保护具有管辖权。在阿根廷专属经济区和阿根廷大陆架12海里以下水域内的海洋生物资源是国家的专属管辖权。因此，阿根廷共和国有一个国家渔业机构和五个省级渔业结构。

联邦渔业委员会由 10 名成员组成，每个沿海省份都有属于自己的一名代表，国家一级有 5 个典型代表，他们分别包括外交代表和具体环境单位的代表。该委员会的主席是主管渔业和水产养殖业的副部长。该委员会的职能包括，负责制定国家渔业和研究政策；规划国家渔业、为船只、鱼种、渔区和船队类型规定年度渔获量配额；根据国家渔业研究和发展所提供的数据，为每个鱼种制定总允许捕捞量。为了分析和监测渔业及相关行业成立了一些分支委员会，这些委员会主要分布在哈克、南部、蓝白、巴塔哥尼亚等地。

水产养殖和内陆渔业委员会成立于 2004 年，隶属于农业联邦委员会，旨在协调与流域有关的管理政策，并协调各省管理部门的不同利益。在国家的 5 个沿海岸省份中，每个省份都有自己的渔业管理部门。根据第 24922 号法律，在内陆和沿海水域的生活资源（内陆和沿海水域指的是从国家相应的法律规定内基线量起 19.3 公里）是属于沿海 5 省管辖的。而在阿根廷独立的经济区和 12 海里外发现的海洋生物资源是属于国家独有的管辖权。

### 四、法律法规框架

在阿根廷共和国，渔业受到第 24922 号法律—渔业联邦制度（1998 年）的管制。自 1998 年《联邦渔业法》（第 24922 号法）实施后，阿根廷渔业政府对渔业的管理监控、资源养护、科学研究、环境保护等均步入制度化道路。

1998 年《联邦渔业法》具有里程碑作用，此前阿根廷国内缺乏渔业立法，渔业相关立法仅关注渔业产量提高，而不关注渔业资源养护、渔业环境保护等问题，不利于渔业可持续发展。《联邦渔业法》重视渔业投入控制，包括入渔许可制度、休渔制度、渔具渔法限制等，都是传统的渔业投入控制手段，同时引入产出控制管理。因为配额制度的实施必须拥有渔业资源的动态数据和完备的渔业监督机制，所以一直到 2009 年，阿根廷才真正针对阿根廷无须鳕在内的四种鱼类种群实施个人可转让配额制度。得益于《联邦渔业法》，阿根廷政府对渔业的管理监控、资源养护、科学研究、环境保护等均步入制度化道路。

### 五、主要管理政策

2018 年，阿根廷渔船数量 903 艘，总吨为 17.8 万，主要管理政策如下。

| 相应政策 | 内容简介 |
| --- | --- |
| 渔业管理计划 | 采用渔业分类管理计划,对长尾哈克、南方蓝鳕鱼采取个体可转让配额政策;对虾类控制捕捞量;对一些地区采取禁渔措施;对某些鱼类采取制定船队捕捞政策 |
| 捕捞能力监管 | 把个人可转让配额制度作为渔业产出控制的重要手段,在总可捕捞量确定的前提下,赋予渔民等捕捞确定数量的渔业资源的权利。渔船更新改造、换代升级只在船队容量不增加的情况下更换船只。建立渔获量监测系统,一旦达到限额,船只必须转移到另一个捕鱼区 |
| 监测与执行管理 | 通过对船队的卫星监测、对船上或港口船主提供的数据和资料的分析,积极执行监测监管任务 |
| 开展国际合作 | 外国渔船一般以三种入渔方式:一是被阿根廷渔业公司租赁,公司获得捕捞配额;二是通过与阿根廷渔业公司合资,外国渔船入籍阿根廷,公司向政府申请捕捞配额并开展捕捞作业;三是通过政府间的渔业协定,阿根廷政府向外国渔船出售有期限的捕捞许可证,允许其进入本国专属经济区开展捕捞作业 |

一是渔业管理计划。阿根廷采取类似美国、加拿大等国家的渔业分类管理计划。主要包括:

①巴塔哥尼亚齿鱼采取指定船队捕捞政策;

②长尾哈克、南方蓝鳕鱼采取个体可转让配额政策;

③鳕北限制每艘渔船的捕捞次数(经授权捕捞鳕的船只),强制使用选择性装置(保护幼鱼);

④南纬41°鳕强制使用选择性装置,扩大封闭区;

⑤白腹鱼实施12月至2月在阿根廷—乌拉圭共同渔业区禁渔,布宜诺斯艾利斯省禁渔;

⑥虾类在捕鱼季节开始和结束时(幼鱼保护区和产卵区),对捕捞努力量进行控制,强制使用选择性装置;

⑦鱿鱼渔业管理是以不同经营单位的运行为基础的;

⑧巴塔哥尼亚扇贝按管理单位分类,制定船舶每年的捕捞许可以及对产卵区进行专门保护;

⑨在不具商业规模的地区禁止捕捞。

二是捕捞能力监管。《联邦渔业法》把个人可转让配额制度作为渔业产出控制的重要手段,在总可捕捞量确定的前提下,以渔民、渔船、渔业公司为捕捞单元,给予他们在确定的时期和区域内,捕捞确定数量的渔业资源的权利,从而避免了捕捞过程中的无序竞争。

渔船更新改造、换代升级只在船队容量不增加的情况下更换船只。对虾和鳕必须有选择性地使用渔具。在特定渔场和区域对捕鱼的船只尺寸进行限制。对一些渔业的渔具和捕鱼区进行限制。在某些渔业中，对某些船队的捕鱼天数进行限制。根据渔具的种类和目标鱼种，限制一天中捕捞的时间。副渔获物（软骨鱼）最大允许上岸量的限制。延绳钓渔业中强制性的副渔获物缓解措施。

建立渔获量监测系统，一旦达到限额，船只必须转移到另一个捕鱼区。在阿根廷—乌拉圭共同渔业区采用某些鱼种的总可捕量、某些渔具的禁渔区限制、某些鱼种禁用渔具，同时有特定的渔获量分配，设有临时禁渔区和一些船只限制作业区等管理措施。在内陆渔业，各省自行负责其渔业资源的开发和管理，各省采取限制发放捕捞许可证、经批准的渔具和所有商业鱼种最低捕捞尺寸等相关条例来监管捕捞能力。

三是监测与执行管理。渔业部门通过对船队的卫星监测、对船上或港口船主提供的数据和资料的分析，积极执行监测监管任务。管制和监视人员在检查渔具、选择性装置、登陆上岸和收集资料方面发挥重要作用，这些资料有助于就渔业政策、资源开发规划和科学技术方面作出决定。

渔船装有一套带有 24 小时摄像功能的系统，可以不间断地记录船上的活动，包括捕捞活动和甲板作业，在整个商业船队中使用带有连续记录的摄像系统是强制性的。为更多和更好地整合和交叉连接渔业活动信息，优化渔业信息系统如渔获量（渔获量报告）、上岸（着陆正式文件）、处理（转换系数）、VMS、渔具、选择性装置、船只特性、许可证等。在阿根廷省海军的协作下，加强了公海渔船登船工作，以核实渔船的作业、渔具和选择性装置的控制情况。

四是开展国际合作。鉴于阿根廷渔业捕捞技术和渔业产业基础设施较为落后，国际渔业合作成为阿根廷渔业实现长足发展的关键。阿根廷的国际渔业合作历史并不长。20 世纪 80 年代初，实施专属经济区制度使阿根廷国内第一批渔业合资企业应运而生。20 世纪 90 年代后期渔业资源出现衰退，同时渔业成本上升、经济收益下降以及投入不够等问题使渔业难以维持正常生产。此时阿根廷迎来了国外资金投入的第二个高峰期，该国渔业得以维持和发展。1998 年《联邦渔业法》进一步鼓励国外投资者，允许悬挂外国船旗的渔船进入渔阿根廷海域，但一般仅限于捕捞未开发或低度开发的鱼类种群。

目前，外国渔船一般有三种入渔方式：一是被阿根廷渔业公司租赁，公司获得捕捞配额，外国渔船收取租赁费用或者以固定价格回收渔获物；二是通过与阿根廷渔业公司合资，外国渔船入籍阿根廷，公司向政府申请捕捞配额并开展捕捞作业，最终收益分成；三是通过政府间的渔业协定，阿根廷政府向外国渔船出售有期限的捕捞许可证，允许其进入本国专属经济区开展捕捞作业，这些渔船多来自日本、韩国等亚洲国家。

中国和阿根廷非常重视彼此之间的渔业合作，遵循"平等互利、优势互补、合作共赢"的原则，于2010年签署《中华人民共和国农业部与阿根廷农牧渔业部关于渔业合作的协议》，此外，中阿渔业分委会也随之成立，协调两国渔业合作事宜。阿根廷和中国远洋渔业合作历史悠久，向中国水产品出口的规模逐年增长，从2019年出口市场来看，阿根廷对中国出口渔产品位居出口国家首位。中国远洋捕捞、水产养殖和加工技术输出也成为中阿渔业合作的重要组成部分，有力地促进了两国渔业合作优势的互补和全面发展。

## 六、对我国的启示

在监测与执行管理方面，渔船更新改造、换代升级只在船队容量不增加的情况下更换船只。在某些渔业中，对某些船队的捕鱼天数进行限制。渔业部门通过对船队的卫星监测、对船上或港口船主提供的数据和资料的分析，积极执行监测监管任务。渔船装有一套带有24小时摄像功能的系统，可以不间断地记录船上的活动，包括捕捞活动和甲板作业，在整个商业船队中使用带有连续记录的摄像系统是强制性的。

# 第四章 亚洲的海洋捕捞渔业管理

## 第一节 亚洲部分国家捕捞渔船情况

2010—2018 年，亚洲部分国家的渔船数量和渔船总吨数据见表 4-1 和表 4-2。数据来源于：一是 FAO 的《2020 世界渔业和水产养殖状况》；二是 OECD 数据库，https：//data.oecd.org/。

在目前可获得的数据中，2015 年，渔船数量排序为印度尼西亚、日本、越南、韩国、泰国、中国台北；渔船总吨排序为日本、韩国、中国台北和泰国，印度尼西亚和越南渔船总吨数据缺失。

表 4-1 亚洲部分国家 2010—2018 年渔船数量数据表

| 时间 | 日本 | 韩国 | 印度尼西亚 | 中国台北 | 泰国 | 越南 |
|---|---|---|---|---|---|---|
| 2010 | 292822 | 76974 | 739932 | 23782 | 15381 | 128538 |
| 2011 | 268679 | 75629 | 767187 | 23557 | 17203 | 127784 |
| 2012 | 269736 | 75031 | 808775 | 23441 | 18089 | 124568 |
| 2013 | 262742 | 71287 | 829512 | 23012 | 16548 | 118789 |
| 2014 | 257045 | 68417 | 815544 | 22771 | 23556 | 112939 |
| 2015 | 250817 | 67226 | 768123 | 22695 | 25231 | 109356 |
| 2016 | 244569 | 66970 | 726984 | 22567 |  | 110950 |
| 2017 | 237503 | 66736 | 728656 | 22433 |  | 109586 |
| 2018 | 230504 | 65906 | 719769 | 21908 |  |  |

表 4-2  亚洲部分国家 2010—2018 年渔船总吨数据表

| 时间 | 日本 | 韩国 | 印度尼西亚 | 中国台北 | 泰国 | 越南 |
|---|---|---|---|---|---|---|
| 2010 | 1101757 | 600622 |  | 613189 | 414930 |  |
| 2011 | 1033378 | 606628 |  | 685124 | 378598 |  |
| 2012 | 1031774 | 610006 |  | 583596 | 399857 |  |
| 2013 | 1011921 | 607224 |  | 606213 | 391972 |  |
| 2014 | 987487 | 585234 |  | 590709 | 426639 |  |
| 2015 | 975078 | 544626 |  | 596759 | 445503 |  |
| 2016 | 956337 | 535454 |  | 592548 |  |  |
| 2017 | 936216 | 512060 |  | 580652 |  |  |
| 2018 | 929437 | 539017 |  | 571108 |  |  |

2010—2018 年间，亚洲部分国家的渔船数量变化和渔船总吨变化趋势图，如图 4-1 和 4-2 所示。由于部分国家数据不全，因此有些年份没有显现在图中，总体看，各国渔船数量变化均呈现下降趋势。

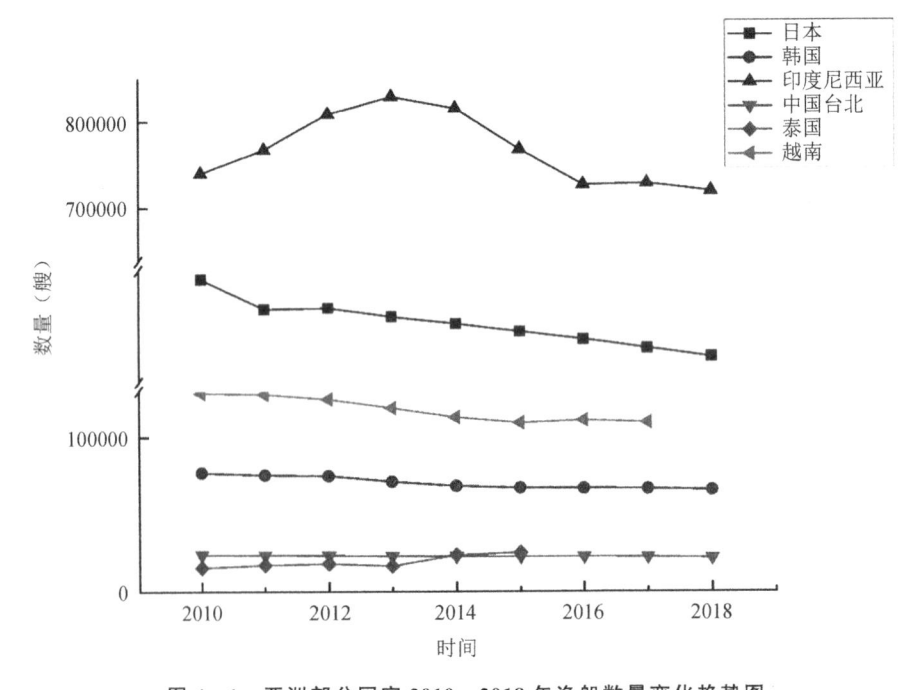

图 4-1  亚洲部分国家 2010—2018 年渔船数量变化趋势图

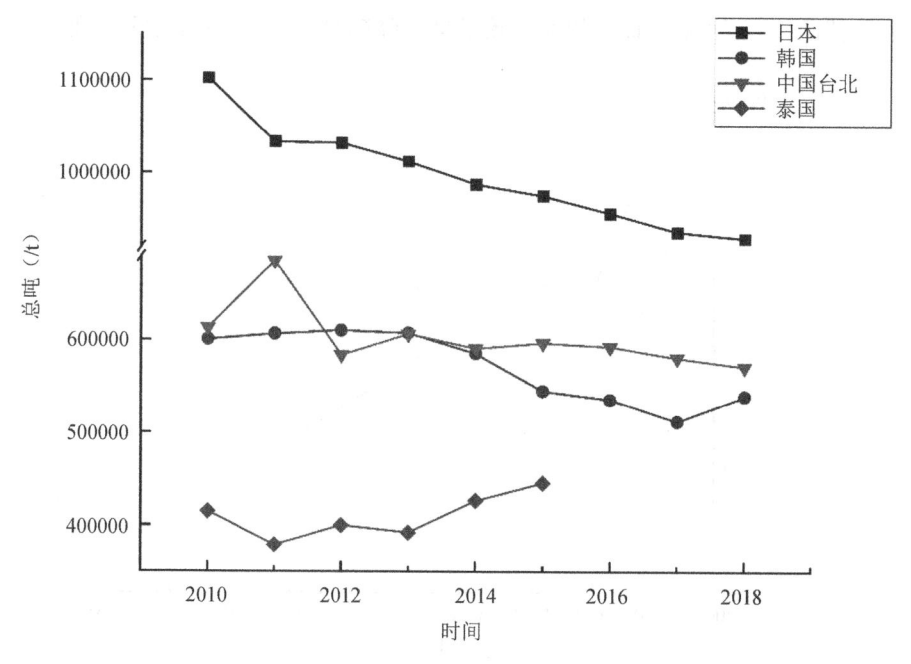

图 4-2 亚洲部分国家 2010—2018 年渔船总吨变化趋势图

## 第二节 日本捕捞渔业的管理

### 一、捕捞渔船概况

2010—2018 年，日本渔船数量和总吨的统计数据见表 4-3。2010—2018 年，日本渔船数量和总吨变化趋势见图 4-3 和图 4-4。

表 4-3 日本 2010—2018 年渔船数据表

| 时间 | 数量 | 总吨 |
| --- | --- | --- |
| 2010 | 292822 | 1101757 |
| 2011 | 268679 | 1033378 |
| 2012 | 269736 | 1031774 |
| 2013 | 262742 | 1011921 |
| 2014 | 257045 | 987487 |
| 2015 | 250817 | 975078 |
| 2016 | 244569 | 956337 |
| 2017 | 237503 | 936216 |
| 2018 | 230504 | 929437 |

从图 4-3 可见，日本的渔船数量呈下降趋势，于 2018 年达到最低值。

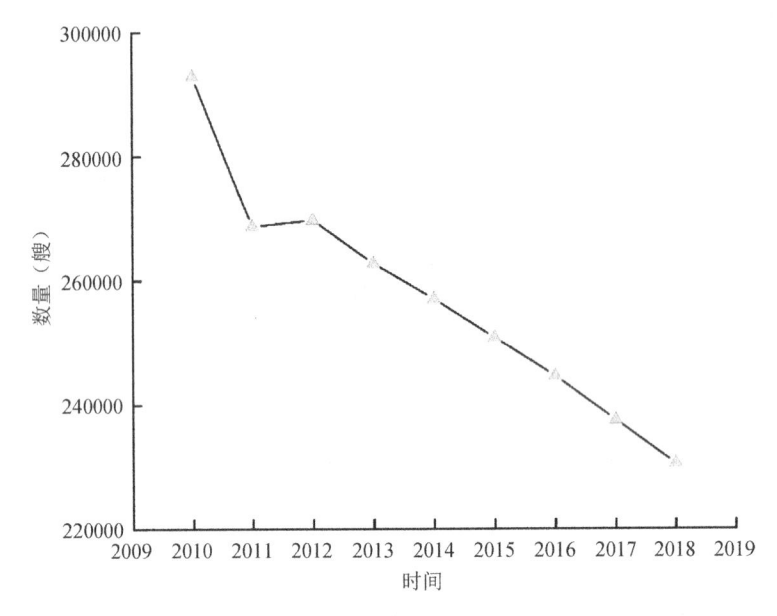

图 4-3　2010—2018 年日本渔船数量变化趋势图

从图 4-4 可见，日本的渔船总吨呈下降趋势，并于 2018 年达到最低值。

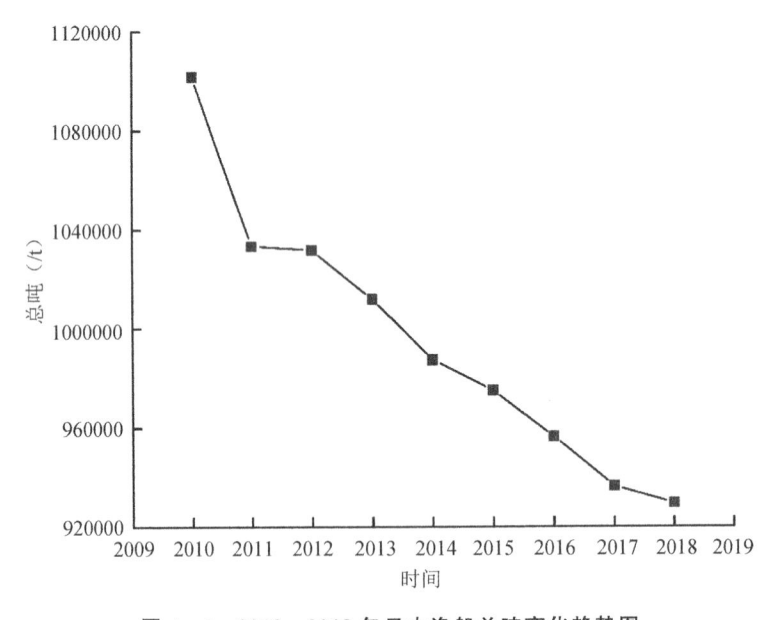

图 4-4　2010—2018 年日本渔船总吨变化趋势图

## 二、捕捞种群概况

日本位于太平洋西北部，四面被太平洋、日本海、鄂霍次克海和东海环绕，形成一个由东北向西南延伸的弧形岛链，大小岛屿6800多个。日本领海和专属经济区总面积为447万平方公里，海洋专属经济区面积在全球排名前10位。

由于受到黑潮暖流的影响，日本所处的西北太平洋海域是全球著名的四大渔场之一，是海洋物种多样性极高的海域。海洋哺乳动物中，日本海域有50种，约占全世界该物种的40%，海洋鱼类约有3700种。

与其他国家相比，日本渔民和渔船数量多，尤其是小型渔船的比例较高。主要品种有金枪鱼、鲣鱼、鲐鱼、竹筴鱼、秋刀鱼、沙丁鱼、鱿鱼、鳕鱼和鲑鳟鱼类等。日本近海渔业的作业海域主要为本国领海线外的200海里水域内。

近海渔业的主要捕捞对象，底栖性鱼类有狭鳕、大头鳕、鲆鲽、远东多线鱼、真鲷等；中上层鱼类有斑点莎瑙鱼、日本鳀、日本鲭和澳洲鲐、竹筴鱼、太平洋鲱鱼、秋刀鱼、鲣鱼、蓝鳍金枪鱼；头足类有太平洋褶柔鱼、北太平洋柔鱼、章鱼等。

2019年的资源评估报告中，日本周边海域（80个存量）的资源评估结果显示，资源水平高的有19个存量，中等的有26个存量，低的有35个存量。与人类生活密切相关的13个物种的33个主要种群中，高的有9个，中等的有14个，低的有10个。

## 三、管理组织机构

日本渔业管理不仅有国家和地方团体根据法律实施的行政管理制度，同时也有渔业者自行组织实施的自主管理制度，这是日本渔业管理区别其他国家的显著特征。

日本建立了完善的海洋渔业行政管理体系，以农林水产省水产厅为主体，配置4个专业部门，渔政部、资源管理部、增殖推进部和基础设施建设部。同时，为提高管理部门的有效决策与工作效率，专门设立了水产政策审议会，并在北海道、仙台、新潟、九州等地建立渔业调整事务所，分别在各都道府县和部分市共设立66个海区渔业调整委员会。

日本充分发挥渔协的作用。渔协是由渔民参与的具有独立事业法人资格的自律性组织，拥有管理和经营"渔业权"的双重职能。日本渔协管理体系按地域分为全国渔协联合会、都道府县渔协联合会和市渔协组合3个层次，下级渔协联合会在上级的指导下开展业务。为满足渔业发展需要，相继成立了包括海区渔业、联合海区渔业、广域渔业等各类渔业调整委员会，主要职能是对渔业政策的制定和管理提供咨询和建议。

在现行体系中，日本政府虽然保留了诸多重要的渔业管理职能，但其实际运行却主要依托于遍布沿海各地、级别不同和规模不等的各类渔业协调组织。渔业协同组合是最小规模的渔业协调组织，一般由当地渔民组成，基本上按渔村设立。渔业协同组合的主要职能是负责当地水产资源的管理及水产动植物的增殖。为实现当地整体渔业协调，最大限度地开发和利用当地渔业资源，渔业协同组合负责制定当地沿岸海域作业规章（渔业协同组合规章），规定渔具限制条件如定置网长度、高度、网目尺寸，以及渔场季节性和区域性禁捕等。

每个都道府县都成立了海区渔业调整委员会，由9位被选举出来的渔民、4位专家和2位社会公共利益代表（通常是地方政府官员）共15人组成。《渔业法》明确规定，都道府县知事在认定渔业权、调整渔业资源保护规定时必须听取海区调整委员会的意见。

海区渔业调整委员会有权决定管辖区域内渔业权和许可证的分配，有权限定渔业权和许可证的归属，可以视情况发布委员会指导令，指导目的必须是促进"增强和保护渔业动植物"，以实现在不违背可持续性发展的情况下高效、广泛的渔业生产的目标，而且海区渔业调整委员会有权要求地方行政长官在渔民中强制执行委员会的指导。

广域海区渔业调整委员会是根据《渔业法》修正案设立的，委员会由海区渔业调整委员会中选举出来的委员会成员组成，在比地方管辖范围更高的层面上发挥作用。当海区调整委员会与广域海区渔业调整委员会意见不一致时，前者必须服从于后者的决定。广域海区渔业调整委员会负责协调管辖海域内渔业资源的利用和管理高度洄游鱼类种群，提出资源修复计划（由农林水产省大臣起草）以恢复遭到过度利用的渔业资源。渔业政策委员会是政府关于国家层面渔业协调的顾问团，负责设计国家渔业政策等，是最高级别的协调组织。

除上述正式的协调组织外，20世纪70年代后期，由渔民倡导的许多新经营理念得以发展，其中包括资源管理型渔业。资源管理型渔业通常同一个渔业协同组合或几个临近的渔业协同组合，甚至几个都道府县的渔业协同组合的渔民联合组成渔民自治组织，这些自治组织被称为渔业管理组织。为改善渔民收入状况与渔业资源状况，这些渔业管理组织制定出诸多管理措施，往往比渔业协同组合制定的规则更详细更严格。

"农业、林业、水产品业和食品业出口总部"于2020年4月在农业、林业、渔业部成立。总部推动与出口目的地国就放宽或放松管制、开发和批准出口设施、出口手续、统一签发出口证件等问题进行谈判。

### 四、法律法规框架

日本现行的《渔业法》于1949年颁布，主要是调整渔业基本经济关系，确立渔业基本管理制度。在渔业管理制度与资源保护法律法规方面，包括《水产资源保护法》（1951）、《海洋生物资源保护与管理法》（1996）等。在渔业生态环境的法律法规方面，包括《因水银等毒物污染水产动植物遭受损失的渔业者的资金融通特别措施法》（1973）、《环境基本法》（1993）等。在水产业振兴法律法规方面，包括《海洋水产资源开发促进法》（1971）、《持续性养殖生产确保法》（1999）、《淡水渔业振兴法》（2014）等。

在水生野生动物管理法律法规方面，包括《濒危野生动植物种保护和保存法》（1992）、《野生水产动植物保护基本方针》（1994）等。在水产业团体等组织法律法规方面，包括《农林水产省设置法》（1949）、《渔业协同组合合并援助法》（1967）等。在船员及渔船管理法律法规方面，包括《渔船法》（1950）、《船舶职员法》（1951）等。在渔港及海岸带管理发展法律法规方面，包括《海岸法》（1889）、《渔港法》（1950）等。在渔业保险救济法律法规方面，包括《渔船再保险及渔业共济保险特别经费法》（1937）、《渔业灾害补偿法》（1964）等。

2001年颁布了《水产基本法》，2014年进行了最新修订，作为渔业总体政策框架，反映了渔业及相关部门不断变化的社会经济环境，包括海洋生物资源的可持续管理和包括加工与分销在内的渔业健康发展。基本法的目标是确保向国民提供稳定的水产品供应，并通过适当的养护和管理海洋生物资源，以促进渔业的健康发展。根据《水产基本法》的规定，制定了"日本渔业基本计划"。

《基本计划》是为实现渔业基本政策声明、鱼类和鱼类产品的自给率目标，以及政府和各利益相关方为实现基本法规定的政策目标，而制定的一系列综合政策。2007年3月，考虑到日本渔业和粮食供应的现状，如渔业和相关产业的结构性变化和渔业资源状况的恶化，审查并更新了计划。2012年3月，日本政府审查并修订了该计划，在不断变化的国内和国际环境中，这一订正计划进一步促进了日本渔业政策的完善和有效执行。

除《渔业政策基本法》外，日本渔业管理的主要法律是《渔业法》《水生生物资源保护法》和《海洋生物资源养护和管理法》。这些法律也根据"渔业政策基本法"进行了修订和管理。2001年《渔港法》被修订为《渔港和渔场发展法》，旨在综合发展渔港和渔场，推行渔港卫生管理措施、渔港基础设施老化措施以及渔港渔村防灾减灾措施。为促进内河渔业的中期准则，2014年出台了《促进内河渔业法》。2018年12月修订了《渔业法》，并且还修订了资源管理措施、捕捞许可、捕捞权限等渔业生产基本制度。

### 五、主要管理政策

2018年，日本渔船数量23万艘，总吨为92.9万，主要管理政策如下。

| 相应政策 | 内容简介 |
| --- | --- |
| 资源管理制度 | 通过种群评估来估计资源的丰度、捕捞强度、捕捞水平和趋势，并根据评估结果采取适当的管理措施 |
| 渔民自主资源管理措施 | 通过协会和渔民会员签署协议，确定作业方式、捕捞对象、个体大小、作业期间和区域等方面的限制条件，并进行自主管理。采用共同管理，发挥渔民之间相互监督的作用，大幅降低渔政管理成本 |
| 总量控制与配额管理 | 成立专属经济区的渔业总允许捕捞量控制系统，该系统将其渔获量分配给每个渔场或州政府，而不是分配给个别渔民，建立渔获量制度，以管理某些鱼种的允许捕捞总量 |
| 调整分销结构与措施 | 建立具有竞争力的分销结构，通过有效的渔业产品的分布与生产加工商合作，实现电子交易，引入选择处理技术与信息通信智能技术，加强加工设施的质量和卫生管理，促进生产，应对国内外的需求 |
| 监管与养护辅助措施 | 所有渔业类型都限制渔船数量和总吨位，并且限制时间/区域和渔具等技术，建立渔船注册系统，监控国家的总渔船数和吨位 |
| 强化渔获物信息收集 | 重视海洋捕捞产出管理的数据信息收集，致力于持续监测资源变动情况、捕捞数量以及资源管理效果等，构建渔业数字化产出管理系统 |
| 政府支付补贴政策 | 渔业补贴不直接帮助渔民更新改造渔船，大部分用在沿岸的基础设施建设上，唯一的直接付款方案是国家渔船数量削减方案。一般服务资金，占政府资金转移的近一半，主要用于公共基础设施建设、渔业活动监测、信息传播服务以及研究开发等方面 |

一是资源管理制度。在渔业资源管理中，必须通过种群评估来估计资源的丰度、捕捞强度、捕捞水平和趋势，并根据评估结果采取适当的管理措施。在资源调查的基础上进行资源评价，引入评价方法和管理方法，以实现渔获量达到最大可持续产量为管理目标。

资源评价包括：资源生成情况信息；不同年龄鱼数、自然减少率和渔获死亡率的估计；近期海洋环境变化对自然减少率的影响。2019年，需要进行种群评估的鱼类种类从50种增加到67种。日本在贝藻捕捞、围网捕捞、水产养殖、内河渔业实行渔业权制度管理。近海和远距离渔业是根据捕鱼许可证制度管理的。对非总量控制鱼类，陆续公布资源评估结果，总体目标是到2023年80%的渔获量将在总量控制管理下得到有效监管。

二是渔民自主资源管理措施。通过协会和渔民会员签署协议，确定作业方式、捕捞对象、个体大小、作业期间和区域等方面的限制条件，并进行自主管理。这种管理措施的优势是容易被渔民遵守。另外，由于发挥了渔民之间相互监督的作用，从而大幅降低了渔政管理成本，实现了政府和渔民共同管理的效果，这就是所谓的共同管理，这也是在有大量小规模渔业者存在地域中最为有效的资源管理方式。

日本的这种渔业管理方式已经受到全世界的关注，在国际上得到了较高的评价。国家在渔业资源管理过程中，受到渔民自主资源管理措施的支持。2011年，日本政府出台了《资源管理指针》及配套的《资源管理计划》，至2017年3月，共出台了1930条资源管理计划细则，同时，不断对各项细则进行评估和完善。目前，日本的渔业产量中，约9成是在《资源管理计划》框架下生产出来的。

三是总量控制与配额管理。日本专属经济区的渔业总允许捕捞量（TAC）控制系统成立于1996年，该系统将其渔获量分配给每个渔场或州政府，而不是分配给个别渔民。此外，2003年建立了一个渔获量制度，以管理某些鱼种的允许捕捞总量，该计划将根据《海洋生物资源养护和管理法》的修正案制定。

TAC系统迄今已涵盖多种鱼类，目前，TAC鱼种占渔获量的60%。下一步，TAC将根据资源管理目标，包括实现MSY的资源水平的值来设定。根据个人配额（IQ）对部长许可的现成渔业进行管理，从部长许可的渔业开始，逐步引入IQ系统。为了收集对资源评价和资源管理很重要的渔获量资料，新规定要求获得许可的渔场必须提交渔获量记录报告，在渔获资料方面，以电子方式报告和收集渔获资料被推广为智能渔业活动。

四是调整分销结构与措施。建立具有竞争力的分销结构，通过有效的渔业产品的分布与生产加工商合作，实现电子交易，引入选择处理技术与信息通信智能技术，加强加工设施的质量和卫生管理，促进生产，应对国内外的需求。

对于批发市场，促进生产区市场的一体化，加强质量卫生管理体系。从促进全面资源管理和根除 IUU 捕鱼的角度，促进渔业可追溯性活动。推动扩大出口活动，到 2030 年农林水产品和食品出口达到 5 万亿日元（包括 1.2 万亿日元的水产品）的新目标。

为扩大水产品出口，促进渔业加工设施改造，发展符合出口目的地国家条件的机械设备，发展可在国际市场上示范的商业方式和物流，使用海洋生态标签证书，发展可获得 EU-HACCP 证书的高度卫生控制的货物装卸场所，通过冷冻、冷藏设施的一体化维护，强化货物集运功能，强化养殖水产品生产功能。推广在渔业和水产养殖产品上使用海洋生态标签，"海洋环保标签"向消费者提供信息，说明在生产产品时应注意资源的可持续利用和环境问题。提高证书的认知度和获得度，促进和扩大认证工作。

五是监管与养护辅助措施。所有渔业类型都限制渔船数量和总吨位，并且限制时间/区域和渔具等技术。日本政府建立了一个渔船注册系统，国家的总渔船数和吨位都被严格监控，只有在这个系统里注册的船只，才能当作渔船，通过政府的许可证制度限制渔船的数量和每艘渔船的大小，这一方案不利于提高捕捞能力。

获授权的渔业监督员、海岸警卫队和警察合作，从事捕捞渔业管制活动，而属于渔业合作社的渔民则巡逻渔场，执行防止偷猎渔获物的措施。根据新的《渔业法》，刑法效益得到了相当大的加强，以便有效地对罪犯造成不利影响并防止偷猎。

为了应对外国渔船在邻近水域的非法捕鱼作业，政府正在加强其渔业管理系统，2019 年在新潟和境港部署两艘新的渔业管理船。为了增加近海地区的渔业资源，渔业局正在开发保护和保育人工鱼礁，供雪蟹和其他物种产卵和饲养，并开发丘状鱼礁，以产生垂直混合，提高海域的生产力，内陆渔业合作社正在开展放生番石榴鱼/鳗鱼幼苗和建立产卵床的项目。

政府将促进广泛的措施，将地方政府建立海草床、滩涂和渔民以及其他人的养护活动结合起来。推行电动或氢燃料电池渔船，以减少温室气体排放。渔业部开发和推广渔具回收技术，开发环保材料制成的渔具，同时与环境部合作，促进渔民收集海洋垃圾，支持当地沿海的清理工作。

六是强化渔获物信息收集。准确可靠的历史数据对资源与捕捞能力管理至关重要，日本重视海洋捕捞产出管理的数据信息收集，致力于持续监测资源变动情况、捕捞数量以及资源管理效果等。

为此，日本在新修订的《渔业法》中增加了义务向都道府县行政区首长汇报渔获情况、对资源管理和渔场使用情况进行说明等相关条款。渔获信息以电子化信息为主，一方面减轻渔民统计负担，另一方面也便于资源评价，特别是统计结果，既方便上报，又能及时向渔民反馈。日本将渔获信息纳入各级政府部门绩效考核管理体系中。

此外，日本为了达成资源评价高质量发展，从日本主要渔协和产地市场收集渔获物电子化数据信息，并将信息与通信设备搭载在近海捕捞渔船上，完善捕捞渔场等环境信息获取的信息收集体制，日本水产厅计划到2023年前完成对1000艘渔船进行搭载测试的实验。并计划构建渔业数据协调平台，利用互联网智能技术构建渔业数字化产出管理系统。

七是渔业合作制度修订。渔业合作社是在促进稳定和发展渔业管理方面发挥核心作用的组织，其经营方式包括销售、适当使用和管理渔业资源以及支持渔业社区的区域经济和社会活动。

《渔业合作社法》指出，渔业合作社必须高度重视渔业收入的增加，截至2019年3月底，沿海地区渔业合作社的数量为945家，渔业机构促进渔业合作社创造更多价值和扩大销售的活动。新的《渔业法》规定，鉴于渔业和渔业社区具有多种职能，国家和州政府应充分考虑，以丰富多样的方式开展渔民等人的活动，为渔业社区注入活力。此外，还引进了沿海渔场管理制度，以促进渔业合作社的土地保护活动。

八是政府支付补贴政策。日本政府虽然也提供渔业补贴，但是并不直接帮助渔民更新改造渔船，而是大部分用在沿岸的基础设施建设上。日本不为渔民投资新船，只提供政府补贴，也不为进入外国水域的渔船支付任何费用。

日本唯一的直接付款方案是1981年开始的国家渔船数量削减方案，根据此方案，1981年至2004年，共有1615艘中大型渔船在该方案下报废，报废船舶的捕捞许可证全部吊销。2005年至2008年，又有122艘船只报废。所有船只应完全报废（船身面板必须拆卸，发动机轴必须销毁），才有资格获得政府补贴。禁止转售、再使用或出口船舶。船东必须分担大部分船只销毁费用，其余部分由政府支付。大约33%－56%的费用由船东负担。

一般服务占政府资金转移的近一半，其中公共基础设施建设最为重要，包括渔港、防波堤、公共码头、航行路线、沿海社区道路、社区供水、污水系统和港口周围的公园设施。除沿海基础设施外，一般服务资金还用于其他用途，包括渔业活动的监测、监视和控制的费用；建造政府巡逻船的费用；与渔业有关的国内教育和信息传播服务的费用；用于研究和开发的国家渔业研究所和国家渔业大学的业务的费用。

九是加强渔业生产基础和智能渔业建设。通过海岸振兴规划和渔场综合利用激活渔村,对于沿海渔业来说,重要的是渔民自己根据地区情况解决问题,增加收入。为了支持这一活动,海岸振兴计划得到了推广。为了维持本地渔业的实力,加强了与其他行业的合作,或从其他地区引进新的渔业资源,加以综合利用,以提高渔船的舒适性、安全性和可操作性,开发海上互联网环境,改善作业环境。推广智能渔业,是为了将渔业转变为一个不断增长的产业,在渔业和水产养殖场促进智能技术的引进和推广,通过发展渔业数据协调基础设施,使各领域获得的数据能够协调、分享和利用,支持有效管理等。

十是水产养殖转型和促进内河渔业发展。将水产养殖转变为一个不断增长的产业。获取水产品的质量、数量信息以及响应需求使用形式等信息,并按照需求和生产周期计划进行系统生产,通过这些活动,来实现水产养殖业由产出型向市场型的转变。对于水产养殖场,渔业合作社等组织制定了《渔场整治计划》,总结了水质指标和可以适当养殖的鱼种数量。

内河渔业,通过增加鱼类种群和发展渔业合作社的产卵场来促进增加资源的活动。此外,考虑到与自然的共存和与环境的和谐,提倡创造自然生物丰富的河流。对于内陆水域,根据《促进内陆水域渔业指导方针》,政府与有关政府部门和机构、地方公共组织和内陆渔业合作社合作,开展促进恢复和保护栖息地的活动。

## 六、对我国的启示

### (一) 依法制定政策计划

日本渔业管理政策,皆是依据《渔业法》来制定一系列的基本计划,为实现基本法规定形成一系列综合政策。制定渔港相关法律法规,2001年《渔港法》被修订为《渔港和渔场发展法》,旨在综合发展渔港和渔场,推行渔港卫生管理措施、渔港基础设施老化措施以及渔港渔村防灾减灾措施。

### (二) 重视渔业资源监测与评估

选出高经济价值或捕捞量多的水产品为先行评估对象,在重要洄游通道和资源量丰富的海区进行长期生物资源监测。扎实耐心积累资源量准确数据,在此基础上科学测算可持续捕捞数值,并逐步增加有据可循的水产品可捕品种。

### (三) 渔民自主管理与渔业合作社组织化管理

加强渔民的共同管理,被认为是在有大量小规模渔业者存在地域中最为有效的资源管理方式。国家在渔业资源管理过程中，受到渔民自主资源管理措施的支持，并依此制定详细的规则，以及评估和完善机制。提升渔业组织化管理水平，遵守《渔业合作社法》规定，重视提升渔民收入的组织，是在稳定促进和发展渔业管理方面发挥核心作用的组织，其经营方式包括销售、适当使用和管理渔业资源以及支持渔业社区的区域经济和社会活动。

### （四）升级分销结构与水产加工措施

建立具有竞争力的分销结构，加强渔业产品的分布与生产商和加工商合作，促进生产区市场的一体化，加强质量卫生管理体系。推进渔业可追溯性活动，促进渔业加工设施改造。发展可在国际市场上示范的商业方式和物流，促进海洋生态标签证书认证工作。

### （五）重视环境养护推广渔具回收

开发保护和保育人工鱼礁，建立产卵床项目。将地方政府建立海草床、滩涂和渔民以及其他人的养护活动结合起来。推行电动或氢燃料电池渔船，以减少温室气体排放。渔业署开发和推广渔具回收技术，开发环保材料制成的渔具，促进渔民收集海洋垃圾，支持当地沿海的清理工作。

### （六）政府支付补贴主要用于加强渔业基础建设

日本政府虽然提供渔业补贴，但是并不直接帮助渔民更新改造渔船，而是大部分用在沿岸的基础设施建设上，包括渔港、防波堤、公共码头、航行路线、沿海社区道路、社区供水、污水系统和港口周围的公园设施。还包括渔业活动的监测、监管与渔业有关的国内教育和信息传播服务以及相关的研究和开发。

### （七）水产养殖向市场型转化

将水产养殖转变为一个不断增长的产业。获取水产品的质量、数量以及响应需求使用形式信息，并按照需求和生产周期计划系统生产，通过这些活动，来实现水产养殖业由产出型向市场型的转变。

### （八）加强运用渔业大数据

提升资源以及渔获量数据质量是管理的关键，在捕捞环节日本渔船搭载数据接受设备的做法从供给侧产地收集数据，在流通加工环节开发图像识别技术提高渔获水产品鉴别效率。通过大量收集各渔业部门数据，构建海洋捕捞渔业产出管理大数据库，用于提前指导渔港上岸分配，提升渔业生产价值链，准确评价资源状况等。积极发展渔业数据、协调基础设施，使各领域获得的数据能够协调、分享和利用，支持有效管理等。

## 第三节　韩国捕捞渔业的管理

### 一、捕捞渔船概况

2010—2018 年，韩国渔船数量和总吨的统计数据见表 4-4。2010—2018 年，韩国渔船数量和总吨变化趋势见图 4-5 和图 4-6。

表 4-4　韩国 2010—2018 年渔船数据表

| 时间 | 数量（艘） | 总吨（/t） |
| --- | --- | --- |
| 2010 | 76974 | 600622 |
| 2011 | 75629 | 606628 |
| 2012 | 75031 | 610006 |
| 2013 | 71287 | 607224 |
| 2014 | 68417 | 585234 |
| 2015 | 67226 | 544626 |
| 2016 | 66970 | 535454 |
| 2017 | 66736 | 512060 |
| 2018 | 65906 | 539017 |

从图 4-5 可见，韩国的渔船数量一直呈下降趋势，于 2018 年达到最低值。

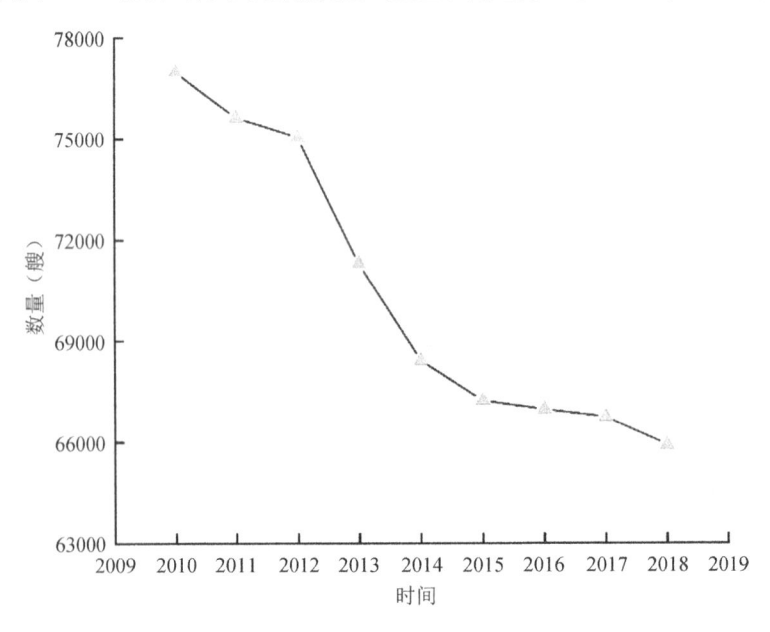

图 4-5　2010—2018 年韩国渔船数量变化趋势图

从图 4-6 可见，韩国的渔船总吨呈现波动趋势，2010—2013 年呈上升趋势，2013—2017 年呈下降趋势，并于 2017 年达到最低值，2017—2018 年呈现上升趋势，2018 年基本和 2016 年持平。

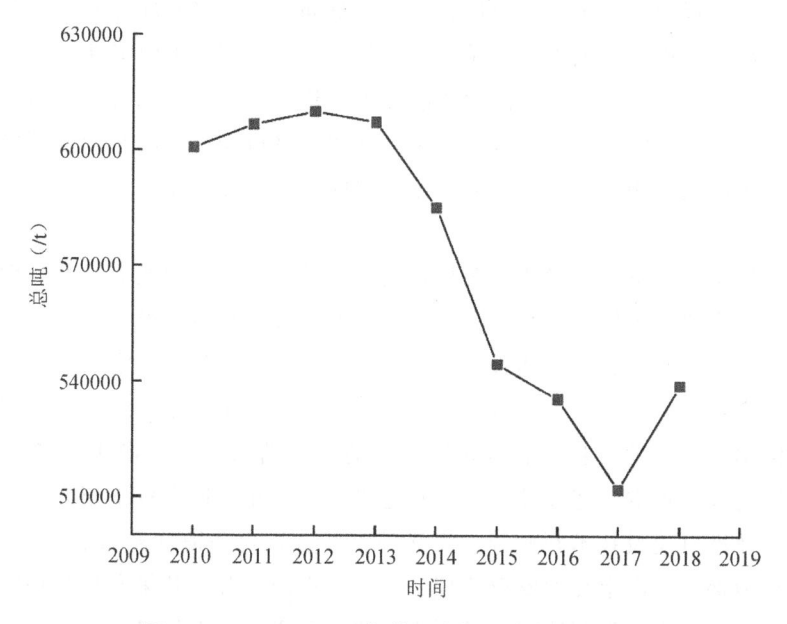

图 4-6 2010—2018 年韩国渔船总吨变化趋势图

## 二、捕捞种群概况

韩国是个三面环海的半岛国家，陆域面积只有 9.96 万平方公里，海岸线长 2.4 万公里，海洋环境受寒、暖海流影响，十分适合不同生态类型鱼类的生长繁殖，渔业资源丰富。韩国海域分为东海、南海、西海，不同海域水产资源分布各不相同。

东海区主要鱼种为黄线狭鳕、鱿鱼、鳀鱼、秋刀鱼、三齿梭子蟹、大头鳕等；西海区主要鱼种为竹䇲鱼、黄鱼、鱿鱼、斑鳐等，西海区海岸滩涂面积大，牡蛎、蛤蜊等贝类和藻类较常见；南海区位于东海和西海之间，所以兼有两海域鱼种，主要鱼种为鳀鱼、带鱼、竹荚鱼、马鲛鱼、鳗鱼、小黄鱼等。内陆渔业物种包括鲤鱼和鲻鱼。

## 三、管理组织机构

韩国海洋渔业管理中，是"多机构综合"管理模式，海洋管理体制由原来的分散型管理转变为集中统一管理体制。海洋水产部将原水产厅、海运港湾厅、科学技术部、农林水产部、产业资源部、环境部、建设交通部的海洋管理业务体制，统一归口为一元化协同管理组织模式和机制。内设职能部门，有渔业资源局、水产政策局、海洋政策局、海洋警察厅等机构，主要负责制定渔业政策，相关筹资安排并协调各方利益，管理近海渔业资源，签署实施中日韩渔业协定，监控渔业违法行为，建立渔业秩序以及水产品生产等相关工作，处理海洋治安、海洋污染等问题。该机构下设的水产政策局，专门负责水产政策制定和相关资金安排，协同调整各方利益关系，并制定水产政策。

海洋水产部下设的渔业资源局，则主要负责近海渔业及养殖业管理，韩日、韩中渔业协定签订，水产品生产及渔业资源保护等。海洋政策局负责海洋资源和能源开发、海洋调查、海洋科技振兴、海洋环保、沿海管理、海洋教育和广告、海洋文化宣传等。海运物流局负责制定调整海运政策、国际海运及沿岸海运管理、航员培养和管理、港口运营及管理、海上物流体制管理。港湾局负责港口建设计划调整和建设管理、相关民间资本招商、港口设备管理及港口建设技术开发等。海洋警察厅负责警备海洋救难、海洋治安、海洋环境保护、海上交通安全管理、海洋污染防除等。政策宣传管理室制定基本计划和方案、编写法规、做预算、建立海洋水产部信息系统等。

### 四、法律法规框架

韩国渔业基本法律框架是《韩国渔业法》，记载有关渔业管理、控制、限制和管制，其中还包括许可证、授权、通知、执行和处罚，渔业资源主要通过条例得到保护，例如，渔网的网目尺寸、渔场和捕捞季节。其他的，包括规定渔业资源的管理、养护、利用和开发的《渔业资源管理法》；管理内陆水域渔业和水产养殖的《内陆水域渔业法》；管理公海渔业和促进国际渔业合作及远洋渔业的《远洋渔业发展法》；促进合理地经营水产养殖和减轻污染的《水产养殖场管理法》，还包括《水生动植物疾病控制法》和《农渔产品质量管理法》等。

推动休闲渔业健康发展的《休闲渔业管理和发展法》。韩国内陆捕鱼点要符合内陆《渔业法》规定，休闲钓鱼地点应以《渔业法》为基础。自2009年以来，为了解决包括渔业资源的过度开发、环境污染和休闲渔业活动日益增长的趋势所带来的安全问题，制定了《休闲渔业管理和促进法》，并于2011年，颁布了《休闲渔业管理和发展法》，目的是防止过度捕捞、休闲渔业造成的环境问题，并促进休闲渔民的安全。该法载有关于被禁止的物种大小和渔具的规定，休闲渔业经营者的授权和通知条件以及有关安全条例。

1978年颁布《渔船法》，该法律对渔船的建造、注册、设备、检查及调查、研究等相关事项进行了详尽的规定，是韩国渔船管理的法律依据。该法律包括总则、渔船的建造、渔船登记、渔船检查、渔船研究开发、附则、惩罚等章节。与此同时也颁布了《渔船法的施行规则》。

## 五、主要管理政策

2018年，韩国渔船数量6.5万艘，总吨为53.9万，主要管理政策如下。

| 相应政策 | 内容简介 |
| --- | --- |
| 许可证和减船政策 | 许可证制度是根据海域区位及渔船吨位实施分级管理和审批。减船政策，是由政府主导推进的，一般分为两种，即全面减船和特别减船 |
| 社区渔业管理 | 鼓励渔民自愿参与渔场和资源的管理，渔民团体对自己的渔业采取自愿管理措施，在相关渔业法律法规的框架内创收、管理渔场和资源以及增加鱼类资源 |
| 捕捞配额管理 | 建立允许捕捞总量系统，同时总允许捕捞量制度、渔业管理制度和恢复鱼类资源的相关政策相互促进，个别渔船配额由各自的渔民合作社分配 |

一是许可证和减船政策。许可证制度主要是从事渔业相关生产的单位或个人，经国家认证后方可从事生产。许可证最长有效期为5年，其间不许将许可证进行交易。许可证制度是根据海域区位及渔船吨位实施分级管理和审批，远洋作业渔船的捕捞许可证是经由国家海洋与渔业部的审批下发的，而近海海域渔船作业需向当地政府申请。许可证不仅用于捕捞认证，还包括渔船作业类型、捕捞方法、捕捞期限、证书有效期限、作业水域、渔获物种类等很多规定。

减船政策，是由政府主导推进的，一般分为两种，即全面减船和特别减船。全面减船是由于渔业生产内部需求的减少造成的减船；特别减船则是由于国家渔业协定之间的渔场损失而造成的减船。两者最终目标都是为保护渔业资源和提高近海渔业生产率和竞争力，政府提供一定的财政补贴减船计划，关键控制目标是渔船数量、总吨和功率。

二是社区渔业管理。为了有效实施负责任的渔业，2001年，渔业局引进了以渔业为主的渔村管理模式，开始实行社区渔业管理，鼓励渔民自愿参与渔场和资源的管理，而不是被动地遵循政府的渔业资源管理计划，渔民团体对自己的渔业采取自愿管理措施，并积极参与争议解决的决策过程，在相关渔业法律法规的框架内创收、管理渔场和资源以及增加鱼类资源。

三是捕捞配额管理。从制度上讲，渔业管理的重点是防止渔业资源的非法捕捞和过度开发，韩国渔业产出管理制度是建立允许捕捞总量（TAC）系统，总允许捕捞量制度、以社区为基础的渔业管理制度和恢复鱼类资源的相关政策相互促进，韩国的TAC系统涵盖多鱼种，如鲭鱼、杰克鲭鱼、鱿鱼、红雪蟹和蓝蟹等。

根据这一制度，个别渔船配额由各自的渔民合作社分配。TAC对象鱼种的选择满足如下条件：

①渔获量多而经济价值高；
②资源减少而必须保全管理的；
③因渔场竞争等而必须进行渔业调整的；
④周边水域中与近邻诸国渔船共同利用的；
⑤市道知事认定的具有资源保护必要性的。

TAC管理以渔业者和委托贩卖者的渔获量报告为原则，观察员和渔业监督员对其进行确认，如有违反者则进行处罚。

### 六、对我国的启示

在社区渔业组织化管理方面，类似于日本渔民自主管理，韩国引入了以渔业为主的渔村管理模式，开始实行社区渔业管理，鼓励渔民自愿参与渔场和资源的管理，渔民团体对自己的渔业采取自愿管理措施，并积极参与争议解决的决策过程，提升渔业管理组织化程度。

## 第四节　印度尼西亚捕捞渔业的管理

### 一、捕捞渔船概况

印尼的海洋捕捞渔船分为小型渔船和商业渔船：小型渔船指非机动渔船和吨位＜5GT的机动渔船（包括舷外挂机或舷内主机）；商业渔船指吨位≥5GT的机动渔船。法律规定商业渔船需要先在交通部门登记注册，再向渔业主管部门申请捕捞许可证。其中，县市级政府负责吨位≤10GT渔船捕捞许可证的发放；省级政府负责10GT＜吨位≤30GT渔船捕捞许可证的发放，中央政府负责吨位＞30GT渔船捕捞许可证的发放。小型渔船直接在县市级渔业主管部门登记注册即可。

2010—2018 年，印尼渔船数量统计数据见表 4-5。2010—2018 年，印尼渔船数量变化趋势见图 4-7。

表 4-5 印度尼西亚 2010—2018 年渔船数据表

| 时间 | 数量（艘） |
| --- | --- |
| 2010 | 739932 |
| 2011 | 767187 |
| 2012 | 808775 |
| 2013 | 829512 |
| 2014 | 815544 |
| 2015 | 768123 |
| 2016 | 726984 |
| 2017 | 728656 |
| 2018 | 719769 |

从图 4-7 可见，印尼的渔船数量呈现先上升后下降的波动趋势，2010—2013 年呈上升趋势，并在 2013 年达到最大值。2013—2018 年总体呈下降趋势，其中，2016—2017 年有小幅上升，2017—2018 年又呈现下降趋势，2018 年达到最低值。尽管如此，按照现有统计数据显示，印度尼西亚的渔船数量居世界首位。

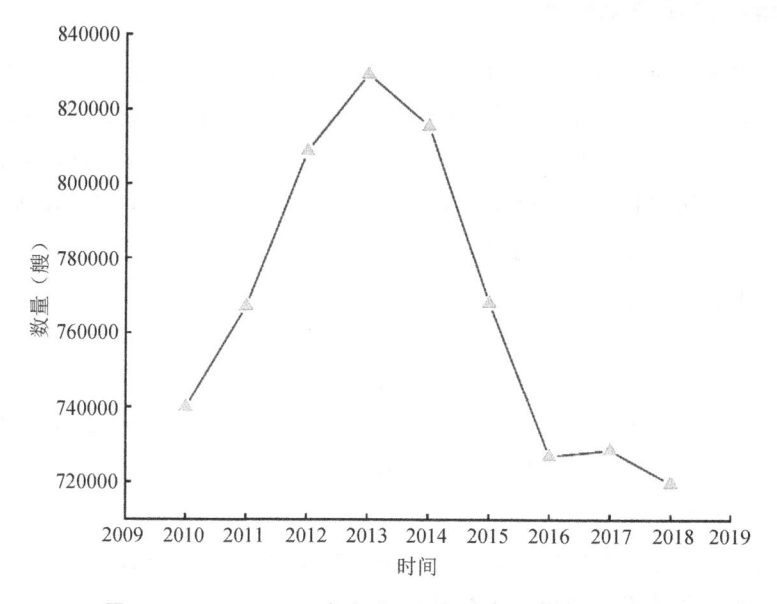

图 4-7 2010—2018 年印度尼西亚渔船数量变化趋势图

## 二、捕捞种群概况

印度尼西亚由太平洋和印度洋之间的约17504个大小岛屿组成，是全世界最大的群岛国家，渔业和油气资源收入是其重要的经济支柱。印尼海岸线蜿蜒曲折，长约8.1万公里，海域广阔，海域面积达580万公里。海域内渔场繁多，渔业资源相当丰富。苏门答腊东岸的巴干西亚比亚是世界著名的大渔场。由于地处热带，印尼终年炎热多雨，年平均气温为25—27℃，海区表层流属风海流，表层水温周年基本保持在24—29℃。印尼海域海洋生物多样性水平较高，许多种类具有生长快、成熟早、生命周期短、产卵季节长等区域性特点。

主要的海洋捕捞渔业类型有金枪鱼渔业、小型中上层渔业和捕虾渔业。印尼海域可捕捞的资源种类多达200余种，具有较大经济价值的种类有65种左右。其中主要的中上层资源种类，有金枪鱼、马鲛鱼、鲐鱼、鲱鱼、沙丁鱼、鱿鱼等；底层资源种类不仅有石首鱼科鱼类、鲷类、鲨等，还盛产对虾、热带龙虾、贝类等；礁岩区资源种类主要是鲷类，如笛鲷、梅鲷等。藻类资源丰富，据调查约有555种，可供食用或药用种类约55种，目前已开发的主要类群有制胶藻类，如石花菜属、拟石花属、角叉藻类、蕨藻属、马尾藻属、石莼属等。

## 三、管理组织机构

印尼全国渔业的主管部门是海洋事务和渔业部，该部于1999年正式成立，在此之前，由农业部负责分管渔业事务。该部包括：部长办公室、行政办公厅、监察司、捕捞渔业司、水产养殖司、海洋和渔业资源监察与管制司、水产品加工和市场营销司、海洋及沿岸与小岛司、海洋与渔业研究局、海洋与渔业资源开发局。另外，设有部长专家组，涉及经济、社会和文化、公共政策、社区及机构间的关系、法律、生态与海洋资源等方面。其中，捕捞渔业司包括秘书处、渔业资源处、渔船与渔具处、渔港处、捕捞渔业服务处、捕捞渔业开发处以及业务技术执行部门等。

海洋事务和渔业部与其对应的省级和区级渔业服务局是负责捕捞和养殖渔业行政管理的主要政府机构。区级和省级渔业服务是地方政府的一部分，因此，其预算和运营由地方议会控制。然而，他们预算的很大一部分来自国家资源。印度尼西亚的大多数大型渔港，除了巴厘岛的贝诺阿港外，都作为捕捞渔业司的技术实施单位进行管理。

此外，还有地方各级渔业行政管理机构和渔业协会组织共同参与管理。印尼国内共划分为33个一级地方行政区和440个二级行政区县或市。各级政府都分别设有渔业管理机构。地方立法机关有权制定各地方渔业法规，地方政府则可根据法规发放渔业执照，并管理辖区内渔业事务。按法律规定，印尼沿4海里以内渔业事务由县市级政府管理并负责，4—12海里由省级政府负责，12—200海里由中央政府负责。

目前印尼国内较有影响力的全国性渔业协会组织有印尼渔民协会、印尼渔业企业协会、印尼金枪鱼协会、印尼捕虾企业协会、海藻企业协会、印尼珍珠养殖业协会、印尼水产品加工业协会等。作为非政府组织，渔业协会成为渔民和政府间的沟通桥梁，协助政府提高行业的管理效率和效益，在管理捕捞、质量控制、行业自律、发展水产品营销等方面，都发挥了积极的作用。

印尼目前尚未成立渔业执法的专门机构和队伍，根据相关规定，渔业官员、海警、海军都可以在海上针对违法渔业活动行使执法权，渔业公务员、渔业执法船可以配备武器。

### 四、法律法规框架

印尼的渔业法规主要包括法律、政府条例、总统条例、总统令、海洋事务与渔业部部长条例或命令、海洋事务与渔业部捕捞渔业司司长令、地方性法规，以及相关海洋管辖权、海事、环保、投资及税务法规等。

印尼《渔业法》是渔业法律的基本法，规定了印尼主要的渔业生产制度，于2009年10月进行了修订。在此基础上，印尼制定并颁布了一系列的政府条例、部长条例等来规范和引导渔业的发展，为海洋、咸水和公共内陆水域（河流、湖泊等）的广泛渔业管理措施提供了法律基础。渔业法为各种管理措施提供了法律依据，包括努力控制（许可）、渔具限制（包括例如网目尺寸限制和完全禁止的渔具）、最大可持续产量（MSY）。在印尼，总允许捕捞量不是优先事项，没有配额分配制度。

《海岸带管理法》（27/2007）目的是规范海岸带（陆地和水域）的使用，它涵盖沿海城市以及距海岸线12海里以内的水域。其他的渔业法律法规还有：涉及专属经济区的《印尼经济专属区法》《印尼专属经济区生物资源管理条例》《印尼专属经济区捕捞渔船安排部长令》等；涉及渔业生产与捕捞的《捕捞渔业经营条例》《渔业资源及其栖息环境养护政府条例》；涉及船舶和港口管理的《渔船适航执照部长条例》《渔船监视系统部长条例》《船舶运输与港口法》；涉及海洋环境保护的《环境保护管理法》《海洋污染与破坏控制条例》；涉及渔获物的《生产、加工和分销过程中渔获质量保证与安全要求的部长令》《渔获物质量保证体系和安全控制部长条例》等。

## 五、主要管理政策

2018年，印尼渔船数量71.9万艘，主要管理政策如下。

| 相应政策 | 内容简介 |
| --- | --- |
| 渔业执照与检验制度 | 在本国从事渔业捕捞及经营活动，需持有渔业执照，对于与印尼签订渔业合作协议的外国渔船，不同的类型、吨位等进行捕捞活动时，要收取不同的费用 |
| 分级分区管理 | 捕捞渔业管理的地理单位是渔业管理区，有11个，原则上，每个渔业管理区必须有单独的管理计划，渔业管理区（或其一部分）内的每个渔业组织必须有自己的渔业管理计划 |
| 渔船监测与渔捞日志 | 包括海军在内的多方联动渔业执法机构，30吨以上的印尼籍渔船及外籍渔船都应安装船舶监视系统，所有船只都须填写渔捞日志、水产品运输日志，并提交捕捞渔业司 |
| 渔船及装备改造措施 | 支持渔船需要使用的设备和冷库生产，用于加工鱼类的设备和提供技术培训的支出，面向部分渔船配发具有可探测海底鱼类的先进设备 |
| 控制过度捕捞措施 | 捕鱼区域及船只吨位，限制离岸距离和船舶总吨，禁止在海上转运渔产，暂停大船捕鱼，禁止捕捞相关鱼种 |
| 渔业产品国家标准 | 81种渔业产品必须遵循印尼国家标准条例，各种标准中包括捕鱼工具、渔产品加工程序以及微生物学测试程序 |

一是渔业执照与检验制度。在印尼国内从事渔业经营活动，以及在印尼公海使用印尼渔船从事渔业捕捞及经营活动的个人和法律实体，必须持有印尼渔业部门颁发的渔业执照。包括渔业经营执照、捕捞渔船的捕捞执照及水产品运输船执照。捕捞执照和水产品运输船执照，还规定了持照船只的作业渔场、基地港等。

对于与印尼签订渔业合作协议的外国渔船，印尼海洋事务和渔业部规定，拟前往印尼200海里专属经济区作业的外国捕捞船只需要申请许可证，外籍船只按类型、吨位和捕捞区域收取的费用每年最多约5万美元。而建立合资公司或转让渔船，收取的费用仅为其四分之一。地方级渔业机构或全国性技术执行机构有权执行该制度，业主受检时需提供的相关证件，包括：渔业经营执照复印件、船舶登记证书复印件及原件、适航性文件、渔船和渔具图复印件等。若有涉外渔船，应出示渔业经营执照或海洋运输经营执照、国际船舶测量证书复印件、船舶国籍证书复印件等。

二是分级分区管理。印度尼西亚捕捞渔业管理的地理单位是渔业管理区,有11个。原则上,每个渔业管理区必须有单独的管理计划,渔业管理区(或其一部分)内的每个渔业组织必须有自己的渔业管理计划。

除上述许可证制度和渔业管理区外,印度尼西亚还实行分区制度,将管理责任分配给行政级别:

①国家一级负责距离海岸线大于12海里的海洋水域,以及大于30 GT的渔船捕捞许可发放;

②省级负责海岸线4至12海里之间的海洋水域,以及吨位10GT<吨位≤30GT渔船捕捞许可证的发放;

③区级负责距离海岸线4海里的海洋水域。

分区制度对海洋保护区的管理也有影响,印度尼西亚的专属经济区还对作业类型进行分区限制,比如仅允许在WPP 711、716、717、718和572的部分区域使用拖网等。

三是渔船监测与渔捞日志。渔业执法机构包括印度尼西亚海军、印度尼西亚国家警察(包括水警和空军或波利西航空公司)、海洋和渔业资源监督和控制总局,以及省和区一级渔业服务局,同时还有名为POKMASWAS的社区监测组织网络。POKMASWAS的职能是向执法机构报告任何违反渔业条例的行为。

自2002年以来一直在运行船舶监测系统(VMS)。法律规定,所有悬挂印度尼西亚国旗、总吨位超过60的船舶,包括在公海作业的渔船,必须安装和操作卫星VMS发射器(海洋事务和渔业部长关于实施渔船监测系统的第5/2007号条例)。此外,海洋事务和渔业部为30—60 GT的船舶运行离线VMS。

该系统在渔船返回港口时从渔船上传位置数据,而不是提供渔船的实时位置。印尼《捕捞渔业经营部长条例》规定,国内运营的运输船只、30吨以上的印尼籍渔船及外籍渔船都应安装船舶监视系统。此外,所有船只都必须填写渔捞日志、水产品运输日志,并提交捕捞渔业司。根据法律规定,每艘持有捕鱼许可证的船只必须保存一本日志,其中包含位置、捕鱼活动和每次航行渔获量的数据。

四是渔船及装备改造措施。为有效改善渔民生产生活水平,提高渔民收入,将削减燃油补贴节省下来的预算,更多地转向包含渔船需要使用的设备和冷库的生产支出上。通过多家银行向渔民和渔业中小型企业提供贷款,用于加工鱼类的设备和提供技术培训的支出，面向部分渔船配发具有可探测海洋鱼类的先进设备。

五是控制过度捕捞措施。海洋与渔业部颁布了一系列限制过度捕捞的相关法令。规定捕鱼区域及船只吨位，限制离岸距离和船舶总吨，禁止在海上转运渔产，暂停大船捕鱼。禁止捕捞小型龙虾、花蟹及螃蟹，还禁止在近海渔区进行矿产开发等。

六是渔业产品国家标准。2009年第61号印度尼西亚海洋与渔业部部长决定书规定，81种渔业产品必须具有遵循印尼国家标准（SNI）条例的义务，包括冷冻Kakap鱼片、冷冻虾、冷冻蛙腿、冷冻金枪鱼、冷冻生龙虾、冷冻鲣鱼等。

印尼国家标准也成为从国外进口的渔业产品必须遵循的标准。印尼国家标准，包括捕鱼工具（捕鱼船、运载船、储藏鱼的冷冻库和冰块等）及渔产加工程序（渔产冷冻、渔产卸下、职工工作方式和粮食安全管理等），微生物学测试程序也被列入印度尼西亚国家标准。

# 第五章　大洋洲的海洋捕捞渔业管理

## 第一节　澳大利亚捕捞渔业的管理

### 一、捕捞渔船概况

2010—2018 年，澳大利亚渔船数量和总吨的统计数据见表 5-1。2010—2018 年，澳大利亚渔船数量和总吨变化趋势见图 5-1 和图 5-2。

表 5-1　澳大利亚 2010—2018 年渔船数据表

| 时间 | 数量（艘） | 总吨（/t） |
| --- | --- | --- |
| 2010 | 318 | 36365 |
| 2011 | 325 | 34931 |
| 2012 | 318 | 35360 |
| 2013 | 306 | 35713 |
| 2014 | 309 | 40741 |
| 2015 | 298 | 53948 |
| 2016 | 290 | 64623 |
| 2017 | 315 | 40648 |
| 2018 | 285 | 35809 |

从图 5-1 可见，澳大利亚的渔船数量呈波动变化趋势，2010—2011 年呈上升趋势，并在 2011 年达到最大值。2011—2016 年总体呈现下降趋势，2016—2017 出现了较大增长，2017 年与 2012 年持平，2017—2018 年又呈现了较快下降趋势，并在 2018 年达到最小值。

从图 5-2 可见，澳大利亚的渔船总吨呈先上升后下降的变化趋势，2010—2016 年呈逐年上升趋势，并在 2016 年达到最大值。2016—2018 呈现了较快下降的趋势，整体在 2018 年达到最小值。

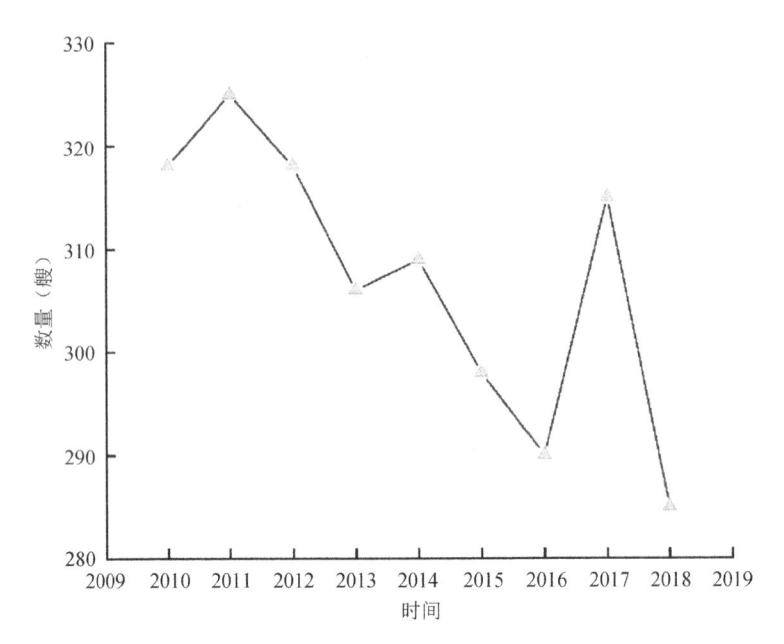

图 5-1　2010—2018 年澳大利亚渔船数量变化趋势图

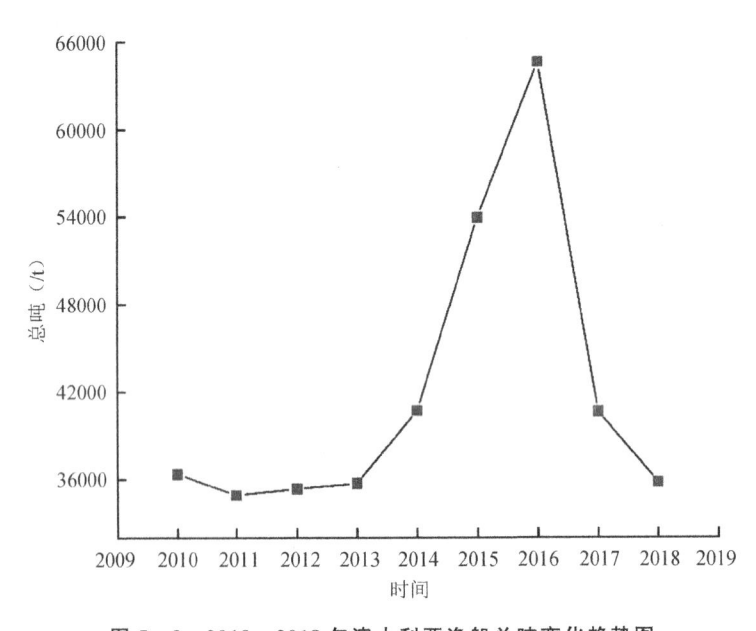

图 5-2　2010—2018 年澳大利亚渔船总吨变化趋势图

## 二、捕捞种群概况

澳大利亚位于太平洋与印度洋之间，四面环海，海岸线曲折、港湾众多。其海岸线总长度约为25760公里，200海里专属经济区面积达700万平方公里，仅次于美国，位居世界第二。澳大利亚拥有全世界第三大专属经济区，渔业是澳大利亚第一产业中产值排名前十的产业。澳大利亚海域中栖息着3000多种已知的鱼类以及同等数量的甲壳动物和软体动物，其中只有10%的鱼类是商业捕捞对象。

澳大利亚渔业管理局依据鱼类品种和捕捞区域，将全国渔业水域划分为21个作业区，北部和西北部海域，渔业资源包括金线鱼、枪乌贼、红鳍笛鲷、各类对虾等；大堡礁海域位于澳大利亚东北部，渔业资源包括金枪鱼、对虾、龙虾、牡蛎及蟹类等；澳东海域，渔业资源包括刺金眼鲷、鳁、金枪鱼、鲣鱼、竹筴鱼和各类对虾等；澳南海域，渔业资源有竹筴鱼、枪乌贼、金枪鱼、鲣鱼、龙虾、鲍鱼、扇贝、牡蛎、贻贝、对虾、柔鱼等；澳西海域，渔业资源有龙虾、贝类等。

### 三、管理组织机构

澳大利亚渔业管理局（AFMA）根据1991年《渔业管理法》的规定管理联邦管辖下的渔业，负责执行澳大利亚政府渔业政策和英联邦渔业管理。AFMA强调渔业管理者、工业界、科学家、渔业经营者、环境保护主义者、休闲渔民和公众之间的伙伴关系，构建了渔业管理咨询委员会，委员会向AFMA提供各种问题的建议，包括渔业管理安排、研究、合规和管理成本。各州和领地均有各自的渔业管理机构。

农业、渔业和林业部（DAFF）制定和审查政策和方案，以确保澳大利亚渔业具有竞争力、盈利能力和可持续性。DAFF为英联邦渔业管理以及立法改革/审查制定政策方向，并协商管辖权边界和资源共享安排。澳大利亚农业和资源经济与科学局提供科学/经济研究和建议，支持DAFF的渔业政策发展和参与国际和国内问题。DAFF还与渔业研究与发展公司合作。

澳大利亚州政府渔业监督管理机构同时代表联邦和州政府行使职权，管理机构的主要职责包括：注册、登记捕捞许可证；引导、疏通作业渔船；检查所辖海域渔船的作业情况；使用水上飞机进行检查。

2017年3月，澳大利亚成立了一个新的海洋产业国家代表机构，澳大利亚海洋产业局。澳大利亚海洋产业局代表澳大利亚海洋产业的利益，包括捕捞、水产养殖及相关产业。澳大利亚联邦政府和渔业行业共同出资成立了"渔业研究与开发有限公司"，作为高层次渔业战略研发实体。

## 四、法律法规框架

澳大利亚渔业的法律和体制框架管理责任由澳大利亚联邦、各州和北领地政府分担。1983年近海宪法解决方案（OCS）是英联邦和各州及北部领地之间的司法安排，规定了针对近海的活动，如渔业、采矿、航运、航海和海上犯罪管理的责任。OCS规定州和北领地渔业法律适用于3海里以内，英联邦渔业法律适用于3—200海里。但是，英联邦和北领地渔业立法允许为渔业做出替代性计划，以超越OCS规定的现有管辖范围。这种计划被称为OCS渔业计划，旨在提供更有效和更具成本效益的管理结构，因为澳大利亚的渔业和鱼类种群不一定符合法律管辖范围。澳大利亚联邦议会通过的渔业基本法主要包括《1984年托雷斯海峡渔业法》《1991年渔业管理机构法》《1991年渔业管理法》，以及设立渔业研发机构的《1989年初级产业研究与开发法》和一些征收渔业特别税、费的法律。

澳大利亚渔业管理局根据1991年《渔业管理法》的规定管理联邦管辖下的渔业。托雷斯海峡渔业由1978年《托雷斯海峡条约》管理，这是澳大利亚与巴布亚新几内亚之间的一项安排，其主要目的是保护两国土著居民的传统生活方式和生计。澳大利亚的管辖权由根据《1984年托雷斯海峡渔业法》设立的托雷斯海峡保护区联合管理局管理，管理局有两个管理咨询委员会，分别负责对虾和其他渔业。

根据《1991年英联邦渔业管理法》规定应减少渔业活动对非目标鱼种的影响和海洋环境的长期可持续性，《联合国鱼类资源协定》也被纳入该法案的附表。《1999年环境保护和生物多样性保护法》，根据该法案，英联邦管理的渔业要接受战略性环境评估，评估渔业对海洋环境的影响。所有具有出口成分的联邦和国家管理的渔业都必须根据该法案进行评估，以使收获的产品符合出口标准。2011年对渔业管理立法的修订使渔业管理法能够达成共同管理，将权力和职能赋予各个渔业的主要利益攸关方，并进一步建立了管理海洋环境的行业"管家"方式，这些安排将使英联邦渔业的管理更简单有效。

## 五、主要管理政策

2018年，澳大利亚渔船数量285艘，总吨为3.5万，主要管理政策如下。

澳大利亚渔业主要的管理手段包括投入式管理，如，休渔和关闭区域政策、限制渔船数量、渔具限制等，还采用了包括允许捕捞总量、个别可转让配额、渔获量监测等产出式管理，主要管理政策如下。

| 相应政策 | 内容简介 |
| --- | --- |
| 渔业共同管理 | 共同管理创建了一种伙伴关系,以实现对资源管理的共同责任,政府、渔民和其他利益集团就可持续渔业管理的责任和义务进行谈判、分享和授权 |
| 投入式管理和配额管理 | 实施渔业许可证制度,捕捞许可证可以转让、买卖,许可证每年在渔业管理局重新登记一次。规定当年的捕捞总量,根据捕捞作业方式设置相关管理规定,限制捕捞船只数量和捕捞网具。规定捕捞总量和个人捕捞配额,捕捞配额可以转让、买卖 |
| 休闲游钓业管理 | 限制最大捕捞量,规定最小游钓鱼类规格,设置禁捕鱼类,对游钓方法进行详细规定,限制娱乐性游钓的区域,规定鱼类产卵期的禁捕时间,成立了"休闲渔业顾问委员会",制定相关政策 |
| 渔业管理计划 | 针对不同渔业规定了捕捞生产规则,所有的计划必须包括管理计划的目的、为实现目的而采取的措施以及评价实现目的之措施的绩效标准和时间期限 |
| 加强渔业数据监测与运用 | 通过高科技技术实现远程的自动管理,同时对生产要素进行标识,获取相应的信息 |

一是渔业共同管理。澳大利亚政府启动了实施国内渔业试行共同管理计划的进程,共同管理创建了一种伙伴关系,以便在严格的问责制和政策准则框架内实现对资源管理的共同责任。

政府、渔民和其他利益集团就可持续渔业管理的责任和义务进行谈判、分享和授权。新修订的渔业管理立法使渔业管理能够达成共同管理,将权力和职能赋予各个渔业的主要利益攸关方,这种合作管理加强了渔业管理局与其利益相关者之间的合作方式,建立了管理海洋行业的"管家"方式。

二是投入式管理和配额管理。澳大利亚实施渔业许可证制度,捕捞许可证可以转让、买卖,许可证每年在渔业管理局重新登记一次。根据各渔业经济区的资源状况,规定当年的捕捞总量。根据捕捞作业方式设置相关管理规定,对捕捞船只的数量进行限定,设置休渔期,在鱼虾幼体栖息地设置长期禁渔区,限制捕捞网具网目和尺寸,设置捕捞鱼类的最小可捕标准。在捕捞限额制度方面,同时规定捕捞总量和个人捕捞配额,按照渔船主机马力和船舶吨位分配渔民的捕捞配额,捕捞配额可以转让、买卖。

三是休闲游钓业管理。针对游钓业,新南威尔士州政府制定了《海洋娱乐性游钓管理规则》和《淡水娱乐性游钓规则》。规则主要内容有,限制最大捕捞量,规定最小游钓鱼类规格,设置禁捕鱼类,对游钓方法进行详细规定,对娱乐性游钓的区域进行限制,规定鱼类产卵期的禁捕时间等。

同时成立了"休闲渔业顾问委员会",负责审议出台全国休闲渔业政策,制定全国的休闲渔业发展战略。制定了《全国休闲渔业与运动渔业行为准则》《全国休闲渔业行业发展战略》等行业准则和发展战略。定期进行调查，收集休闲渔业对社会和经济影响的数据。

四是渔业管理计划。渔业管理计划是政府调控捕捞强度、保障捕捞渔业经营者捕捞权益的重要工具，针对不同渔业规定了捕捞生产规则。从内容看，所有的计划必须包括管理计划的目的、为实现目的而采取的措施，以及评价实现目的之措施的绩效标准和时间期限。

某一具体的渔业管理计划包括该渔业捕捞承载能力的测算方法、给予特许捕捞权应当遵循的程序和条件、法定捕捞权管理体系、可使用的捕捞渔具和数量、将非目标渔获物降至最低的措施、特许捕捞权人承担的义务、外国人入渔、渔业科学研究等诸多方面的内容。

五是加强渔业数据监测与运用。澳大利亚水产行业，尤其是养殖设施自动化程度高，通过大数据、物联网、信息化、人工智能、智能装备等技术实现远程的自动管理。通过安装传感器和智能设备组成"物联网"，利用射频识别、传感器、二维码技术，及其他感知设备对各生产要素进行标识，实时获取相应信息。在捕捞渔业方面注重捕捞数据的监管，加强渔获量的全程监控与数据采集，并积极利用互联网技术加大对数据的共享与综合运用，为渔业管理提供决策与优化。

## 六、对我国的启示

### （一）加强各方共同管理，提升渔业组织化程度

政府、渔民和其他利益集团共同管理创建一种伙伴关系，以便在严格的问责制和政策准则框架内实现对资源管理的共同责任，建立法律，将权力和职能赋予各个渔业的主要利益攸关方，加强了政府与其利益相关者之间的合作，提升渔业组织化管理程度。

### （二）渔业数据监测与运用

定期进行调查并收集休闲渔业对社会和经济影响的数据。注重捕捞数据的全环节监管，加强渔获量的全程监控与数据采集，并积极利用互联网技术，加大对数据的共享与综合运用，为渔业管理提供决策与优化。

## 第二节 新西兰捕捞渔业的管理

### 一、捕捞渔船概况

2010—2018年，新西兰渔船数量和总吨的统计数据见表5-2。2010—

2018年，新西兰亚渔船数量和总吨变化趋势见图5-3和图5-4。

表5-2 新西兰2010—2018年渔船数据表

| 时间 | 数量（艘） | 总吨（/t） |
| --- | --- | --- |
| 2010 | 1,401 | 117,839 |
| 2011 | 1,416 | 120,886 |
| 2012 | 1,417 | 115,171 |
| 2013 | 1,367 | 122,111 |
| 2014 | 1,334 | 119,620 |
| 2015 | 1,324 | 118,620 |
| 2016 | 1,254 | 100,976 |
| 2017 | 1,221 | 118,965 |
| 2018 | 1,168 | 126,345 |

从图5-3可见，新西兰的渔船数量总体呈现下降趋势，2010—2012年略呈上升趋势，在2012年达到最大值。此后2012—2018年一直呈下降趋势，在2018年达到最小值。

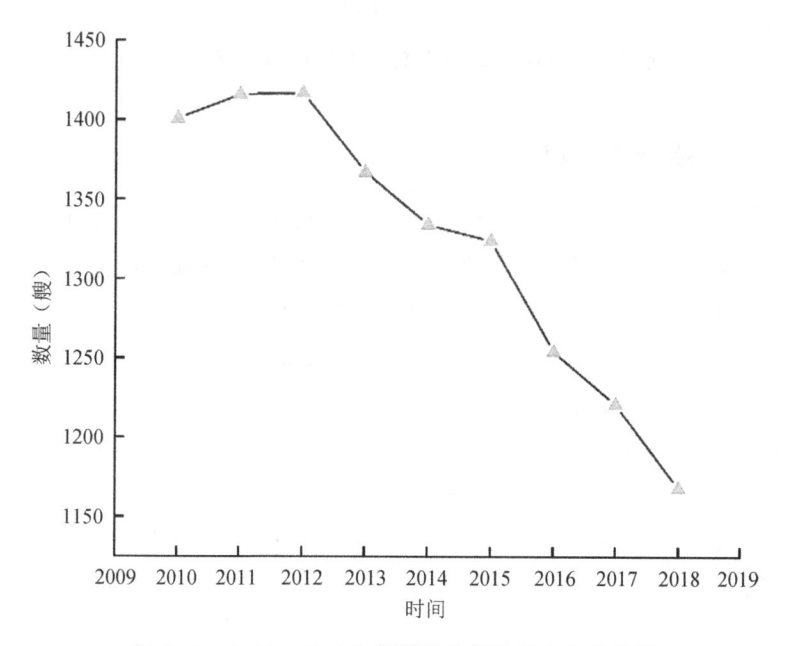

图5-3 2010—2018年新西兰渔船数量变化趋势图

从图5-4可见，新西兰的渔船总吨呈波动变化趋势，2010—2011年呈上升趋势，2011—2012年呈下降趋势，2012—2013年又呈上升趋势，

2013—2016 年一直呈下降趋势，并在 2016 年达到最小值。2016—2018 年呈现较快的上升趋势，并在 2018 年达到最大值。

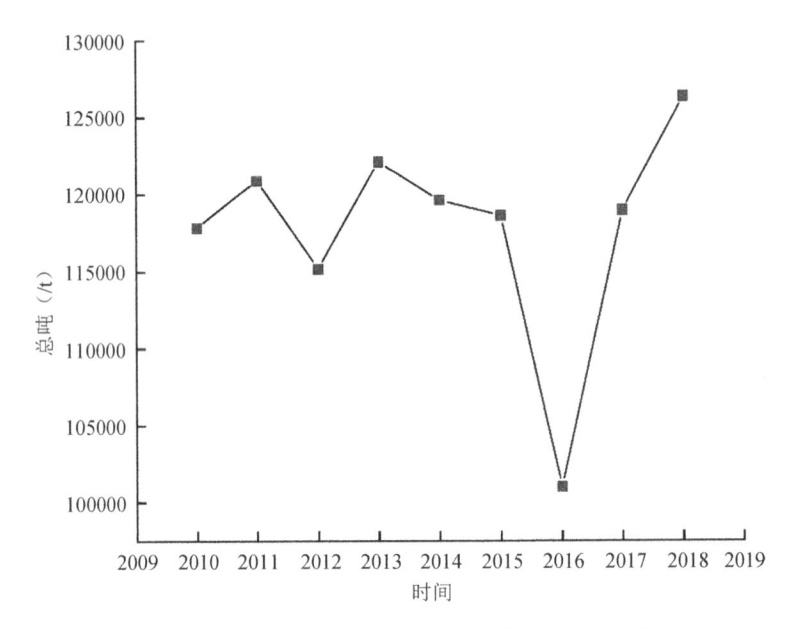

图 5-4 2010—2018 年新西兰渔船总吨变化趋势图

## 二、捕捞种群概况

新西兰位于太平洋的西南角，其海岸线长达 15100 km，专属经济区面积位居世界第四，达到 130 万平方千米。在新西兰海域中已被发现的海洋物种超过 16000 种，其中商业捕捞对象有 130 种。

新西兰渔业主要分为深海渔业、近海有鳍鱼类渔业、近海贝类渔业和远洋渔业。深海渔业是指在离岸 12—200 海里的海域内从事深海鱼类捕捞作业，其最常见的捕捞方式是拖网捕捞。近海有鳍鱼类渔业，通常以小型渔船为主，使用拖网、围网等进行捕捞作业。这种渔业生产主要集中在近岸海域，特别是在奥克兰和南岛东海岸地区。近海贝类渔业根据目标渔获物的不同生态特征，使用不同渔具或捕捞方式，例如人工潜水采捕鲍鱼。远洋渔业作业范围包括新西兰专属经济区、公海等海域，主要集中在太平洋。

海产品出口一直是新西兰的第四或第五大出口收入来源。在新西兰专属经济区内，约有 130 种商业性捕捞鱼种，其中有 66% 的鱼是在深水渔业中捕获的，主要鱼种是鱿鱼、鳕鱼、鲈鳕、鳕鱼、奥利奥多丽鱼、桔连鳍鲑和南方蓝鳕。重要的近岸和贝类物种包括棘岩龙虾、鲍鱼和鲷鱼。主要休闲鱼种有鲷鱼、蓝鳕鱼、卡哈威、翠鱼、岩龙虾、鲍鱼和扇贝。虎斑鱼、鱿鱼和鲭鱼等占上岸鱼种比例较高。新西兰主要渔业资源有7种：鲷、大西洋胸棘鲷、黑鳍蛇鲭、鲣、金枪鱼、红拟褐鳕和新西兰双柔鱼。

### 三、管理组织机构

新西兰全国有六个渔业管理机构：一个政府性机构，即农业、渔业部的渔业司；两个法定性组织：渔业局、威坦哲条约渔业委员会；三个专业性协会：渔业协会、商业渔民联合会和渔行业互助协会。初级产业部成立于2012年4月30日，它汇集了农业和林业部、新西兰食品安全局和渔业部的职责。

### 四、法律法规框架

新西兰采用了"多领域立法、多部门管理"的模式。1996年《渔业法》为新西兰的渔业管理提供了框架。制定该法的目的是规定如何利用新西兰的渔业资源，同时确保这些资源保持在可持续的水平上，避免、补救或减轻对环境的不利影响。该法和根据该法通过的附属立法维护了所有捕鱼群体、商业、娱乐和传统毛利人的捕鱼利益。该法主要由初级产业部管理，其中主要的决定由初级产业部部长和行政长官提出。1996年制定的《渔业法》以渔业配额制及对IUU捕鱼活动的严厉打击为主要特征。该法不仅完善了渔业配额交易的管理、手续、损害赔偿等事项，同时还规定了72小时提前申报、拒绝嫌疑船只入港、对违法船只处以最高25万美元的罚金等严厉措施，为打击IUU捕鱼活动提供了国内法基础。

新西兰于1991年颁布了《资源管理法》。随着这部法案的生效，沿海陆地与领海区域实现了初步的一体化管理。它与《新西兰海岸政策声明》共同构成了新西兰海岸一体化管理制度的法律基础。海岸一体化管理制要求各级政府相互配合，对各个领域的海洋活动进行综合考虑，同时还需利用多学科知识，对海陆环境之间的交互影响做出评估。就具体的分工来说，中央政府更多地承担指导和监督职责，分别由环保部和保育部制定指导性的环保标准和《新西兰海岸政策声明》。各地的地方议会是海岸一体化管理制度实施的核心机构，它在保育部的指导下，遵循可持续发展原则，出台本地的海岸政策及海岸开发计划，并对计划中没有明文规定的开发活动进行审批与授权。

新西兰不仅在国内制定了严格的渔业资源养护规范，还积极推动南太平洋区域渔业管理组织的建立，2014 年批准了《港口国措施协定》。这些机制中打击 IUU 捕鱼活动的措施都远远高于《海洋法公约》所规定的标准。新西兰已经加入了南极条约体系中的全部四项条约，并组建了包含南极行政委员会在内的多部门交叉的国内行政管理体系，通过了《南极环境保护法》等法规。

### 五、主要管理政策

2018 年，新西兰渔船数量 1168 艘，总吨为 12.6 万。新西兰渔业主要的管理手段包括投入式管理，如休渔和禁渔区政策，特定品种的禁捕，渔具限制等。还采用了包括允许捕捞总量、配额管理等产出式管理，设立观察员收集独立于渔业的数据来监测这些措施的有效性等。主要管理政策如下。

| 相应政策 | 内容简介 |
| --- | --- |
| 配额管理制度 | 基于个人可转让配额的配额管理制度进行管理，严格根据海洋生态环境与渔业资源的变化来确定捕获量配额的具体比例与数量，同时建立了副渔获物的配额管理制度 |
| 渔业管理计划 | 部分渔业利用"国家渔业计划"实施基于目标的渔业管理办法，目的是在政府规定的环境限度和标准范围内从其渔业中获得最佳价值，进而制定一些标准和组织程序 |
| 休闲渔业管理 | 规定了在总可捕量范围内允许休闲捕鱼，娱乐性渔获物不能出售，对娱乐性捕鱼没有报告要求。休闲渔民有开放进入渔业的权利，任何人都可以作为休闲渔民去钓鱼，没有许可证要求 |
| 土著渔业管理 | 土著渔业使用习惯捕鱼条例，群体决定谁对某一渔场拥有管理地位，可以由许多团体共享，团体选择一些人作为该地区的监护人 |
| 加强渔业监控管理 | 使用先进科学技术来提高获取渔业相关信息的质量和数量，加强对商业捕鱼活动的监控 |
| 渔业生态管理机制 | 包含"预防机制""维护生物多样性机制""规避风险机制"等多内容的复合型机制，该机制下可分为 3 个等级 |

一是配额管理制度。新西兰的商业渔业通过基于个人可转让配额的配额管理制度进行管理，渔业配额制度是建立在生态管理机制上，制度规定必须严格根据海洋生态环境与渔业资源的变化来确定捕获量配额的具体比例与数量，并有一个较为健全的程序来随着种群的自然变化调整配额数量，这些在渔业法中有明确规定。

①每个定额管理制度下的渔业，从总允许渔获量中分出一定比例，用于

休闲捕鱼、毛利人的传统用途，以及其他与捕鱼有关的死亡事件；

②其余部分作为允许商业捕捞总量，这是商业捕鱼业在该年可以捕获的每种鱼种的总量；

③在商业渔获量限额内，每年根据年度渔获量权利的所有权和拥有捕捞许可证来确定是否可以进入；

④所有权根据每个捕鱼年开始时，个人拥有的配额量按比例产生的；

⑤配额拥有者可以选择捕捞他们所获得的所有权，也可以选择将权力出售；

⑥对任何个体可以持有的配额数量都有限制。这些限制从某些物种的10%到其他物种的45%不等；

⑦除非初级产业部长和海外投资委员会给予具体豁免，否则不允许其他国家的人员拥有配额或所有权。

2013年之后，新西兰针对鲨鱼、渔业殃及的其他种群还包括海鸟与海洋哺乳类，建立了副渔获物的配额管理制度，以鲨鱼为例，制度目的是：

①确保鲨鱼种群内的生物多样性与长期生存能力；

②减少甚至消除对鲨鱼鱼鳍的利用；

③确保鲨鱼生殖与繁育的顺利；

④阻止其他非捕鱼行为产生的对鲨鱼种群的威胁；

⑤加强国际合作与协作保护；

⑥加强研究与信息获取、共享。

二是渔业管理计划。新西兰对部分渔业利用"国家渔业计划"实施基于目标的渔业管理办法，涵盖新西兰的深水、高度洄游和近岸（贝类、淡水和鳍鱼）种群。渔业计划目的是在政府规定的环境限度和标准范围内从渔业中获得最佳价值。

初级产业部制定一些标准和组织程序，以支持渔业计划和正在进行的渔业管理。这些标准规定了确保实现渔业成果所需的最低绩效水平，包括捕捞战略、认定价值和质量管理制度引入标准。

三是休闲渔业管理。新西兰规定了在总可捕量范围内允许休闲捕鱼。法规中对休闲捕鱼者施加了限制，如每日限制、方法限制、大小限制和季节性禁渔期。娱乐性渔获物不能出售，对娱乐性捕鱼没有报告要求。约有20%的新西兰人休闲钓鱼。休闲渔民有开放进入渔业的权利，任何人都可以作为休闲渔民去钓鱼，没有许可证要求。

四是土著渔业管理。土著渔业使用习惯捕鱼条例，团体决定谁对某一渔场拥有管理地位，可以由许多团体共享，团体选择一些人作为该地区的监护人。监护人可以向任何人发放许可证，允许他们在自己的区域内捕鱼，供周期性使用。他们必须将这些渔获量报告给初级产业部，以便政府在确定下一年的渔获量限额时决定是否可以周期使用渔场。

设立特别管理区、保留区，以覆盖他们的一些传统渔场。在保护区内，监护人可以对习惯性和娱乐性捕鱼规则进行修改。他们还可以决定是否允许在保护区内继续进行某些类型的商业捕鱼，并对其他习惯性的捕鱼方法进行限制和关闭。部分地区还建立了共同管理关系，其总体目标是为后代恢复和保护区域渔业的健康发展。作为共同治理安排的一部分，允许区域部落通过颁发授权书来管理他们的传统捕鱼活动，并制定和向初级产业部长提出可能限制或禁止在该区域捕鱼的细则。

五是加强渔业监控管理。新西兰初级产业部制定计划，使用先进科学技术来提高获取渔业相关信息的质量和数量，加强对商业捕鱼活动的监控。实施数字监控项目是用于跟踪、报告和监控商业捕鱼活动的数字系统，可以提供更准确和最新的信息，以更好地为政府和渔业决策提供信息，同时有利于可持续渔业的发展。

六是渔业生态管理机制。生态管理机制是一种包含"预防机制""维护生物多样性机制""规避风险机制"等多内容的复合型机制。从实施连续性上可分为三个等级：一是有针对性的单一物种管理；二是多物种的系统级管理；三是全面地综合考量多种方法、外部影响和替代作用。新西兰包括生态管理机制下的渔业配额制度、渔业资源的生态管理机制、副渔获物的生态管理机制以及海底栖息地的生态管理机制。

## 六、对我国的启示

### （一）构建数字系统，加强渔业监控管理

使用先进科学技术来提高获取渔业相关信息的质量和数量，加强对商业捕鱼活动的监控。实施数字监控项目是用于跟踪、报告和监控商业捕鱼活动的数字系统，以更好地为政府和渔业决策提供信息，同时有利于可持续渔业的发展。

### （二）基于生态管理的渔业

包含"预防机制""维护生物多样性机制""规避风险机制"等多内容的复合型机制，从渔业配额制度、渔业资源、海底栖息地以及副渔获物四个方面构建渔业生态管理机制。

# 第六章　中国的海洋捕捞渔业管理

## 第一节　大陆捕捞渔业的管理

### 一、捕捞种群概况

中国海疆辽阔，东海、南海、黄海、渤海四大海域是中国的四大海洋捕捞生产渔场，总面积473万平方公里，海岸线总长度3.2万公里（大陆岸线1.8万公里）。自北至南分别为渤海、黄海、东海、南海四大海区，分布有黄海北部、辽东湾、渤海湾、莱州湾、烟威、连青石、海州湾、吕四、舟山、温台、闽东、闽南、粤东、珠江口、粤西、北部湾、西南中沙等17个主要渔场。

中国海洋鱼类有1600多种，其中软骨鱼类175种，硬骨类1519种。甲壳类942种，其中磷虾42种、蟹类600余种、虾类300余种。头足类89种，其中，暖水性58种、暖温性31种。海洋渔业资源中重要捕捞对象约有200余种，年产量达到20万吨以上的仅有11种。海洋生物量以暖温性种类为主，约占2/3。从类群看，底层、近底层鱼类的资源量最高，中上层鱼类次之，其后为虾蟹和头足类。从海区渔业资源量看，东海区最高，南海区次之，黄渤海最低。

统计数据显示，中国海洋捕捞渔获物结构总体变化趋势表现为：鱼类产量在海洋捕捞总产量中所占比例较稳定，稳居各类渔获物首位；甲壳类产量在海洋捕捞总产量中所占比例总体上呈上升趋势；头足类产量和贝类产量在海洋捕捞总产量中所占比例变化趋势相同，总体呈下降趋势；藻类产量在海洋捕捞总产量中所占比例总体呈上升趋势，但比值较低；其他渔获物产量在海洋捕捞总产量中所占比例总体上呈下降趋势。

以产量为指标，中国海洋捕捞20余种主要鱼类中，年产量最高的鱼类为带鱼和鳀鱼，蓝圆鲹、鲐鱼、鲅鱼、马鲛次之，全部为中上层鱼类。带鱼和鳀鱼是海洋捕捞鱼类中最具优势的两种渔获物。占主要鱼类合计产量5%

以上的优势鱼种包括带鱼、鳀鱼、蓝圆鲹、鲐鱼、鲅鱼、鲳鱼、小黄鱼、海鳗、金线鱼。其中，带鱼、鳀鱼、蓝圆鲹是相对稳定的优势鱼种。

### 二、管理组织机构

中国海洋渔业管理模式，是农业农村部渔业渔政管理局与地方海洋渔业管理部门及交通运输部海事局、自然资源部国家海洋局的分级管理。渔业渔政管理局主要职责包括：起草渔业发展政策、规划；保护和合理开发利用渔业资源；指导水产健康养殖和水产品加工流通；组织水生动植物病害防控；承担重大涉外渔事纠纷处理工作；按分工维护国家海洋和淡水管辖水域渔业权益；组织渔业水域生态环境及水生野生动植物保护；监督执行国际渔业条约；监督管理远洋渔业和渔政渔港；指导渔业安全生产等。

地方海洋渔业管理部门执行农业农村部下达的各项海洋渔业法规与政策，组织、引导、协调当地渔政管理工作，起草全省（自治区、直辖市）及地方性海洋渔业发展规划和法规并实施，监测保护海洋渔业资源及渔业水域生产环境，监督海洋渔业执法情况、维护渔业生产秩序、处罚违法违规渔业行为以及办理许可证等相关事宜。交通运输部海事局负责渔船检验及其监督，国家海洋局负责海域滩涂使用管理等。

### 三、法律法规框架

1955年和1957年国务院发布《关于渤海、黄海及东海机轮拖网渔业禁渔区的命令》《关于渤海、黄海及东海机轮拖网渔业禁渔区的命令的补充规定》；1957年水产部颁布了《水产资源繁殖保护暂行条例（草案）》《对渔轮入侵禁渔区的处理指示》；1962年4月水产部发布了《关于制止在浙江敲舟古作业的通知》；1962年7月批转水产部制定的《渤海区对虾资源繁殖保护试行办法》等。

改革开放以后，1979年2月，国务院颁布了《水产资源保护条例》，提供了水产资源保护的法律依据，同年，国家水产总局颁布了《渔业许可证若干问题的暂行规定》《渔政管理工作暂行条例》《渔政船管理暂行办法》，为中国渔政管理工作的开展制定了初步的法律框架。1982年通过的《中华人民共和国海洋环境保护法》、1984年通过的《中华人民共和国水污染防治法》、1989年通过的《中华人民共和国环境保护法》为渔业水域的保护提供了法律依据。1989年7月发布了《中华人民共和国渔港水域交通安全管理条例》，于1989年8月1日起施行，该条例历经三次修订，最新版本是根据

2019年3月2日《国务院关于修改部分行政法规的决定》修订的。

1986年颁布的《中华人民共和国渔业法》则标志着中国渔业管理制度的形成，中国渔业进入全面管理的时代。据不完全统计，改革开放以来，中国制定和颁布的全国性和地方性渔业法律法规、规章近千项，内容涉及：资源养护、水域环境保护与管理、生产管理、渔业船舶管理、渔港管理、远洋渔业管理、涉外渔业管理、渔业行政执法监督管理、水产养殖管理等。

此外，涉及渔船渔港管理方面的规章和规范性文件有：《渔业船舶登记办法》《渔业船舶船名规定》《渔业捕捞许可管理规定》《老旧渔船管理办法》《内河渔业船舶船员考试发证规则》《海洋渔业船员管理办法》《渔业无线电管理规定》《远洋渔业管理规定》《渔业海上交通事故调查处理规则》《渔业船舶水上事故报告和统计规定》等。

### 四、主要管理政策

伴随着近海过度捕捞导致渔业资源逐渐衰退的趋势，中国从20世纪80年代就相继出台了一系列的保护海洋资源、控制近海海洋渔业捕捞等方面的政策措施，采用以投入式管理为主，与产出式管理相配合的模式。投入式管理主要包括捕捞许可证制度、双控制度、海洋捕捞渔民减船转产、海洋捕捞渔船更新改造、伏季休渔和保护区以及渔具渔法限制等。产出式管理主要包括近海海洋捕捞总量控制、限额捕捞以及针对渔获物的定点上岸和可追溯等。

一是捕捞许可制度。该制度根据1986年《中华人民共和国渔业法》及农业农村部修订的《捕捞许可管理规定》，详细规定了捕捞渔业的准入制度。在捕捞许可证制度中包含了船网工具控制指标的确定，船网工具控制指标是指"渔船的数量及其主机功率数值、网具或其他渔具的数量的最高限额"，通过船网工具控制指标控制渔船的总数量和总功率，以实现捕捞强度与资源可捕量相适应。船网工具指标审批制度这一前置程序不仅是完善海洋渔船"双控"制度、将渔船捕捞能力控制在合理范围内的重要途径，也是保护申请人利益的重要手段。捕捞许可证不得买卖、出租和以其他形式转让，不得涂改、伪造、变造。

二是海洋捕捞渔船的"双控"制度。该制度始于1987年，对海洋捕捞渔船数量和功率总量进行控制管理，2003年经国务院同意，农业部下发了《关于2003—2010年海洋捕捞渔船控制制度实施意见》，2017年经国务院批准，农业农村部发布了《关于进一步加强国内渔船管控 实施海洋渔业资源总量管理的通知》，实施海洋渔船双控管理，控制海洋捕捞渔船数量和功率总量实现零增长或负增长，提出到 2020 年，全国海洋捕捞机动压减渔船数量 2 万艘、功率 150 万千瓦的指标。

三是海洋捕捞渔民的"减船转产"。根据农业农村部和国家安全生产监督管理局于 2002 年 4 月 20 日联合颁布的《渔业船舶报废暂行规定》，对中国渔业船舶实行强制报废制度。由于受中日、中韩及中越北部湾等双边渔业协定生效的影响，中国约 3 万艘渔业船舶、30 多万海洋捕捞渔民被迫从原来的传统作业渔场退出，为妥善解决双边渔业协定生效后中国渔业面临的问题，财政部办公厅联合农业部办公厅于 2003 年颁发了《海洋捕捞渔民转产转业专项资金使用管理规定》。2003 年经国务院同意，农业部下发了《关于 2003—2010 年海洋捕捞渔船控制制度实施意见》。2017 年经国务院批准，农业农村部发布了《关于进一步加强国内渔船管控 实施海洋渔业资源总量管理的通知》（农渔发〔2017〕2 号）文件，面向沿海省份的海洋捕捞渔船，由国家制定各省份的减船目标，并给予一定资金支持。"十三五"期间，压减渔船 2 万艘，功率 150 万千瓦，明确对退捕渔船进行国家赎买，并安排一定资金支持渔民培训再就业，又相继下发文件，继续由中央财政支持减船。

四是海洋捕捞渔船更新改造。2012 年起，国家每年对海洋捕捞渔船更新改造给予一定的支持，各地上报数量，重点更新淘汰老、旧、木质渔船和对海洋资源破坏较重的作业类型渔船，更新改造为"安全、节能、经济、环保"海洋捕捞渔船，并逐步转向海洋渔船安全、防污染、冷藏以及网络信息船用设备的更新改造。

五是渔具渔法措施。2013 年农业部发布了《关于实施海洋捕捞准用渔具和过渡渔具最小网目尺寸制度的通告》（农业部通告〔2013〕1 号）、《关于禁止使用双船单片多囊拖网等十三种渔具的通告》（农业部通告〔2013〕2 号），通过限制网具的种类、网目大小等捕捞能力来控制捕捞强度。为切实保护幼鱼资源，促进海洋渔业资源可持续利用，2018 年农业部发布了《农业部关于实施带鱼等 15 种重要经济鱼类最小可捕标准及幼鱼比例管理规定的通告》，通过限制渔获物个体大小，以保护幼鱼，包括规定允许上岸渔获物个体的最低标准，规定渔获物中幼鱼的最高比例等。

六是捕捞总量控制。该制度源于 2000 年提出的捕捞总量"零增长"概念，之后农业农村部在 2017 年经国务院批准，发布了《关于进一步加强国内渔船管控 实施海洋渔业资源总量管理的通知》（农渔发〔2017〕2 号）文件，实施海洋渔业资源总量管理：根据海洋渔业资源状况对年捕捞产量实行限额管理，到 2020 年全国海洋捕捞总量要控制在 1000 万吨。

七是捕捞限额试点。该制度从 2017 年开始，在沿海省份部分市（县或海域），选择部分海洋捕捞品种开展限额捕捞管理试点。试点工作尝试了总可捕量的确定，捕捞配额的分配，建立了捕捞日志填报制度，渔获物定点交易制度，限额捕捞试点渔船检查流程，渔业观察员制度，海上监管制度，渔船奖惩制度和捕捞限额预警机制，目前捕捞限额试点已覆盖沿海各省市。

八是资源保护区管理。根据《中华人民共和国渔业法》第 29 条，国家保护水产种质资源及其生存环境，并在具有较高经济价值和遗传育种价值的水产种质资源的主要生长繁育区域建立水产种质资源保护区。据此，2007 年开始建立了第一批国家级水产种质资源保护区，2011 年公布了《水产种质资源保护区管理暂行办法》。1992 年 10 月 27 日，我国建立了第一批国家级水生野生动物自然保护区，包括湖北长江新螺段和天鹅洲白鱀豚自然保护区、广东惠东港口海龟自然保护区和广西合浦营盘港—英罗港儒艮自然保护区。1994 年《自然保护区条例》发布，2018 年水生生物自然保护区全部划归林业部门管理。2006 年国务院颁布了《中国水生生物资源养护行动纲要》。资源保护区管理日趋完善。

九是伏季休渔管理。1995 年，为保护中国周边海域鱼类等资源在夏季繁殖生长而采取的措施，属中国管辖一侧的黄海、东海以及 12°N 以北的南海海域在每年的 6—9 月实施休渔制度。2017 年，农业农村部对伏季休渔制度进行重大调整，海区的休渔开始时间统一为每年 5 月 1 日 12 时，除钓具外的所有大规模作业类型的渔船，以及作为捕捞渔船配套服务的捕捞辅助船同步休渔。

十是增殖放流措施。中国有组织的增殖放流工作始于 20 世纪 80 年代初，以中国对虾为主要代表，此后又先后进行过鲍鱼、魁蚶、虾夷扇贝等品种的放流试验工作，但放流规模普遍较小，增殖效果有限。2006 年《中国水生生物资源养护行动纲要》颁布后，增殖放流事业得以极大推进。2009 年农业部发布实施《水生生物增殖放流管理规定》后，放流行为进一步加以规范。目前增殖放流已经成为增殖水生生物资源的重要举措，为保护渔业资源发挥了重要作用。

## 第二节　中国台湾地区捕捞渔业的管理

### 一、捕捞渔船概况

2010—2018 年，中国台湾地区渔船数量和总吨的统计数据见表 6-1，中国台湾地区渔船数量和总吨变化趋势见图 6-1 和 6-2，近年来台湾地区的数量和总吨均呈现下降趋势。

表 6-1　中国台湾 2010—2018 年渔船数据表

| 时间 | 数量（艘） | 总吨（/t） |
| --- | --- | --- |
| 2010 | 23782 | 613189 |
| 2011 | 23557 | 685124 |
| 2012 | 23441 | 583596 |
| 2013 | 23012 | 606213 |
| 2014 | 22771 | 590709.24 |
| 2015 | 22695 | 596758.56 |
| 2016 | 22567 | 592548 |
| 2017 | 22433 | 580651.7 |
| 2018 | 21908 | 571107.58 |

从图 6-1 可见，中国台湾地区的渔船数量一直呈现下降趋势，在 2010 年达到最大值，在 2018 年达到最小值。

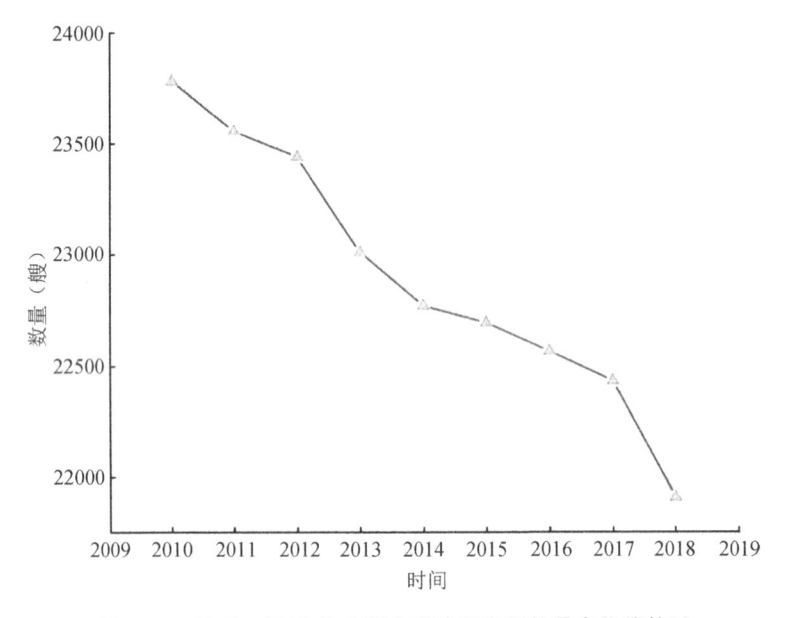

图 6-1　2010—2018 年中国台湾地区渔船数量变化趋势图

从图 6-2 可见，中国台湾地区的渔船总吨呈波动下降趋势，在 2011 年达到最大值，在 2018 年达到最小值。

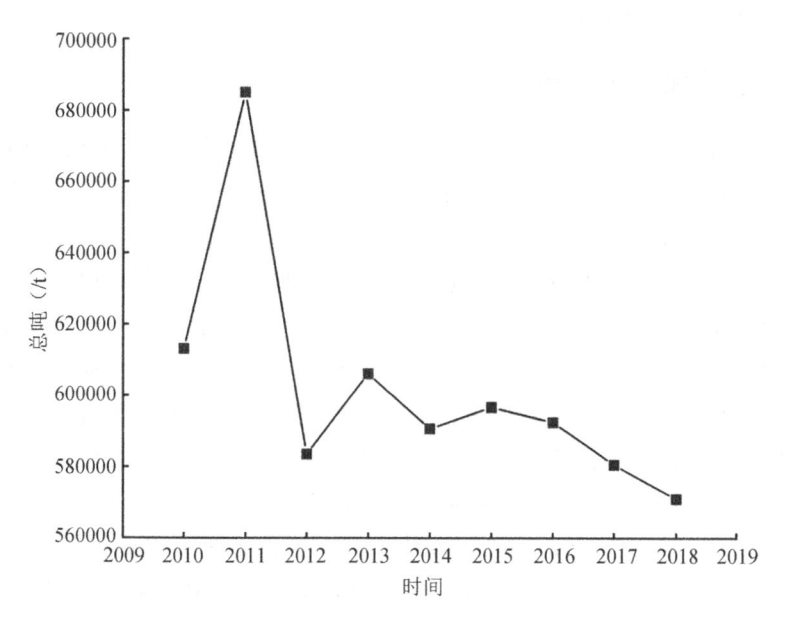

图 6-2 2010—2018 年中国台湾地区渔船总吨变化趋势图

## 二、捕捞种群概况

台湾岛是我国的第一大岛，东临太平洋，西隔台湾海峡。全岛由大小共 86 个岛屿组成，主要岛屿有澎湖列岛、钓鱼岛列岛、兰屿、绿岛等。台湾具有长约 1700 公里的海岸线。

台湾地处北回归线，在大陆沿岸流、赤道洋流和西南季风流的共同作用下，台湾岛气候适宜。独特的地理环境造就了台湾周围海域基础生产力的丰富，为海洋生物提供了良好的繁殖、栖息场所。台湾附近海域海洋生物种类占全球物种的 10%，台湾海域鱼类种类数近 2600 种，珊瑚 250—300 余种，甲壳动物如虾蟹类约 500 余种，海藻约 600 种，棘皮动物如海星、海胆类约 150 种。此外，还有种类丰富的海洋鸟类、海豚、海龟、鲸类等。

由于台湾海域丰富的底层、中上层洄游性鱼类及虾蟹、贝类等生物资源，渔业因此成为台湾农业中仅次于种植业的重要产业。除养殖渔业外，台湾的海洋捕捞渔业包括沿岸渔业、近海渔业、远洋渔业三种。海洋捕捞渔业的捕捞对象包括鱼类、甲壳类、头足类、贝类和其他水生动物。海洋捕捞产量一直以鱼类捕捞占据主导地位。主要捕捞的鱼类有旗鱼、虾类、乌鱼（鲻鱼 Mugil cephalus）、鲷、鲣、秋刀鱼、黄鳍金枪鱼等。捕捞产量居前 10 位的种类基本为中上层鱼类。

### 三、管理组织机构

中国台湾地区渔业的主管部门为台湾行政院农业委员会渔业署,主要负责各种渔业政策、法规、方案、计划的制定及各种渔业事务的督导。行政院农业委员会渔业署的主要职能包括:渔业政策、法规拟订及督导;渔业科学、渔业公害防治的研究及规划;渔船与船员的管理督导;渔业巡护执行、协调及督导;渔民团体与渔业团体的辅导及督导;渔业从业人员、渔民团体与渔业团体推广人员的训练、策划及督导;渔产运销与加工、渔民福利、渔业金融的督导及配合;渔业资源保育、栽培、管理、调查研究、评估;水产养殖渔业的策划、推动、督导与协调;渔港与其附属公共设施规划及督导。此外,还包括国外渔业基地业务,国际渔业合作策划、推动及渔业涉外事务等。

行政院农业委员会是中央渔业决策机构,渔业局是最高的渔业行政机构。总干事负责该机构的日常事务,由两名副总干事和一名首席秘书协助。渔业局由以下部门组成:规划司、渔业监管司、深海渔业司、水产养殖和渔业设施司、秘书处、会计办公室、公务员道德操守办公室、人事办公室、深海渔业研究开发中心、北区办公室和中国台北地区渔业电台。该机构负责执行渔业政策,并向渔业提供推广服务。

中国台湾地区以各种身份参加了一些国际和区域渔业管理组织(区域渔管组织),从正式成员到观察员,包括中西太平洋渔委会、国际渔委会、美洲热带金枪鱼委员会、南部金枪鱼养护委员会、南太平洋渔管组织、北太平洋渔委会、大西洋金枪鱼养护委会和经济合作与发展组织。

台湾渔业行业的组织机构还包括渔会,渔会分为区渔会及省渔会两级,省渔会执行机构的设置更加侧重宏观控制,而区渔会的执行机构更加具体、微观。渔会性质是法人,其主管机关为行政院农业委员会,在地方上为地方各级政府,渔会的运行受到相应主管机关的指导和监督。

### 四、法律法规框架

台湾渔业管理的相关法律法规被划分为渔业类、渔会类、渔港类和组织类。其中渔业类的《渔业法》和渔会类的《渔会法》是台湾渔业管理的两个基本法源。台湾《渔业法》于1929年11月公布,该法指出台湾实施渔业管理制度的目的是:"保育、合理利用水产资源,提高渔业生产力,促进渔业健全发展,辅导娱乐渔业,维持渔业秩序,改进渔民生活"。台湾渔业法制定之初，由于台湾受日本统治多年的影响，参考日本渔业法的地方较多。

《渔业法》自1929年颁布以来，已修订七次，最近颁布的若干条例，特别注重在打击非法、未报告和无管制的捕捞活动方面。现行《渔业法》涵盖了渔业管理相关事宜，其中证照制度、渔业权制度、特定渔业许可制度是台湾渔业管理的几大基本制度。

《渔会法》是台湾渔会制度的基本法，拥有较长的发展历史。其发布时间是1929年，当时还处于日据时期，与其处于同一时期的相关法令仅有《渔会法施行细则》。1975年，《渔会法》被修正为53条，这一版本的《渔会法》是现行渔会法律体系的开端。该法第1条即阐述了立法宗旨，即保障渔民合法权益，提高渔民专业知识、技能，增加渔民收入，提高渔民生活水平，推进渔业现代化建设。并对渔会的职能、设立、会员、经费等做出了详细规定，为其他相关法律法规的制定和发布提供了指导方向和依据。

### 五、主要管理政策

2018年，中国台湾地区渔船数量2.1万艘，总吨为57.1万。台湾基于捕捞能力评估开展捕捞能力管理措施，其中包括减船计划、建立禁渔区和禁渔期、限制渔具和渔法、限制渔获物尺寸、控制总渔获量、制定渔获量报告计划、捕捞许可证和执照数量限制等措施，同时加强监测与执行，安装渔船监测系统，建立渔船动态管理系统与渔捞日志系统等。此外，还向渔民提供了协助，使渔民从事诸如海角和观赏海豚等休闲渔业活动，使沿海和近海渔业的经营多样化。主要管理政策如下。

| 相应政策 | 内容简介 |
| --- | --- |
| 捕捞能力管理 | 评估和诊断捕捞能力，根据获得的结果，采取养护和管理的措施，同时监测所采取的措施，及时进行调整 |
| 阶段性减船措施 | 根据资源状态调整捕捞努力量，包括渔船数量和总吨位等。要在吨位不改变、作业类型不改变的情况下，拆除旧船后建造新船，同时政府分阶段实施减船赎买计划 |
| 作业类型管控 | 对不同吨位的拖网和刺网渔船的改造和捕捞活动有不同限制，例如，渔船改造时需考虑吨位以及获得政府的许可 |
| 渔业组织化管理 | 渔会具有重要地位和作用，渔会包含两级，在渔会中不同的部门有着不同的职责。同时为开展渔船、渔民海难救助等工作，渔会可设置各种不同性质的下属委员会 |
| 休闲渔业管理 | 发挥区域特点，利用社会和自然资源，推动休闲渔业的发展，通过政府、渔业组织和基层自治组织共同管理 |

一是捕捞能力管理。阶段实施捕捞能力管理。首先，评估和诊断台湾的捕捞能力；其次，根据评估和诊断的结果，采取必要的养护和管理措施；最后，将对上述评估和诊断以及养护和管理措施进行定期监测，并及时进行调整。根据《渔业法》，台湾制定了有关捕捞能力管理的条例和细则，颁布了《渔船建造许可证和捕捞许可证发放条例》《渔船出口许可条例》和《外国渔业基地渔船和船员管理条例》等。管理目标逐项划分为总可捕量（TAC）、最大持续产量（MSY）和最大经济产量（MEY）。加强信息采集与获取，包括船舶登记信息、船舶进出港信息、渔获量报告、船舶监测系统、观察员计划、转运和上岸等。

二是阶段性减船措施。1991 年中国台湾省《渔业法》的修改使得省政府有明确的权利根据资源状态调整捕捞努力量，包括限制渔船数量和总吨位等。为了控制总船数和总吨位，拆除一艘旧船才有可能获得许可建造新船，这个过程中船只吨位数不能发生变化，并且该船只能从事同一类型的渔业捕捞。100 总注册吨位（GRT）被用来作为区分大型和小型渔船的分界线，通常超过 100GRT 的船是远洋捕捞作业船，而小于 100GRT 的是近海捕捞作业船。从 1991 年到 2014 年，政府分阶段实施船舶减船赎买计划，包括针对老旧渔船的自愿回购计划、船只回购计划以及针对金枪鱼延绳钓渔船和拖网渔船特别回购计划，并按阶段暂停了渔船重建的权利。

三是作业类型管控。1967 年，中国台湾省开始控制中小型拖网渔船的总数和总吨位。除去已经申请到造船许可的中小型拖网渔船以及已经开始进行拖网作业的渔船，若想建造小于为 300GRT 的新拖网渔船，必须是通过许可为建造替代渔船。1989 年起，所有中小型拖网渔船的建造都必须获得建造替代渔船的许可。禁止在距离海岸 3 海里范围内进行拖网捕鱼，以及限制总注册吨位在 50GRT 以下的船只在距离海岸 3—12 海里范围内进行拖网捕鱼。在中国台湾省二百海里海域内进行刺网捕捞，须经渔政主管机关核准，所用渔船以总注册吨位 100GRT 以下、刺网长度不超过 2.5 公里为限。除非获授权进行刺网捕鱼，否则任何渔船不得改装为刺网渔船，以及安装和携带刺网渔具或设备。为了控制刺网捕捞，各市县还制定了禁渔区或禁渔期的规定，或限制使用多层刺网。

四是渔业组织化管理。渔会在台湾渔业行业的组织化管理中具有重要地位和作用，分为区渔会及省渔会两级。区渔会为基层渔会，可于渔业集中的渔区设立。各区渔会接纳地区渔民入会成为会员，各区渔会为独立的公益社团法人，仅财务、业务接受省渔会辅导。渔会采用权责划分的制度，组织机构分为权力部门和行政部门。权力部门即议事机构，行政部门是渔会的执行机构，总干事是渔会行政主管，执行理事会下达的决议。执行机构下设有秘书处和会务、业务、推广、辅导、财务五组，以及示范鱼市场等六个单位。另外，为开展渔船和渔民的海难救助、渔会互助、推广及生产建设基金管理运用等工作，可设置各种不同性质的下属委员会，以满足业务需要。

五是休闲渔业管理。台湾休闲渔业早期主要通过政府主导，采用"供给导向型"发展模式。随着休闲渔业发展逐步壮大，台湾的地方渔业组织和基层自治组织，如渔会和社区开始参与进来。尽管各地渔港仍由当地渔业部门管理，但是真正有效推动渔港休闲渔业发展仍需依靠民众的智慧和力量。此外，台湾休闲渔业充分发挥区域特点，利用当地的人文、景观、产业等社会和自然资源，实现了全方位推动当地旅游资源的开发和休闲渔业的发展。

### 六、对大陆的启示

#### （一）阶段性减船措施

根据每个阶段渔业资源状况和渔船特点，政府采取分阶段实施船舶减船赎买的计划，比如对船只回购计划以及针对金枪鱼延绳钓渔船和拖网渔船特别回购计划，并按阶段暂停某些类型渔船重建的权利。

#### （二）作业类型管控

根据渔业资源区域情况，对不同作业类型进行管控。包括控制中小型拖网渔船、禁止在距离海岸 3 海里范围内进行拖网捕鱼、除非获授权进行刺网捕鱼，否则任何渔船不得改装为刺网渔船，以及限制使用多层刺网等。

# 第七章　国际海洋捕捞渔业管理经验及对我国的启示

海洋捕捞渔业管理包括渔业资源、捕捞设施设备与技术手段、过程以及渔获物监管等主要环节，由此而形成了包括渔业资源、捕捞配额、捕捞许可、渔船渔具渔法、渔获物、监管与信息化、渔业组织市场化以及休闲渔业管理等各种制度、政策方法措施。前述章节从欧洲、美洲、大洋洲以及亚洲相关国家，分别介绍了各国的主要管理政策，本章将综合上述章节，对各国管理经验进行分析与总结，在此基础上，得出各国管理经验对我国的启示。

## 第一节　国际捕捞渔业管理经验总结

### 一、渔业资源管理

国际上渔业资源管理基本都是以资源养护和环境保护为目的而展开的，主要制度政策包括以最大持续渔获量为标准的多年度生态渔业计划、生态系统的渔业管理、不同海洋渔区鱼种的分类管理以及捕捞总量控制等。捕捞总量控制，在世界各国都有不同程度的实施，生态渔业计划和分类管理在美洲和欧洲国家应用较广。

包括的环节内容主要有：

①渔业资源评估，估计资源的丰度、捕捞强度、捕捞水平和趋势制定相应管理措施；

②针对多种鱼类的捕捞、保护措施列成多个管理计划；

③制定渔业管理计划中各环节的标准；

④鱼类种群健康状态的评估与划分；

⑤包含资源、气候、栖息地、生态以及社会和经济多因素的动态协调；

⑥数据和信息的采集，包括资源监测与渔捞数据的统计监测；

⑦减少渔业资源浪费、废弃渔获禁令；

⑧小规模渔业的自主资源管理。

2013年经过改革的欧盟共同渔业政策从之前的总允许捕捞量转化为以最大持续渔获量作为唯一评判标准，同时更加注重了减少渔业资源浪费、废弃渔获禁令与落地责任义务等措施手段。日本在渔业资源管理中，必须通过种群评估来估计资源的丰度、捕捞强度、捕捞水平和趋势，并根据评估结果采取适当的管理措施，以实现渔获量达到最大可持续产量为管理目标。

美国国家海洋和大气管理局通过了一项政策声明和路线图，以指导基于生态系统的渔业管理（EBFM）的开发和实施。来解决生态系统之间的相互联系，以帮助维持弹性和生产性生态系统，实现渔业资源、气候、栖息地、生态以及社会和经济的动态协调，将潜在种群数量变化的可能机制与最明智的管理行动联系起来，这不仅涉及渔业资源管理环节，还需要考虑渔业管理的每个环节，进而达到动态平衡。美国管理海洋渔业的主要授权法则是《马格努森·史蒂文斯渔业养护和管理法》，该法的许多原则与实施EBFM政策相一致。

美国海洋渔业管理计划是美国海洋渔业开发政策的核心，是在海洋渔业品种总量控制的基础上，对不同的海洋渔业区域实施分类管理的措施。每个具体的计划对各自的渔业资源制定了相应的管理政策、法规及实施目标，包括加强渔业监测与评估、渔捞数据的统计与监测以及强化环境、资源及生态保护政策的执行三个方面。计划规定每个渔区可以制定20—30个鱼种的总许可捕捞量，并在此基础上确定许可证发放数量，以及规定禁渔期、禁渔区等养护和利用措施。

类似于美国渔业管理计划制度，加拿大每年将400多种鱼类的捕捞、保护措施列成多个管理计划，管理内容主要包括：目标、管理范围、捕捞量、管理措施以及渔业企业等。加拿大制定了《渔业核对清单》作为收集主要种群和渔业数据的工具，该清单包括100多个问题，该清单已用于评估加拿大部分渔业和鱼类种群的状况，以此将渔业资源分为"关键""谨慎"和"健康"三类。加拿大商业渔业管理的一个关键组成部分是可持续渔业框架，包括养护和可持续利用政策以及规划和监测工具。加拿大也加强捕捞对生态环境影响的管理，通过对现有数据和信息的采集，帮助确定底栖栖息地的类型、特征、群落和物种的范围和位置，通过收集和绘制有关捕鱼活动的信息和数据，评估活动可能对底栖栖息地、群落和物种造成损害的风险。同样，阿根廷则是以不同鱼种制定相应的渔业管理计划。

新西兰渔业资源管理提出生态管理机制，类似于美国、加拿大等的生态系统管理办法，包含"预防机制""维护生物多样性机制"以及"规避风险机制"等多内容的复合型机制,在该机制下实施渔业配额制度、副渔获物以及海底栖息地生态管理等政策。新西兰对部分渔业实施基于目标的渔业管理计划,目的是在政府规定的环境限度和标准范围内从其渔业中获得最佳价值,规定了确保实现渔业成果所需的最低绩效水平,包括捕捞战略、认定价值和质量管理制度引入标准。

日本渔民自主资源管理也是其特色,通过协会和渔民会员签署协议,确定作业方式、捕捞对象、个体大小、作业期间和区域等方面的限制条件,并进行自主管理。这种管理措施的优势是容易被渔民遵守,并降低了渔政管理成本,被认为是有大量小规模渔业者存在地域中最为有效的资源管理方式,在国际上得到了较高评价。

## 二、捕捞配额管理

为解决渔业资源与捕捞能力之间的矛盾,渔业配额管理措施,在世界大部分国家的渔业管理中心得以实施,对实现渔业资源与捕捞之间的平衡起到了较好的效果。

包括的环节内容主要有:
①配额实施前的过渡和激励措施;
②资源监测基础上,制定总量控制;
③总量分配与配额计算;
④配额私有化或可转让管理;
⑤监管监测系统;
⑥禁止丢弃渔获物、控制弃鱼量。

欧盟委员会每年都会以法规形式制定总量控制,由渔业部长理事会分配给成员国,成员国再分配给渔民、渔船、渔业组织,禁止丢弃渔获行为,要求渔业者除了捕捞目标鱼种外,弃鱼量应控制在总捕捞量的5%以内。英国的捕捞配额管理,利用闭路电视的远程电子监控系统对渔获进行全面记录,目的是减少渔获物的丢弃量,渔船必须记录其配额分配下的所有渔获量,使用闭路电视监控渔获量。

挪威配额管理制度与许多国家不同,挪威并没有把配额私有化,配额也不是渔民的产权。配额必须随渔船流转,配额和渔船同时存在,不可分割,购买配额就需要联同渔船一起买,当转移配额到其他船上时,必须是以这艘船永久报废为前提。每年总量配额差别不会太大,渔民能够预计自己的配额所需的捕捞能力,从而加以调整,不用为了竞争而投资能力过大的渔船,整个船队为了提升效率或减少成本,也会在转让机制下移除多余的船只。单船所拥有的配额比例是由该船的长度决定的,这个长度会被记录在册,当船只为了种种原因需要改变船长时,它的配额比例并不会增加,而是参照当时的长度,这使得小型渔船可能也有很多配额。不必以牺牲小船为代价使大船获得配额,同时也减少了渔民增加船只长度或吨位等捕捞能力的指标。交出配额的渔船必须拆解,放弃许可证。

冰岛配额管理以近2—3年期间个体渔船的渔获量为基础分配捕捞配额,采用个体渔船可转让配额的管理系统,特定渔场中每艘船的年度配额按照体积计算,是该渔场的总捕捞量和配额份数的简单倍数。永久配额份额和年度渔获量配额都是可转让的,配额在捕捞年度内可以出售,固定配额可以转让,以产品价值为单位来计算。澳大利亚在捕捞限额制度方面,同时规定捕捞总量和个人捕捞配额,按照渔船主机马力和船舶吨位分配渔民的捕捞配额,捕捞配额可以转让、买卖。韩国的个别渔船配额由各自的渔民合作社分配。

美国的配额通常是根据对渔业的历史参与情况进行分配的。它们可以分配给个人、合作社、社区或其他实体。制订渔获配额方案是自愿的,捕捞份额方案可以设计为留出份额,允许新的参与者进入渔业,包括新一代的渔民、小型企业或其他。美国实施产出控制的制度,为了消除渔民对配额捕捞的负面情绪,采取了一系列与之相关的辅助配套措施。从捕捞到销售实施的全过程监管,主要通过船舶卫星监控系统、派驻观察员、执法人员定期海上检查、捕捞与购买数据自行申报等方式对捕捞全过程加以监督管理。

日本总量配额系统将其渔获量分配给每个渔场或州政府,而不是分配给个别渔民。为了收集对资源评价和资源管理很重要的渔获量资料,要求获得许可的渔场必须提交渔获量记录报告。在渔获资料方面,以电子方式报告,收集渔获资料被视为智能渔业活动。新西兰的商业渔业通过基于个人可转让配额的配额管理制度进行管理,渔业配额制度是建立在生态管理机制上的,制度规定必须严格根据海洋生态环境与渔业资源的变化来确定捕获量配额的具体比例与数量,并有一个较为健全的程序来随着种群的自然变化调整配额数量,这些在渔业法明确规定。新西兰针对鲨鱼、渔业殃及的其他种群还包括海鸟与海洋哺乳类,建立了副渔获物的配额管理制度。

## 三、捕捞许可管理

包括欧盟共同渔业中统一渔业执照在内的捕捞许可制度,被世界各国采用，以形成入渔条件、限制入渔准则，各国捕捞许可证基本都涵盖了捕捞生产相关的信息。在基本制度相同的情况下，有的国家可以转让、合并，有的国家对渔业船舶进行限制，超过一定尺寸参数的船舶不能够进行捕捞作业。

包括的环节内容主要有：

①包括作业类型、捕捞方法、捕捞期限、作业水域、渔获物种等相应信息规定；

②可否转让、合并以及买卖的规定；

③分级审批及管理；

④使用期限以及办理规定等。

1992年12月20日，欧盟理事会通过了法规（EEC）第3760/92号第5条，决定对海洋及养殖渔业建立一项统一的渔业执照许可制度，要求必须事先获得捕鱼许可证，才能进行捕捞作业，任何渔船在执照被撤销或暂停时，必须停止作业。英国政府实施限制性许可证制度，捕捞许可允许转让合并，规定在不导致船舶总吨、总功率与捕捞能力单位增加的条件下，捕捞许可证可以脱离渔船而单独转让或合并，多个捕捞许可证可以合并为大船的捕捞许可证，大船的捕捞许可证可以分为多个小船捕捞许可证。澳大利亚实施渔业许可证制度，捕捞许可证可以转让、买卖，许可证每年需要重新登记一次。

冰岛《渔业管理法》中规定了海洋渔业资源为冰岛人民的共同财产，冰岛的公民在拥有适航的船舶以及具备相应资质的情况下，可以申请捕捞许可证，在拥有相应的配额后，进行捕捞。在美国，凡是从事渔业活动的美国渔船，都必须向商务部申领渔船许可证并缴纳费用。许可证上要注明船主名、吨位、功率及所使用的渔具和数量等。对于登记长度超过50.29m、总吨位超过750的船舶，不得申领渔船许可证，总输出功率超过2206 kW的船舶，也不得申领渔船许可证。韩国许可证制度主要是从事渔业相关生产的单位或个人，经国家认证后方可从事生产，许可证最长有效期为5年，其间不许进行交易。许可证制度是根据海域区位及渔船吨位实施分级管理和审批，许可证不仅用于捕捞认证，还包括渔船作业类型、捕捞方法、捕捞期限、证书有效期限、作业水域、渔获物种类等相关规定。

## 四、渔船管理

各国为控制捕捞强度、养护渔业资源，基本都通过控制渔船投入的方式降低捕捞强度，实施减船回购计划。有的国家采用分阶段、分年限的减船回购，有的国家则保持减船。根据控制渔船数量、渔船总吨、渔船功率来衡量减船计划的实施。

包括的环节内容主要有：

①制定数量、年限以及衡量指标；

②实施包括进入退出规则、年限、补贴等相应的配套措施政策办法；

③按渔业资源去恢复状态、渔业种群状况等的分类减船；

④包括比例、年限、规定条件的财政补贴实施；

⑤减船监管系统；

⑥与渔业资源的评估协调；

⑦对已经减船生产者的调研跟踪。

欧盟一直采用渔船吨位和功率作为捕捞能力的衡量指标，并根据渔船吨位与渔船功率进行减船。实行渔船"进入/退出"制度（EES），新进入渔业的任何船只的捕捞能力必须由具有同等能力的已撤出船只来抵消，已取消的捕捞能力不能被补回。通过政府赎买减少的捕捞能力，要从捕捞上限中减去，政府赎买的渔船只能是来自捕捞能力与捕捞机会不匹配的船组类别。如果成员国不报告或者不执行行动计划，将会导致他们部分欧盟资金的扣留或者中断。

法国执行的大多数捕捞能力削减方案涉及被认为是"敏感的"渔业，即认为有必要减少该类型船队的规模。美国回购计划是建立在渔民自愿原则基础上，基于渔区资源生态恢复的目标，政府通过购买渔船或捕捞许可证来削减过剩捕捞产能的举措。阿根廷渔船更新改造、换代升级只在船队容量不增加的情况下更换船只。日本所有渔业类型都限制渔船数量和总吨位，并且限制时间/区域和渔具等技术。日本政府建立了一个渔船注册系统，国家的总渔船数和吨位都被严格监控，只有在这个系统里注册的船只才能当作渔船，通过政府的许可证制度限制渔船的数量和每艘渔船的大小。

韩国减船政策关键控制目标是渔船数量、总吨和功率，是由政府主导推进，一般分为两种，即全面减船和特别减船。全面减船指渔业生产内部需求的减少，特别减船则是由于国家渔业协定之间的渔场损失而造成的减船，政府提供一定的财政补贴用于减船计划。中国台湾地区采取的是阶段性减船措施，限制渔船数量和总吨位指标，政策要求拆除一艘旧船才有可能获得许可建造新船，这个过程中船只吨位数不能发生变化，并且该船只能从事同一类型的渔业捕捞。政府分阶段实施船舶减船赎买计划的对象，包括针对老旧渔船的自愿回购计划以及针对金枪鱼延绳钓渔船和拖网渔船特别回购计划，并按阶段暂停了渔船重建的权利。

## 五、禁渔休渔与渔具管理

为了养护渔业资源，各国根据资源承载量实施了禁渔休渔计划，同时加强包括网目尺寸、限制渔具以及渔具回收的渔具管理，针对不同海区禁止或限制使用不同类型的渔具，同时配以相应奖励措施，鼓励使用友好型渔具渔法。

包括的环节内容主要有：

①全渔区禁渔休渔；

②针对不同种群的禁渔休渔；

③限制或禁止作业渔具类型；

④限制网目尺寸；

⑤渔具回收管理；

⑥相应的鼓励措施。

欧盟共同渔业政策采取限定最小可捕体长和上岸体重、禁渔区和禁渔期措施。英国在北海实施了一个实时关闭系统，旨在保护鳕鱼和鲑鱼的幼鱼聚集体。在幼鱼渔获量超过规定水平的情况下，实行时间有限的禁渔区，所有使用底栖拖网和类似渔具的欧盟、挪威和法罗群岛船只都必须在重新开放之前避开这些地区。苏格兰政府制定了一项保护信贷计划，奖励已签署对保护鳕鱼种群有明显影响措施的渔民，包括网具的使用，比如使用方形网板等旨在减少鳕鱼渔获量的渔具等。作为奖励，船只可以在海上获得额外的作业天数。

在英国其他地区推广了旨在奖励避免捕捞鳕鱼行为的类似计划，而实时封闭机制亦扩展至北海南部和苏格兰西部，所有英国船只均遵守封闭区域管理。针对鳕鱼，采用了新的渔具，以减少船只对鳕鱼的捕捞。阿根廷对虾和鳕必须有选择性地使用渔具，对一些渔业的渔具和捕鱼区进行限制，在某些渔业中，根据渔具的种类和目标鱼种，限制一天中捕捞的时间。冰岛根据捕获的鱼体最小尺寸和鱼类产卵期对某些渔场实行定期休渔制度，为了保护产卵鱼类，政府制定了多方面的规定，对渔区实施临时性休渔，禁止所有类型的捕捞作业。澳大利亚根据各渔业经济区的资源状况，规定当年的捕捞总量，设置休渔期，在鱼虾幼体栖息地设置长期禁渔区，限制捕捞网具网目和尺寸，设置捕捞鱼类的最小可捕标准。

中国台湾地区控制中小型拖网渔船总数和总吨位，所有中小型拖网渔船的建造都必须获得造替代渔船的许可。禁止在距离海岸 3 海里范围内进行拖网捕鱼，以及限制总注册吨位在50GRT以下的船只在距离海岸3—12海里范围内进行拖网捕鱼。在中国台湾省200海里海域内进行刺网捕捞，须经渔政主管机关核准，所用渔船以总注册吨位100GRT以下、刺网长度不超过2.5公里为限。除非获授权进行刺网捕鱼，否则任何渔船不得改装为刺网渔船，以及安装和携带刺网渔具或设备。为了控制刺网捕捞，各市县还制定了禁渔区或禁渔期的规定，或限制使用多层刺网。

日本重视环境养护推广渔具回收，渔业署开发和推广渔具回收技术，开发环保材料制成的渔具，促进渔民收集海洋垃圾，支持当地沿海的清理工作，并推行电动或氢燃料电池渔船，以减少温室气体排放。

## 六、渔获物管理

捕捞渔业中渔业资源，是产生捕捞渔业产品的重要来源，而渔获物是渔业生产的头道产品，整个渔获物的跟踪监控，对捕捞渔业全环节管理起到至关重要的作用。从上能关联渔业资源，向下能实现生产作业、流通销售及其附属设备设施的贯通，对捕捞渔业管理起到重要作用，受到各发达国家的高度重视，比如美国立法严格要求渔获物销售地和销售许可等。

包括的环节内容主要有：

①渔获物弃渔管理；

②渔获物信息登记与过程监管系统；

③渔获物可追溯管理与构建全程电子报告系统；

④渔获物加工与质量管理；

⑤渔获物交易和市场流通管理；

⑥制定渔获物生产加工、流通等相关标准。

在渔业配额管理活动中，渔船在登岸时为不超过配额，通常随意丢弃超量渔获物，欧盟2013实行废弃渔获物禁令，其后，禁令逐渐覆盖所有鱼类。与废弃渔获禁令相联系的落地义务则鼓励渔民采取措施减少非目标渔获物并保证所有渔获物上岸。英国捕捞渔船需记录其配额分配下的所有渔获量。利用闭路电视的远程电子监控系统对渔获物进行全面记录，目的是减少渔获物的丢弃量，同时降低鱼群的总体死亡率（即上岸和丢弃）。在冰岛，弃鱼是被禁止的，冰岛在港口管制和所有渔获物称重方面有执法制度，冰岛船只的所有渔获物必须在登陆港由当地港务局称重并记录，登陆港每天直接向渔业局的中央数据库发送信息，渔业局始终掌握最新的渔获量数字，能够迅速有效地对渔业进行管理和监测，并将这些信息在网上公开。

挪威具有强大的渔获物监测与数据收集体系和历史悠久、监管职能较为健全的渔获物销售组织，包括电子渔获物、捕捞方式报告及电子航海日志等，挪威渔业管理当局需要收集的渔获物数据，一般包括渔船登陆与渔获物销售数据，由渔获物销售组织负责收集、整理，并以电子形式递交渔业管理指挥部，监测数据由海岸警卫队收集并录入数据库。法国引进了关于渔获物、着陆和转运的电子申报，以及关于销售的电子文件要求，为渔获量上岸、转运和销售所需的电子文件建立电子报告系统，这些措施的目的是及时更好地了解整个渔业部门从捕获到市场的活动。西班牙对渔业产品的首次销售作出了规定，同时重点关注渔获物质量、食品安全、可追溯性、环境方面等问题。

英国要求向渔业产品的购买者和消费者提供更多的信息，还规定了对渔业和水产养殖产品贴标签的要求，必须提供相应的供应链信息。欧盟国家采用水产品可追溯体系，可追溯体系的实施主要通过法规、流通方式及冷链物流的优势等方面为可追溯体系的实施提供了保障。流通主体只需要记录和掌握来源于上游流通链主体的不同批次的水产品信息，并把必要的水产品信息提供给流通链下游主体，同时记录产品相互关联的上下游信息，这样一旦产品发生问题可以做到层层追溯查找原因。

美国渔获物交易。渔业市场监管制度是美国对于渔业市场以及交易的监管制度，无论是买卖交易市场还是渔产品加工厂都必须向渔业局申请渔业许可证，没有许可证将会受到处罚，渔业相关产品必须在指定的场所市场进行交易，在市场管理的处罚上，美国渔业局也十分严格，禁止市场交易双方以及管理者各种形式的舞弊行为，如果发现将受到严厉地处罚。

日本的渔获物信息以电子化信息为主，并将渔获物信息纳入各级政府部门绩效考核管理体系中。同时，加强渔获物加工设备设施的质量和卫生管理，促进生产应对国内外的需求。对于批发市场，促进生产区市场的一体化，加强质量卫生管理体系，促进渔业可追溯性活动，推广在渔业和水产养殖产品上使用海洋生态标签。韩国渔获量统计中以渔业者和委托贩卖者的渔获量报告为原则，观察员和渔业监督员对其进行确认，并配以处罚条例。印尼则对渔获物产品制定相应国家标准，比如渔产加工程序（渔产冷冻、渔产卸下、职工工作方式和粮食安全管理等），微生物学测试程序也被列入印尼国家标准。

## 七、监管与信息化

捕捞渔业的监管与信息化，受到广泛重视，各国都不同程度地实施了相关制度措施和办法。

包括的环节内容主要有：

①渔船登记、许可、配额等管理信息动态系统；

②法律要求渔船配备监控设备，制定费用管理规则；

③构建渔船位置等监管系统；

④渔业信息化监管系统；

⑤渔业资源评估数字化系统；

⑥渔业大数据与智能技术实施与应用。

挪威于20世纪90年代末完成了渔业船舶动态管理体系及渔业船舶监控系统建设。同时，在该国专属经济区内作业的所有外国渔船也被要求配备卫星监控设备。利用渔业船舶船位监控系统的数据传输功能，将信息传到渔业局的配额管理系统。渔业管理指挥部还建立了一个数据库，专门汇集渔船登记、捕捞许可登记、捕捞配额等实时管理信息。英国渔业部门高度重视渔业管制和执法工作，每年在空中、水面和港口监测综合方案上投入财政支持。构建共享船只监测系统数据（卫星位置报告），并在港口和海上交换观察员，以便巡逻船只在任何水域工作。

冰岛开始于20世纪90年代初期，为加强渔业生产安全，利于渔业管理和监督，政府规定所有24m以下的渔船必须安装符合规定标准的监控设备，冰岛24m以下的渔船是国内近海海域作业，渔船安装的监控设备可以不仅限于卫星监控设备，只在其近海作业的渔船可以安装甚高频（VHF）通信监控设备。冰岛法律规定按要求安装监控设备的渔船设备费用由政府支付，渔船正常发送位置信息的卫星监控通信费用是由渔船船主支付，政府调取渔船位置通信费用由政府支付。西班牙渔业局、海军和国民警卫队之间的相互合作，以提高在各个国家和国际渔场为西班牙渔船工作的海军视察队的效率和数量。包括港口检查、渔业活动的监测和监督、打击非法捕捞活动的行动、销售符合最低尺寸要求等。从海陆空三方面监测渔业，开展对渔船的空中、海上监视，控制公路鱼类运输，检查鱼类是否符合标明的公路运输最小尺寸规定。

美国的渔业信息化监管系统包括：捕捞日志或捕捞航次报告、进出港通报、船舶监测系统、电子监测、船舶观察员以及上岸港口码头监测是常用的工具。捕捞日志或捕捞航次报告属于渔民的自行报告，目前大部分通过线上操作提交方式。美国渔民和交易商都需要向国家海洋渔业局提交捕捞报告。美国国家海洋和大气管理局渔业执法办公室与美国海岸警卫队和州执法伙伴密切合作，利用海空巡逻、船只监控系统和其他监控工具，监测美国专属经济区内的捕鱼活动。加拿大重视海洋渔业资源评估，通过财政支持构建了完善的可视化数字信息系统，为渔业资源的评估与预测提供技术支持，加强对全国沿海渔业生态环境的监测。在陆地、海上和空中进行定期巡逻，通过渔船自主报告、飞机视察或登船检查、设置观察员、卸货渔港检查、加工流通市场的检查等多个环节监督捕捞执行情况，违规企业将受到重罚。阿根廷渔船装有一套带有24小时摄像功能的系统，可以不间断地记录船上的活动，包括捕捞活动和甲板作业，在整个商业船队中使用带有连续记录的摄像系统是强制性的。为更多和更好地整合和交叉连接渔业活动信息，优化渔业信息系统如渔获量、上岸、处理、VMS、渔具、选择性装置、船只特性、许可证等。

日本获授权的渔业监督员、海岸警卫队和警察合作，从事捕捞渔业管制活动，而属于渔业合作社的渔民则巡逻渔场。日本引入选择处理技术与信息通信智能技术，实现渔获物电子交易。推广智能渔业，为了将渔业转变为一个不断增长的产业，在渔业和水产养殖场促进智能技术的引进和推广，通过发展渔业数据协调基础设施，使各领域获得的数据能够协调、分享和利用，支持有效管理等。印尼渔业监管与执法包括印度尼西亚海军、印度尼西亚国家警察（包括水警和空军或波利西航空公司）、海洋和渔业资源监督和控制总局，以及省和区一级渔业服务局和社区监测组织网络协同合作。

澳大利亚水产行业，尤其是养殖设施自动化程度高，通过大数据、物联网、信息化、人工智能、智能装备等技术实现远程的自动管理。通过安装传感器和智能设备组成"物联网"，利用射频识别、传感器、二维码技术，及其他感知设备对各生产要素进行标识，实时获取相应信息。在捕捞渔业方面注重捕捞数据的监管，加强渔获量的全程监控与数据采集，并积极利用互联网技术加大对数据的共享与综合运用，为渔业管理提供决策与优化。新西兰使用先进科学技术来提高获取渔业相关信息的质量和数量，加强对商业捕鱼活动的监控，实施数字监控项目是用于跟踪、报告和监控商业捕鱼活动的数字系统

## 八、渔业组织市场化管理

由分散、散点式管理向市场集中组织化管理推进，并加强包括渔民在内

的各利益相关方自主参与管理的模式，也是大部分国家都积极尝试的一种捕捞渔业管理途径。比如日本依据渔业资源特征，针对小规模渔业采取的渔民自主资源管理措施，起到较好效果，受到世界关注，在国际上得到了较高评价。

包括的环节内容主要有：

①渔业利益主体形成的区域性管理委员会、咨询委员会、理事会以及协调会等组织形式；

②涵盖信贷、渔需、装备合用、流通加工以及养殖等功能的区域性民间渔业合作组织形式；

③政府、渔民和其他利益集团的共同管理计划；

④渔业行业协会、渔会；

⑤渔村等社区渔业管理；

⑥渔业从业者自行组织实施的自主管理。

欧盟的共同渔业政策，在管制政策上，增强渔业利益主体的参与，要求设置包含各利益主体的区域咨询委员会，就某些海域或鱼类种群的渔业管理决定向委员会提供咨询意见。英国建立协调委员会和区域咨询理事会，制定英国海洋科学战略，以帮助传递证据以实现英国的海洋目标，向政策顾问和决策者提供关于海洋气候变化影响的高质量证据和相关建议。法国分散的渔业公司和渔民成立了众多的区域性民间渔业合作组织，包括互助信贷、渔需供应合作社、合作装备和管理合作社、水产储运批发合作社以及养殖合作社等。美国8个区域性渔业管理委员会均设置有针对鱼种资源进行数据收集、分析与评估的科学与统计分委员会，以及与渔民捕捞、水产加工与技术提供等社会配套相关的咨询委员会。

日本渔业管理不仅有国家和地方团体根据法律实施的行政管理制度，同时也有渔业者自行组织实施的自主管理制度，这是日本渔业管理区别于其他国家的显著特征。日本充分发挥渔协的作用。渔协是由渔民参与的具有独立事业法人资格的自律性组织，拥有管理和经营"渔业权"的双重职能。日本渔协管理体系按地域分为全国渔协联合会、都道府县渔协联合会和市渔协组合3个层次。渔业协同组合是最小规模的渔业协调组织，一般由当地渔民组成，基本上按渔村设立。

韩国渔业局引进了以渔业为主的渔村管理模式，开始实行社区渔业管理，鼓励渔民自愿参与渔场和资源管理，而不是被动地遵循政府的渔业资源管理计划，渔民团体对自己的渔业采取自愿管理措施，并积极参与争议解决的决策过程，在相关渔业法律法规的框架内创收、管理渔场和资源以及增加鱼类资源。印尼渔业协会成为渔民和政府间的沟通桥梁，协助政府提高行业的管理效率和效益。

澳大利亚政府启动了实施国内渔业试行共同管理计划的进程，共同管理创建了一种伙伴关系，政府、渔民和其他利益集团就可持续渔业管理的责任和义务进行谈判、分享和授权。这种合作管理加强了渔业管理局与其利益相关者之间的合作方式，建立了管理海洋行业的"管家"方式。新西兰土著渔业使用习惯捕鱼条例，群体决定谁对某一渔场拥有管理地位，可以由许多团体共享，团体选择一些人作为该地区的监护人。监护人可以向任何人发放许可证，允许他们在自己的区域内捕鱼，供周期性使用，在部分地区也建立了区域性共同管理关系。

中国台湾地区的渔会分为区渔会及省渔会两级，省渔会执行机构的设置更加侧重宏观控制，而区渔会的执行机构更加具体、微观。渔会性质是法人，渔会采用权责划分的制度，组织机构分为权力部门和行政部门。权力部门即议事机构，行政部门是渔会的执行机构，总干事是渔会行政主管，执行理事会下达的决议。执行机构下设有秘书处和会务、业务、推广、辅导、财务五组，以及示范鱼市场等六个单位。

### 九、休闲渔业管理

休闲渔业作为促进传统渔业转型、提高渔民收入、实现转产就业、促进渔业经济发展的重要途径，受到了各国重视，采取了相应措施推动健康发展，涵盖限额捕捞、许可证、收费、监测等方面。

包括的环节内容主要有：
①休闲渔业的界定；
②休闲捕捞许可证、休闲垂钓执照；
③总量控制、限额管理；
④渔捞日志、航海日志以及渔获量限定；
⑤使用设备及渔具、渔法的限定；
⑥收费制度以及融合人文、景观、产业的休闲渔业。

英国的休闲捕鱼被定义为一种不以营利为目的的捕鱼活动，出售捕获的任何东西都是非法的，需要休闲捕鱼许可证，休闲渔业没有每天的渔获量限制，但是对鳗鱼有强制性的捕捞和释放规定。2009年引入的《海洋和沿海通行法》引发了关于是否授予休闲垂钓者执照的讨论，后来被否决。政府建立抽样制度，以监测休闲渔船对受恢复计划限制的鱼类（鳕鱼、黑鱼和某些鲽类）的渔获量。通过控制监管规定，委员会考虑引入额外的管理措施来控制娱乐活动，包括许可制度和要求休闲渔民捕获的航海日志。

法国规定了娱乐垂钓的捕获量，严禁销售娱乐性捕捞产品，列出了休闲垂钓者可使用的设备类型的全面清单。在水下休闲垂钓中，禁止使用呼吸器，禁止夜间垂钓，浮潜捕鱼的从业者必须通知当地当局，此外，还要办理民事责任保险。为康乐海洋渔业登陆点贴上标签，其目的是打击非法销售渔业产品。政府引入了一个电子报告系统，让休闲的海洋垂钓者可以自愿申报他们的渔获量。西班牙休闲捕捞渔获物的销售被禁止。休闲捕鱼需要地方当局颁发的许可证，捕捞某些被称为"附件三物种"的物种（如鳕鱼或金枪鱼物种），需要中央当局签发的具体授权书。渔民必须申报渔获量，以便制定评估这些渔业影响的试点项目。

美国每个州都有为其水域制定规章制度，在少数情况下，州规章允许以娱乐方式捕获的鱼进行销售或物物交换。许多州都要求有咸水捕鱼许可证。每日娱乐捕捞限额，因州和物种的不同而不同，从一些枯竭的物种的零限额到其他更丰富的物种的无限制限额，还包括尺寸和渔具限制，美国近56%的海洋休闲渔获物是活放生的。加拿大的休闲渔业是联邦、省和地区政府的共同责任，联邦政府渔业与海洋部负责海上游钓许可证的发放，各省负责淡水游钓许可证的发放。发放的海上钓鱼许可证由使用期限决定价格费用，加拿大游钓许可证收费是渔业中产值排名前位的产业。

韩国推动休闲渔业健康发展的《休闲渔业管理和发展法》，目的是防止过度捕捞、休闲渔业造成的环境问题，并促进休闲渔民的安全。该法载有关于被禁止的物种、大小和渔具的规定，休闲渔业经营者的授权以及有关安全条例。中国台湾地区的休闲渔业充分发挥区域特点，利用当地的人文、景观、产业等社会和自然资源，实现了全方位推动当地旅游资源的开发和休闲渔业的发展。

澳大利亚是休闲游钓业管理，要求限制最大捕捞量，规定最小游钓鱼类规格，设置禁捕鱼类，对游钓方法进行详细规定，对娱乐性游钓的区域进行限制，规定鱼类产卵期的禁捕时间等。新西兰规定了在总可捕量范围内允许休闲捕鱼，施加的限制包括每日限制、方法限制、大小限制和季节性禁渔期。娱乐性渔获物不能出售，对娱乐性捕鱼没有报告要求，没有许可证要求。

## 第二节 国际捕捞渔业管理经验对我国的启示

### 一、加强法制建设

加强顶层设计，完善法制建设，是引领各种规章制度实施的重要保障。从国际上看，发达国家的捕捞渔业法制建设，体现了尽早尽快、多制度形成系列、单项涵盖多环节、依法制定措施计划等特点，同时加强政策执行力和落实。

**（一）相应要求规定，尽早尽快列入法律制度中**

从世界发达国家看，绝大多数国家都重视渔业法律制度建设。日本1949年的《渔业法》，挪威1955年的《海洋渔业法》，英国1967年的《海鱼（养护）法》，美国1976年的《马格努森—史蒂文斯渔业保护及管理法》，加拿大20世纪60年代的《渔业法》等等，都尽早尽快地从多方面完善渔业法制建设。

**（二）形成相互照应的系列法制建设模式**

挪威先后颁布了一系列保护法规，包括授权渔业部实施渔业配额、监管渔业和采集其他海产品的活动、确保海洋资源使用的可持续性以及渔民渔业权利等。日本形成了包括《渔业法》《海洋生物资源保护与管理法》《持续性养殖生产确保法》（1999）《淡水渔业振兴法》《渔船法》《渔港和渔场发展法》的系列法律制度。加拿大形成了管理类、管辖权类、区域管理类和渔业经济类四个方面的系列法制建设。

**（三）注重法制建设的多环节衔接**

英国1967年的《海鱼（养护）法》，从渔业资源、渔获物上岸、产品可追溯以及相关财政等多环节考虑，包括对资源利用规格限制、捕捞网具、捕捞执照、海上作业时间限制、违法证据、禁渔区和禁渔期、海洋环境保护、捕捞渔获物的申报和上岸、因科学研究或其他目的的义务免除、资源增殖、违法处罚、法人违法、诉讼机构、渔业官员的执法权限和方式、有关大马哈鱼和鲜鱼的管理、财政支出、委托立法形式等诸多问题都做了广泛的授权性规定。冰岛通过法制建设规定了相对较为完善的海洋渔业限额捕捞制度的细则，还规定了较为细致的监管措施，以及通过法规的可追溯体系的实施计划。

**（四）依法制定政策措施计划**

日本渔业管理政策，皆是依据《渔业法》来制定一系列的基本计划，为实现基本法规定形成一系列综合政策，包括渔业资源、渔船渔具、渔区渔场以及渔港相关法律法规，《渔港和渔场发展法》旨在综合发展渔港和渔场，推行渔港卫生管理措施、渔港基础设施老化措施以及渔港渔村防灾减灾措施。阿根廷得益于《联邦渔业法》，政府对渔业的管理监控、资源养护、科学研究、环境保护等均步入制度化道路。中国台湾地区《渔会法》是台湾渔会制度的基本法，规范渔业组织市场化管理的相应措施计划。

### （五）强有力的管理执行机构

欧盟共同渔业政策改革中，起初共同渔业政策之间也很少进行协调，改革委员会权力不足也是导致没有达到预期效果的主要原因，成员国在欧盟渔业治理中权力极大，而负主要责任的委员会权力有限，权责错位必然导致共同渔业政策实施低效。2002年改革后的共同渔业政策，各成员国自行负责，将捕捞能力调整到与本国捕捞机会相匹配的程度，并实行每年的报告制度，欧盟层面进行评估打分，没有达到要求的成员国，需要制定详细的实施计划来进一步完成任务目标。借鉴欧盟改革的做法，中央将任务下拨后，各省类似各成员国的模式，自行负责相应政策制度的落实，并实现年报公开制度，进一步压实责任。

## 二、渔业资源管理

渔业资源管理处于捕捞渔业管理的首要环节，在全球渔业资源大部分处于过度捕捞的情况下，各国都加强了对渔业资源的管理与生态环境的保护，在本书提及的各国管理政策中，有9项是与渔业资源管理相关的，主要包括资源监测评估、渔区渔场管理、种群分类管理计划等。

### （一）重视渔业资源监测，加强各渔区合作

挪威渔业管理处于世界领先地位，首先就是渔业资源的监管，挪威的渔业种群状态良好，源于政府对渔业资源监测的重视以及多方合作。渔业管理的首道环节，就是渔业种群的监测与管理，首道环节数据全面准确与科学管理，对后面各环节的管理起到至关重要的作用。事实上，日本认为资源量数据监测与评估需要扎实耐心地长期积累，在日本以高经济价值或捕捞量多的水产品为先行评估对象，在重要洄游通道和资源量丰富的海区进行长期生物资源监测，在此基础上科学测算可持续捕捞数值，并逐步增加有据可循的水产品可捕品种。

### （二）捕捞渔船、渔获物的数据采集与信息化监管

大部分发达国家渔业，均不同程度地建立信息化监管系统，对渔业资

源、渔船、渔获物等全环节捕捞信息数据进行采集，作业渔船的实时监控，以及渔获物加工流通销售去向统计信息采集。发达国家的经验认为渔获物信息化监管与数据采集，是渔船管理、渔业限额捕捞政策有效实施的重要保障。

**（三）针对渔区、渔场的管理计划**

以美国的海洋渔业管理计划为例，渔业管理计划是美国海洋渔业开发政策的核心，是在海洋渔业品种总量控制的基础上，对不同的海洋渔业区域实施分类管理的措施，规定每个渔区制定多个鱼种的总许可捕捞量，并在此基础上确定许可证发放数量，以及规定禁渔期、禁渔区等养护和利用措施，每年统计处于过度捕捞的物种，并配有问责措施。

**（四）加强渔业生态环境养护**

多国均以渔业可持续发展为目标，加强渔业生态环境保护。加拿大利用《渔业核对清单》收集主要种群和渔业捕捞数据，以此评估需要进一步工作的薄弱领域，设立3个鱼类种群状态区：关键区、谨慎区和健康区。新西兰实行包含"预防机制""维护生物多样性机制""规避风险机制"等多内容的复合型机制，从渔业配额制度、渔业资源、海底栖息地以及副渔获物四个方面构建渔业生态管理机制。

## 三、捕捞配额管理

捕捞配额管理是捕捞渔业产出式模式的主要代表，世界各国都不同程度地实施了配额管理，在本书提及的各国管理政策中，有5项以上是与配额管理相关的制度政策。

**（一）按照可持续发展目标和资源实际情况制定配额管理**

多数国家均以渔业可持续发展为总目标，结合本国资源实际情况，来制定本国配额管理办法。在实施配额管理之前，需要提供过渡期，比如，美国在实施配额管理之前，制定包括鼓励措施在内的相应措施办法。日本是根据可持续利用资源水平的值来设定配额管理，根据个人配额对的现成渔船进行管理。有些国家，比如挪威、冰岛等国，采取个体渔船可转让配额办法，配额在单个捕捞年度内可以出售，固定配额可以转让。

**（二）捕捞配额制度中应提前制定禁止丢弃渔获物管理措施**

大多数发达国家，在配额管理中实施了禁止丢弃渔获物的做法，并制定了相应法律法规。同时，还要求渔船必须记录其配额分配下的所有渔获量，并且开启闭路电视的远程电子监控系统，对渔获物进行全面记录，同时降低鱼群的总体死亡率。不允许丢弃捕捞配额物种，所有捕捞的鱼类均计入船只的配额分配等。

## 四、渔船渔具管理

捕捞渔船渔具管理的主要形式是减船计划、更新改造、限制渔具类型以及加强渔具回收管理等。在本书提及的各国管理政策中，基本上各国在不同时间阶段，都实施了相应减船和限制渔具的管理办法。

### （一）进入\退出制度的借鉴

渔船进退制度是以（功率（kW）和总吨位（GT））作为控制参数，进入的船只一般使用从撤回的船只获得的捕捞授权。渔船更新改造方面，在减船计划阶段，为了提升安全性等原因而提供渔船升级改造的经费，由于技术与设备的发展，这使得虽然船舶吨位和功率降了，但很多时候渔船捕捞能力实际却增加了，为此，在更新改造的同时，要注意与渔船捕捞能力控制的协调平衡。

### （二）限制大型渔船建造，取消非活跃船只

大型渔船的管控是各个发达国家管理捕捞能力的重要目标，采取的措施包括限制大型船只的建造，如美国限制渔船尺寸规格，登记长度超过50.29 m、总吨位超过750的船舶，不得申领渔船许可证，总输出功率超过2206 kW的船舶，也不得申领渔船许可证等。同时，欧盟各成员国每年以年报方式报告渔船生产作业状态，对于非活跃渔船将取消注册资格。

### （三）根据渔业资源情况，分阶段实施减船

大部分国家通过减船来控制捕捞强度，采取阶段性减船措施，分阶段减船涉及该渔业捕捞承载能力的测算、可使用的捕捞渔具和数量、相关责任等内容。政府分阶段实施船舶减船赎买计划的对象，包括针对老旧渔船的自愿回购计划、以及针对不同类型渔船的特别回购计划，并按阶段暂停渔船重建的权利等。

### （四）限制渔具作业类型，加强渔具回收管理

根据渔业资源区域情况，对不同作业类型进行管控，如中国台湾地区控制中小型拖网渔船；禁止在距离海岸3海里范围内进行拖网捕鱼；除非获授权进行刺网捕鱼，否则任何渔船不得改为刺网渔船以及限制使用多层刺网等。重视环境养护，加强渔具回收管理，包括从市场源头管理渔具生产、销售和回收跟踪，开发和推广渔具回收技术，开发环保材料制成的渔具，促进渔民收集海洋垃圾的措施办法。

## 五、渔获物监管

渔获物监管环节，对渔业资源管理以及捕捞过程管理都有重要作用，包括渔获物监测、上岸后管理等。在本书提及的各国管理政策中，有超过 10 项管理政策制度是针对渔获物监管方面的。

### （一）完善捕捞量统计制度，加强渔捞日志管理

美国等发达国家，实施捕捞量统计制度，采取渔捞日志监测与渔获物销售市场监管结合管理方式，确保对渔业资源信息数据的精准掌控。要求出海捕鱼的渔船，无论是渔业公司还是周边渔民，都要填写相关的渔捞日志，记录捕捞作业的位置、渔获物种类、渔获量和环境因素等与生产活动有关的事件，渔捞日志必须每天填写，并由船长负责，按照顺序装订成册随时等待渔业执法人员进行检查。在美国，无论是买卖交易市场还是渔产品加工厂都必须向渔业局申请渔业许可证，在交易渔获时，相关经营主体要辅助渔业局统计各个渔船的生产统计表。

### （二）上岸与流通销售相结合的渔获物定点上岸管理

包括英国、挪威等一些发达国家，在早期就对渔获物定点上岸管理进行了立法，在港口管制和所有渔获物称重方面也有执法制度。船只的所有渔获物必须在登陆港由当地港务局称重并记录，登陆港每天直接向渔业局的中央数据库发送信息，渔业局始终掌握最新的渔获量数字，能够迅速有效地对渔业进行管理和监测，同时将这些信息在网上公开，从而确保了透明度。

### （三）渔获物的数据采集与信息化管理

建立渔获物信息化监管系统，对渔业资源、渔船、渔获物等全环节捕捞信息数据进行采集，是大多数发达国家采取的管理办法。利用渔获着陆和转运的电子申报系统，以及关于销售的电子文件要求，为渔获量上岸、转运和销售所需的电子文件建立电子报告系统，进行渔获物上岸、销售的全环节管理。日本将渔获信息采集纳入政府绩效考核管理体系中，同时从主要渔协和产地市场收集渔获物电子化数据信息。

### （四）渔获物产品标签、加强制定标准，推进可追溯管理

渔业产品标签，显示商业名称、学名、地理区域、生产方法、捕获或生产日期、冷冻状态等信息。对渔业产品的首次销售制定相应标准，加强质量卫生管理体系，推进渔业可追溯性活动。水产品标识与可追溯体系监管的有效实施依赖于顶层法律保障、冷链物流优势、产品全周期管理涉及部门的通力合作，能够随时查询记录产品相互关联的上下游信息，并得到准确的渔获量信息。

## 六、渔业组织市场化管理

渔业组织市场化管理，是管理部门、渔业企业、渔村和渔民等多方协作管理渔业的措施办法。在本书提及的各国管理政策中，有超过5项管理政策是针对组织市场化管理方面的。

### （一）渔民自主管理与渔业合作社组织化

加强渔民的共同管理，被认为是在有大量小规模渔业者存在地域中最为有效的资源管理方式。国家在渔业资源管理过程中，受到渔民自主资源管理措施的支持，并依此制定详细的规则，以及评估和完善机制。提高渔业组织化管理水平，渔业合作社得到《渔业合作社法》的支持，重视提升渔民收入，是在促进稳定和发展渔业管理方面发挥核心作用的组织，其经营方式包括销售、适当使用和管理资源以及支持渔业社区区域经济和社会活动。

### （二）渔村与社区渔业管理模式

类似于日本渔民自主管理，韩国引入了以渔业为主的渔村管理模式，开始实行社区渔业管理，鼓励渔民自愿参与渔场和资源的管理，而不是被动地遵循政府的渔业资源管理计划。渔民团体对自己的渔业采取自愿管理措施，并积极参与争议解决的决策过程，在相关渔业法律法规的框架内创收、管理渔场和资源以及增加鱼类资源。

### （三）加强各方共同管理，提高渔业组织化程度

通过政府管理部门、渔民和其他利益集团共同管理创建一种伙伴关系，以便在严格的问责制和政策准则框架内实现对资源管理的共同责任，建立法律将权力和职能赋予各个渔业的主要利益攸关方。有些国家，充分发挥渔业协会的作用，建立区域渔业协会，协助政府提高行业的管理效率和效益。

## 七、渔业信息化与监管

渔业信息化监管能够精确及时地收集捕捞渔业数据。通过数据，可以评估捕捞活动对目标种群、生态环境、渔业资源变动、捕捞能力与强度、渔具操作与效率、配额与季节控制等措施的影响，进而实现管理决策的优化。在本书提及的各国管理政策中，有超过8项管理政策制度是针对渔业信息化与监管方面的。

### （一）船只和渔具的信息化监管

硬件方面要求某些船舶配备连续记录电子监控设备，包括闭路电视，结合闭路电视的远程电子监控技术，确保控制和执行登陆义务，并对非法丢弃

渔具和渔获物的行为给予威慑。软件方面结合数据收集、查询、分析与决策信息化管理，实现对数据的综合利用。系统层面通过卫星监测系统对船只进行空中和海洋监测，控制公路鱼类运输，检查鱼类是否符合标明的公路运输最小尺寸规定，努力实现海陆空联合监管。

### （二）重视渔业数据监测采集

建立可视化数字信息系统，加强对渔业生态环境的监测和渔获量的全程监控与数据采集，注重捕捞数据的全环节监管。通过渔船自主报告、空中视察或登船检查、设置观察员、卸货渔港检查、转运和上岸信息追溯、加工流通市场的检查等多个环节监督捕捞渔业情况，并积极利用互联网技术加大对数据的共享与综合运用，为渔业管理提供决策与优化。

### （三）构建数字系统，加强渔业大数据应用

利用人工智能、大数据、区块链等先进科学技术来提高获取渔业相关信息的质量和数量，加强对商业捕鱼活动的监控。实施用于跟踪、报告和监控商业捕鱼活动的数字系统，以更好地为政府和渔业决策提供信息。利用大数据技术，在捕捞环节渔船搭载数据接受设备从供给侧产地收集数据，在流通加工环节开发图像识别技术提高渔获水产品鉴别效率。通过收集大量各渔业部门数据，构建海洋捕捞渔业产出管理大数据库，用于提前指导渔港上岸分配，提升渔业生产价值链，准确评价资源状况。

## 八、休闲渔业管理

休闲渔业与垂钓许可、配额、收费以及渔获物监测是世界各国在休闲渔业管理中，依据不同渔情而采取的相应管理措施和办法。在本书提及的各国管理政策中，有超过5项管理政策制度是针对休闲渔业管理方面的。

### （一）休闲渔业与垂钓许可管理

休闲捕捞以颁发许可证为准入条件，颁发休闲渔业许可证、岸边垂钓证、海上钓鱼许可证等，并且纳入渔业组织化管理，建立国家数据库。娱乐性渔获物的销售被禁止，渔民必须申报渔获量，休闲捕捞渔获物均有统计，采取限额方式，建立休闲捕捞电子统计系统。根据本国渔业产业实际情况，有的国家在休闲渔业方面采取收费制度，价格费用是根据许可证使用期限、捕捞量等因素来决定的。

### （二）休闲渔船登记注册管理

在休闲渔船管理方面，由管理部门授权休闲船只登记注册，规定授权物种清单、捕捞方法、渔获量限制、休闲渔业和竞赛的一般条件、禁止的做法、某些物种的具体授权和渔获量申报规定。

# 参考文献

[1] OECD Review of Fisheries 2020 [M]. Paris：Organization for Economic Co-operation and Development Publishing，2020.

[2] 2020 世界渔业与水产养殖状况. Roma：Food and Agriculture Organization of the United Nations，2020.

[3] 史磊，秦宏，刘龙腾. 世界海洋捕捞渔业发展概况、趋势及对我国的启示 [J]. 海洋科学，2018，42 (11)：126—134.

[4] WILLETT，WALTER，ROCKSTROM，JOHAN，LOKEN，BRENT，et al. Food in the Anthropocene：the EAT-Lancet Commission on healthy diets from sustainable food systems [J]. The Lancet，2019，393 (10170)：447—492.

[5] 刘明周. 领海治理：欧盟共同渔业政策的改革与效果评析 [J]. 华中师范大学学报（人文社会科学版），2018，57 (6)：51—60.

[6] 陆亚男，赵娜，王茜，等. 挪威渔业现状及新冠肺炎疫情对挪威渔业的影响 [J]. 渔业信息与战略，2020，35 (4)：307—314.

[7] Johnsen, Petter J. Creating political spaces at sea - governmentalisation and governability in Norwegian fisheries [J]. Maritime Studies，2017，16 (1)：18.

[8] 张成林，张宇雷，刘晃. 挪威渔业及大西洋鲑养殖发展现状及启示 [J]. 科学养鱼，2019 (9)：83—84.

[9] 张建华，梁澄，丁建乐. 挪威海洋捕捞及渔船管理概述 [J]. 渔业现代化，2012，39 (4)：67—72.

[10] STATISTICS NORWAY. Quantity of catch，by fish species and main group of fish species [EB/OL]. (2012-01-26) [2020-04-27] http：//www.ssb.no/english/subjects/10/05/fiskeri_en/tab-2012-01-26-01-en.html.

[11] 刘乃忠. 规制国际 IUU 捕鱼行为的港口国措施分析 [J]. 海洋开发与

管理，2016，7（7）：74—77.

［12］刘新山．冰岛的捕捞渔业权制度——可以转让的配额制［J］.中国水产，2001（8）：74—75.

［13］Thor Asgeirsson，李秀辰．冰岛渔业的发展与技术进步［J］.渔业现代化，2003（2）：38—39.

［14］潘澜澜，高天一．冰岛水产品可追溯体系的借鉴与思考［J］.水产科学，2011，30（8）：517—520.

［15］白洋．渔业配额法律制度研究［D］.青岛：中国海洋大学，2011.

［16］浙江渔业资源和渔船管理考察团．借鉴北欧经验提高渔业资源和渔船管理水平——北欧渔业资源和渔船管理考察报告［J］.中国水产，2007（3）：20—21.

［17］刘清真，王诗成，纪家苏，冷述根，范强壮，苗强，张峰．挪威、冰岛海洋与渔业考察报告［J］.齐鲁渔业，2002（8）：1—3.

［18］李彦亮，江开勇．逐步建立我国渔业船舶监控系统提高渔业现代化管理水平——赴挪威、冰岛渔业船舶动态管理考察启示［J］.中国水产，2006（11）：15—17.

［19］付琴雯．法国海域合理利用与保护的立法与实践评析［J］.法国研究，2017（3）：30—41.

［20］田良．法国暨欧盟渔业的启示与思考［J］.齐鲁渔业，2003（1）：39—41.

［21］王德芬，王洪波，田良．法国渔业管理概述［J］.中国水产，2002（11）：29—30.

［22］何小伟，吴学明．国外渔业保险发展经验对我国的借鉴［J］.农村金融研究，2021（7）：19—25.

［23］曾桥．海洋渔业资源可持续发展法律制度研究［D］.桂林：广西师范大学，2019.

［24］韩杨．全球主要海洋国家渔业资源治理经验及启示［J］.中国发展观察，2020（1）：112—115，119.

［25］崔凤，沈彬．美国海洋禁渔政策述评［J］.环境保护，2019，47（20）：57—62.

［26］王亚楠，韩杨．国际海洋渔业资源管理体制与主要政策——美国、加拿大、欧盟、日本、韩国与中国比较及启示［J］.世界农业，2018（3）：78—85.

［27］杨琴．美国海洋渔业资源开发政策分析及与中国的比较［J］．世界农业，2018（5）：73－78＋109＋202．

［28］韩杨，Rita．Curtis．美国海洋渔业资源开发的主要政策与启示［J］．农业经济问题，2017，38（8）：103－109＋112．

［29］韩杨，Rita．Curtis，李应仁，马卓君，王亚楠．美国海洋渔业捕捞份额管理——兼论其对中国海洋渔业管理的启示［J］．世界农业，2017（3）：78－84．

［30］Y vonne L．Dereynier．U．S．Fishery Management Councils as Ecosystem-Based ManagementPolicy Takers and Policymakers［J］．Coastal Management，2014，42（6）：512－530．

［31］JTobias Belschner，Johanna Ferretti，Harry v．Strehlow，et al．Evaluating fisheries systems：Acomprehensive analytical framework and its application to the EU's Common Fisheries Policy［J］．Fish and Fisheries，2019，20（1）：97－109．

［32］Rb A，Dw B，Jpk A，et al．Fisheries monitoring：Perspectives from the United States-ScienceDirect［J］．Aquaculture and Fisheries，2020，5（3）：8．

［33］Leyre Goti-Aralucea，Mike Fitzpatrick，Ralf Doring．David Reid，John Mumford，AnnaRindorf．Overarching sustainability objectives overcome incompatible directions in the CommonFisheries Policy［J］．Marine policy，2018（91）：49－57．

［34］Julia B A，Cooper A B，Carruthers T R，et al．An Evaluation of Rebuilding Policies for U．S．Fisheries［J］．PLoS ONE，2016，11（1）：e0146278．

［35］Alexander Proelss，Katherine Houghton．The EU Common Fisheries Policy in light of theprecautionary principle［J］．Ocean and Coastal Management，2012（70）：22－30．

［36］Orach K，M Schlüter，Sterblom H．Tracing a pathway to success：How competing interest groups influenced the 2013 EU Common Fisheries Policy reform［J］．Environmental Science & Policy，2017（76）：90－102．

［37］Amber Giles，Lucia Fanning，Shelley Denny，et al．Improving the American Eel FisheryThrough the Incorporation of Indigenous Knowledge into Policy Level Decision Making inCanada [J]. Human Ecology，2016，44（2）：167－183.

[38] 阮雯，纪炜炜，张晓峰. 欧盟共同渔业政策发展历程及最新改革浅析 [J]. 渔业信息与战略，2014，29（3）：226－232.

[39] 王波，翟璐，韩立民. 美国、加拿大和日本"蓝色粮仓"发展概况与经验启示 [J]. 世界农业，2018（2）：28－34.

[40] 褚荣良. 美国地区渔业管理理事会架构剖析 [J]. 中国水产，2019（5）：52－55.

[41] 林娜，黄硕琳. 美国地区渔业管理委员会的决策机制探究 [J]. 上海海洋大学学报，2017，26（3）：465－472.

[42] Crosson S. The impact of empowering scientific advisory committees to constrain catch limits in US fisheries [J]. Science and Public Policy，2012，40（2）：261－273.

[43] 沈鹏. 美国对公海渔业资源开发的政策 [J]. 美国研究，2018，32（3）：57－77＋7.

[44] 白洋，张瑞彬，赵蕾. 美国海洋生态系渔业管理经验及其对中国的启示 [J]. 世界农业，2020（10）：82－90.

[45] 刘妤. 美国海洋渔业管理及处罚制度对中国渔业立法的启示 [J]. 渔业信息与战略，2020，35（4）：298－306.

[46] 王娟，王柯心，杨晨. 美国休闲渔业资源空间分布与多中心治理——以佛罗里达州为例 [J]. 热带地理，2021，41（4）：734－745.

[47] BOUBEKRI，IBRAHIM，AMARA，RACHID，DJEBAR，ABDALLAH BORHANE，et al. Baseline data for marine protected areas planning and fisheries monitoring：Potential conflicts between recreational IUU and commercial fisheries in the proposed 'Taza' MPA (Algeria，SW Mediterranean) [J]. Ocean & coastal management，2021，201（Mar.）：105425.1－105425.14.

[48] 苏雪，陈新军. 渔业管理中投入和产出控制的比较研究 [J]. 海洋湖沼通报，2021，43（3）：136－144.

[49] 白洋，胡锋，吴庭刚. 中国海洋渔业管理制度的创新研究——基于美国渔业管理经验的借鉴 [J]. 科技管理研究，2020，40（16）：46－52.

[50] 朱建庚.《加拿大海洋法》及其对中国的借鉴意义 [J]. 海洋信息，2010（4）：28－31.

[51] 王琳，吴钧，於维樱．加拿大渔业及海洋部科研实力分析［J］．世界科技研究与发展，2016，38（3）：724-729.

[52] 陆亚男，程若冰，肖黎，李励年．加拿大渔业近况与中加渔业合作［J］．渔业信息与战略，2017，32（2）：138-144.

[53] DELLACASA，R. F.，BRACCINI，J. M.. Adapting to social, economic and ecological dynamics: changes in Argentina's most important marine angling tournament ［J］. Fisheries Management and Ecology，2016，23（3/4）：330-333.

[54] 李碧翔．阿根廷的海洋休闲渔业政策探讨［J］．农村经济与科技，2018，29（5）：95-97.

[55] 王晓晴．阿根廷红虾（Pleoticus muelleri）渔业概况与管理现状［J］．渔业信息与战略，2021，36（2）：127-138.

[56] 邹磊磊，朱文钊．从阿根廷渔业发展看与中国的渔业合作［J］．拉丁美洲研究，2016，38（6）：95-108+157.

[57] 赵丽玲．中阿举行渔业会谈［J］．中国水产，2014（10）：18.

[58] 罗眉．中阿渔业跨境合作面临的困境及对策［J］．对外经贸实务，2020（5）：61-63.

[59] 包特力根白乙．日本《水产基本法》及对中国水产业的启示［J］．世界农业，2018（8）：33-37+101.

[60] 张溢卓，马林，张安国．日本海洋捕捞渔业产出管理分析［J］．中国渔业经济，2020，38（6）：84-92.

[61] 刘俏雨．日本渔业资源主要管理措施简介［J］．中国水产，2018（01）：61-62.

[62] 陈冬妮，马丽卿．中日两国渔业法律体系的比较研究［J］．农村经济与科技，2016，27（11）：54-56.

[63] 吴若男．东盟国家渔业发展及其与中国的合作研究［D］．厦门：厦门大学，2019.

[64] 刘新山，姚智慧，赵希波．印尼渔业行政管理机构及其渔业法律制度［J］．中国渔业经济，2010，28（4）：58-65.

[65] 秦抱元，刘鹰．澳大利亚海洋渔业工程发展概况与中澳海洋渔业合作前景分析［J］．农业工程学报，2020，36（11）：318-326.

[66] 刘新山，郝振霞．澳大利亚联邦渔业立法研究［J］．中国海商法研究，2018，29（2）：92-103.

[67] 王鲁军. 澳大利亚渔业现状及发展概况 [J]. 渔业信息与战略, 2020, 35 (4): 315-321.

[68] 张佩怡, 俞存根, 刘惠. 中国与澳大利亚休闲渔业管理比较研究 [J]. 中国渔业经济, 2020, 38 (1): 22-28.

[69] 陈思静. 新西兰海洋法的实践及其对中国的启示 [J]. 山西大学学报 (哲学社会科学版), 2018, 41 (3): 127-133.

[70] 王晓梅. 新西兰渔业中的生态管理机制研究 [J]. 黑龙江水产, 2020, 39 (6): 31-35.

[71] Ministry for Primary Industries. The health of New Zealands fisheries [EB/OL]. [2021-01-24] [2021-10-24]. https://www.mpi.govt.nz/fishing-aquaculture/sustainable-fisheries/the-health-of-new-zealands-fisheries/

[72] 鲁泉, 陈新军. 改革开放40年来中国渔业产业发展及十四五产量预测 [J]. 上海海洋大学学报, 2021, 30 (2): 339-347.

[73] 史磊, 宋毅宁, 秦宏. 我国海洋捕捞渔业政策变迁、结构特征及优化研究——基于政策文本的量化分析 [J]. 海洋科学, 2021, 45 (4): 40-50.

[74] 史磊, 李泰民, 刘龙腾. 新中国成立70年以来中国捕捞渔业政策回顾与展望 [J]. 农业展望, 2019, 15 (12): 16-23+31.

[75] Food and Agriculture Organization of the United Nations. The state of world fisheries and aquaculture: Meeting the sustainable development goals [M]. Rome: Food and Agriculture Organization of the United Nations, 2018.

[76] 王祖峰, 陈卫军, 邱亢铖, 鲍华伟, 赵文武. 浅谈我国台湾地区休闲渔业发展的经验与启示 [J]. 中国水产, 2020 (10): 52-54.

[77] 姜启军, 刘辰萱, 邱亢铖. 中国渔业的要素投入、规模报酬与技术效率分析 [J]. 水产学报, 2021, 45 (5): 785-797.